Karatay Mutfağı

Prof. Dr. M. Canan Efendigil Karatay
Nihal Doğan

Prof. Dr. M. Canan Efendigil Karatay

1943 yılında Elazığ'da doğdu. 1961 yılında Üsküdar Amerikan Kız Lisesi'nden, 1967 yılında da İstanbul Üniversitesi Tıp Fakültesi'nden mezun oldu. 1972 yılında İstanbul Üniversitesi Tedavi Kliniği'nde iç hastalıkları uzmanlık eğitimini tamamladıktan sonra, İngiliz hükümeti bursu ile Liverpool Regional Cardiac Center'da kardiyoloji alanında uzmanlık eğitimine başladı.

1974-1976 yılları arasında İstanbul Üniversitesi Tedavi Kliniği'nde baş asistan olarak çalıştı. Bu sırada Türkiye'de bir kardiyolog olarak (cerrahi yardım almaksızın) bir ilki gerçekleştirdi. Kalıcı ve geçici kalp pili implantasyonu tekniğini başarıyla uyguladı. Koroner Yoğun Bakım'da 'Vena Subklavya Ponksiyon' tekniğini yerleştirdi.

1976-1978 yılları arasında, Güney Afrika Cape Town Üniversitesi Groote Schuur Hastanesi'nde, dünyada ilk kez kalp nakli ameliyatını gerçekleştirmiş olan Christiaan Barnard'ın ekibinde çalışarak, doçentlik tezini kalp nakli yapılmış olan hastalar üzerinde gerçekleştirdi ve 1979 yılında doçent oldu.

İstanbul Üniversitesi Kardiyoloji Enstitüsü'nde, Cape Town'da eğitimini görmüş olduğu (şu anda ülkemizde yaygın bir şekilde uygulanmakta olan) 'femoral arter' yolu kullanılarak yapılan koroner anjiyografi tekniğini (Judgkin tekniği) yine ilk kez ülkemizde uyguladı ve bu uygulamayı ülkemize yerleştirdi.

1987-1995 yılları arasında State University of New York Health Science'ta kalp hastalıkları alanında araştırmalar yaptı.

1986 yılında kalp hastalıkları uzmanı, 1998 yılında profesör, 2002 yılında da 'European Cardiologist' (Avrupa kalp hastalıkları uzmanı) oldu.

1995-1997 yılları arasında Gaziantep ve İstanbul'daki birçok özel hastanede, 'koroner yoğun bakım' ve 'koroner anjiyografi laboratuvarları'nı kurdu.

1997-2002 yılları arasında Yeditepe Üniversitesi Tıp Fakültesi, 2002-2006 yılları arasında da Kadir Has Üniversitesi Tıp Fakültesi'nde öğretim üyesi olarak görev yaptı.

2006-2010 yılları arasında Türkiye'deki ilk ve tek sağlık üniversitesi olan İstanbul Bilim Üniversitesi'nde rektörlük yaptı. Halen İstanbul Bilim Üniversitesi Tıp Fakültesi'nde, İç Hastalıkları ve Kardiyoloji Ana Bilim Dalları'nda öğretim üyesidir. Kadıköy Florence Nightingale Hastanesi'nde İç Hastalıkları ve Kardiyoloji Profesörü olarak çalışmaktadır.

Kolesterole Kuşkuyla Bakanların Uluslararası Ağı (The International Network Of Cholesterol Skeptics-THINCS) ve Uluslararası D Vitamini Konseyi üyesidir. Bu oluşumlardaki diğer üyeler ile sürekli bilgi alışverişinde bulunmakta ve tartışmalara aktif olarak katılmaktadır.

British Heart Journal, Cardiovascular Research, American Journal of Emergency Medicine, Europace, British Journal of Nutrition ve *Türk Kardiyoloji Derneği Arşivi* gibi yerli ve yabancı birçok bilimsel dergide çalışmaları yayınlanmıştır.

Hayykitap'tan yayımlanmış *Karatay Diyeti* ve *Karatay Diyeti'yle Yaşam Boyu Sağlık* adlı iki kitabı bulunmaktadır.

M. Canan Efendigil Karatay, Ali Başak Karatay ile evlidir ve çiftin Mehmet Rahmi Karatay adında bir oğulları bulunmaktadır.

Hayykitap - 178
Hayat Güzeldir - 19

Karatay Mutfağı

Prof. Dr. M. Canan Efendigil Karatay
Nihal Doğan

Kapak Tasarımı: Mükremin Seçim
Sayfa Tasarımı: Turgut Kasay
Fotoğraflar: Mehmet Ateş (Kapak ve yemek fotoğrafları)
Bahadır Aydın (Kapaktaki Prof. Canan Karatay fotoğrafı)
Yemek Stilisti: Ebru Erke
İllustrasyon: Gökhan Burhan

ISBN: 978-605-4325-84-9
1. Baskı: İstanbul, Mayıs 2012
59. Baskı: İstanbul, Kasım 2020

Baskı: Yıkılmazlar Basım Yay.
Prom. ve Kağıt San. Tic. Ltd. Sti.
15 Temmuz Mah. Gülbahar Cad. No: 62/B
Güneşli - İstanbul
Sertifika No: 45464
Tel: 0212 630 64 73

Hayykitap
Zeytinoğlu Cad. Şehit Erdoğan İban Sk.
No: 36 Akatlar, Beşiktaş 34335 İstanbul
Tel: 0212 352 00 50 Faks: 0212 352 00 51
info@hayykitap.com
www.hayykitap.com
facebook.com/hayykitap
twitter.com/hayykitap
instagram.com/hayykitap
Sertifika No: 12408

Nihal Doğan

1975 yılında İstanbul'da doğdu. 1993 yılında İstanbul Bahçelievler Lisesi'nden mezun oldu. Ardından AÖF'de Halkla İlişkiler ve İşletme-Pazarlama eğitimi aldı. 1995-2005 yılları arasında medya reklam pazarlama sektöründe çalıştı.

2000 yılından itibaren sağlıklı yaşam alanındaki araştırmalarına ve bu yöndeki eğitimlere ağırlık verdi. Türkiye'de doğal, geleneksel ya da organik yöntemlerle üretim yapan firmaları araştırıp, üretim şekilleri hakkında bilgi topladı.

2006 yılında İSMEK Yiyecek Hazırlama ve Pişirme Teknikleri ve ZTBB Merkezefendi Geleneksel Tıp Derneği'nde düzenlenen Fitoterapi ve Aromaterapi kurslarını, 2008 yılında da Doğal Bakım, Bitkilerin ve Beslenmenin Kimyası kurslarını bitirdi.

Rahmetli anneannesi ve annesinden öğrendikleri, onun mutfakta lezzetli yemekler yapmasının kaynağı oldu. 2005 yılında kendi evinin mutfağında doğal fermantasyon yöntemi ile sirke üretmeye başladı. Birçok meyveden, farklı çeşitlerde sirke üreterek, beş yılda otuz farklı sirke çeşidi geliştirdi.

2008 yılında Hayykitap'ta Kurumsal Pazarlama Koordinatörü olarak çalışmaya başlayan Nihal Doğan, halen aynı yayınevinde sağlık ve doğal beslenme alanında kitap projeleri geliştiriyor ve editörlük yapıyor. Evinde küçük çaplı da olsa doğal sirke üretimini sürdürüyor ve Zeytinburnu Tıbbi Bitkiler Bahçesi'ndeki 'Doğal Sirke' atölye çalışmalarında, meraklılarına sirke yapımını öğretiyor.

İçindekiler

Dördüncü Bölüm:

Beşinci Bölüm:

Sunuş

Benim hayatımın dönüm noktası Canan Karatay Hocamızla tanıştığım gündür. Yani hayatımda 'Karatay'dan önce' ve 'Karatay'dan sonra' olmak üzere iki dönem vardır. Öncesi, diyetisyen kapılarını aşındırdığım, doğal ve organik yiyeceklerle beslenmeme rağmen, kilo probleminden ve onun kısır döngüsünden bir türlü kurtulamadığım, aklımdaki sorulara tatmin edici yanıtlar bulamadığım dönemdir. Güvenebileceğim bir kılavuz olmadan, sağlık tuzaklarıyla ve tekrarlanan yanlışlarla dolu bir ortamda 'sağlığı aradığım' bir dönemdir.

'Karatay'dan sonra' ise aradığım sağlığı Allah'ın izniyle buldum! Çünkü yıllardır aklımı kurcalayan birçok sorunun cevabı aydınlandı. *Karatay Diyeti* ve *Karatay Diyeti'yle Yaşam Boyu Sağlık* kitaplarını yayına hazırlarken Hocamız, benim ve Türk halkının merak ettiği tüm soruları, 'ufuk açıcı' bir tarzla, yani hekim olmayan bizlerin anlayabileceği dille, bıkmadan, usanmadan cevapladı. Bu kitaplarının çok ilgi görmesinin ve Karatay Diyeti'ni uygulayanların yüzde 100'e yakın başarıya ulaşmasının sırrı da bence bu. Sayın Karatay'ın engin hekimlik tecrübesinin yanında samimiyeti, içtenliği ve netliği. Ve elbette verdiği bilgilerin ve önerdiği beslenme prensiplerinin doğruluğu...

Tüm bu olumlu noktalar bir araya geldiğinde başarı kaçınılmaz oldu. Karatay Diyeti bir halk hareketi haline geldi, ilk iki kitabımız satış rekorları kırdı. 'En çok satanlar' listelerinde aylarca ilk sıralarda kaldı. Hâlâ da okuyuculardan yoğun ilgi görüyor.

Şimdi 'Karatay'la sağlık ve mutluluk' serisinin üçüncü kitabıyla karşınızdayız: *Karatay Mutfağı*. Bu kitap, ilk iki kitaba göre daha neşeli, daha eğlenceli, daha lezzetli! Çünkü içinde birbirinden güzel yemek tarifleri var. Kahvaltıdan küçük tatlı kaçamaklara, çorbadan salatalara, mezelerden yumurtalı yemeklere, zeytinyağlılardan et ve balık yemeklerine, baklagillerden dolmalara tamamı denenmiş onlarca leziz tarif...

Karatay Mutfağı, sağlığını (ve kilosunu) önemseyen ama ağız tadından da taviz vermek istemeyen, mutfağında sağlığı, lezzeti ve sürdürülebilirliği aynı anda arayanlar için ideal. Teorik çerçevesini *Karatay Diyeti* ve *Karatay Diyeti'yle Yaşam Boyu Sağlık* kitaplarıyla çizdiğimiz yaşam biçiminin mutfaktaki pratik uygulama kitabı. Karatay Diyeti prensiplerine uygun, bu prensiplere göre revize edilmiş geleneksel Türk mutfağı. Türk halkının zaten bildiği, aşina olduğu, damak zevkine uygun bir mutfak yani...

Elinizdeki kitap (Prof. Karatay'ın 50 yıllık hekimlik tecrübesini bir kenara koyarsak!) bir buçuk yıllık titiz bir çalışmanın ürünü. Canan Karatay Hocamızla oturup önce mutfağımıza uygun tarifleri belirledik, hem kendisinin hem de benim yıllardır uyguladığımız tariflerin dışında yeni tarifler de geliştirdik. Ben denedim, uyguladım. Hocamız da yemeklerin Karatay Diyeti prensiplerine uygunluğunu ve glisemik indeks değerlerini denetledi. Yani inceledi ve onayladı!

Kitabın bilimsel bilgilendirme bölümlerinde ise okuyucuya kolaylık sağlaması açısından 'kısa kısa, madde madde' yolunu seçtik. Sonuçta ortaya her eve, her mutfağa lazım, her kesimden, her eğitim seviyesinden insanın rahatlıkla anlayabileceği ve uygulayabileceği 'Türkiye'nin en sağlıklı yemek kitabı' çıktı. Biraz iddialı ama gerçekten öyle oldu!

Sıhhat ve afiyet dileklerimle, iyi okumalar.

Nihal Doğan

Giriş

Yarım yüzyıla yakın hekimlik hayatımda gördüm ki, en çok yanlış, en çok yalan, en çok tuzak gıda ve beslenme alanında var. Demode önerilerle, ithal diyetlerle, bilimsellikten uzak tabularla 'resmen' halkın sağlığıyla oynanıyor! Mevzuya 'Fransız' oldukları her hallerinden belli olan uzmanlar, hicap duymadan diyet mönülerine salam, sosis gibi zararlı ve kanserojen oldukları tescilli yiyecekleri bile alabiliyorlar.

Bu yoğun bilgi kirliliği içinde, doğruyu doğrudan söyleyen bir yaklaşıma ihtiyaç olduğunu düşünüyorum. Bu amaçla Türk halkının hem şişmanlıktan hem de kronik, dejeneratif hastalıklardan kurtulması ve korunması için son bilimsel araştırmalar ışığında Karatay Diyeti'ni oluşturdum. Yıllarca hastalarıma önerdiğim beslenme ve yaşam biçiminin son derece başarılı olduğunu gördüm ve yine hastalarımın isteğiyle *Karatay Diyeti* ve *Karatay Diyeti'yle Yaşam Boyu Sağlık* kitaplarını yazdım. İki kitabın toplam satışı 200 bini geçti, okur katsayısının 5 olduğu varsayılırsa 1 milyon kişi kitaplarımı okudu. Bundan çok daha geniş bir kesime ise televizyonlar aracılığıyla seslendim.

Bu süreç içinde hasta ve okuyucularımdan bir konuda yoğun talep vardı. Hemen herkes "Farklı neler yiyebiliriz, hem lezzet hem sağlık bir arada olmaz mı?" diye soruyor, Karatay Diyeti prensipleriyle hazırlanmış yemek tarifleri istiyorlardı. İşte elinizde tuttuğunuz *Karatay Mutfağı* bu ihtiyacın bir sonucudur. Kitap, sağlıklı bir mutfakta olması gereken 'tüm' özellikleri bünyesinde topluyor. Bu anlamda alanında ilk ve tek.

Öncelikle Karatay Mutfağı'nda kullanılan malzemeler sağlıklı ve temiz. Doğal malzemelerle yapılmış tariflerde paketli gıdaların hiçbiri kullanılmadı. Benim meşhur 'eve ve mutfağa asla alınmayacaklar, vücuda girmeyecekler' listesine harfiyen uyuldu. Gıdanın iyisi nasıl anlaşılır, nasıl akıllı alışveriş yapılır sorularına da yanıt verildi. Besinlerin besin değerlerini öldürmeyen, onların yapılarını bozmayan pişirme yöntemleri önerildi. Mevsimselliğin önemi vurgulandı.

Kitaptaki tüm yemek tariflerinin Türk damak tadına uygun ve ulaşılabilir olmasına dikkat edildi. İnsanların hayatlarında duymadıkları malzemelerin yer aldığı ithal bir mutfak değil bu. Kullanılan malzemeler bakkaldan, pazardan rahatça bulunulabiliyor. Yani bir yaşam biçimi olarak sürdürülebilir.

Kitabın en ayırt edici özelliği ise içinde yer alan tariflerin kilo vermenize yardımcı olması. Çünkü tariflerin hepsinin glisemik indeksi düşük. "Geleneksel Türk mutfağı Karatay Diyeti prensiplerine göre revize edildi" dersek sanırım doğru bir tanım kullanmış oluruz.

İnanıyorum ki, Türk halkı bu kitaptaki (ve ilk iki kitabımdaki) prensipleri uygularsa ve tarifini verdiğimiz yemekleri hayatı boyunca mutfağından eksik etmezse, yani Karatay Diyeti prensiplerine göre yaşayıp, Karatay Mutfağı'yla beslenirse, Türkiye'de sağlık alanında bir devrim yaşanır. İnsanlar hastalıklardan büyük oranda korunur, şişmanlık, insülin direnci problemlerini çözerler. Hatta genç nesil de böyle yetişirse Türkiye'nin sağlık harcamalarında ciddi bir düşüş yaşanır, Türkiye sağlıklı ve mutlu insanların yaşadığı bir ülke olur.

Burada hanımlara ve annelere büyük iş düştüğünü belirtmeden geçemeyeceğim. Çünkü alışveriş ve mutfak çoğu zaman onlardan sorulur, çocuklar ve tüm ev halkı da onların pişirdikleriyle beslenir. Karatay Mutfağı'nı uygulasınlar ve ısrar etsinler. "Bazı alışkanlıklardan vazgeçemeyiz" demesinler, "Ekmeği biz hayatta bırakamayız" demesinler... Kitapta ekmekten çok daha güzel yiyecekler var.

Ben şunun garantisini veriyorum: Mutfağını, Karatay Mutfağı'na çevirenler sağlık bulacak, zayıflayacak ve kilosunu koruyacak! Bunu yaparken de strese, bunalıma, depresyona girmeyecek, suçluluk hissetmeyecek. Yoksunluk hissi olmayacak. Çünkü yo yo diyet değil bu. Sıkı bir kalori hesabı olmadığı için vücut yoksunluk hissetmiyor, kafalar sürekli kalori hesaplamayla meşgul edilmiyor. Uygulayanlar dinçleşiyor ve dinç kalıyor! Gençleşiyor ve enerjik oluyor! O yüzden de Karatay Mutfağı sağlıklı olmasının yanında mutluluk verici, psikolojik olarak rahatlatıcı bir mutfak. 'Obezite' problemine kolay ve rahatlıkla uygulanabilir bir çözüm sunuyor. Halkımız, bir yandan belini yavaş yavaş inceltirken, diğer tarafta hastalıklarla uğraşacağına, sağlıklı ve mutlu yaşamanın bilincine varıyor ve ona yönleniyor.

Değerli okuyucu! Benim hekimlik tecrübem, geliştirdiğim beslenme biçimi ve geleneksel Türk mutfağına olan aşkım, ilk iki kitabımın editörü Nihal Doğan'ın mutfaktaki uygulama becerisiyle birleşince ortaya bu dört dörtlük kitap çıktı. Eşinin, çocuklarının, sevdiklerinin sağlığını (ve elbette kilosunu) düşünen herkesin bu kitabı okumasını ve tarifleri uygulamasını öneriyorum. Mutfaklarını Karatay Mutfağı'na dönüştürmelerini tavsiye ediyorum. Bu kitabın 'şişmanlıktan uzak' sağlıklı nesiller yetiştirmek, 'hastalıklardan uzak' mutlu aile olmak için önemli bir mihenk taşı olduğunu düşünüyorum. İlk iki kitabımla birlikte *Karatay Mutfağı*'na da kütüphanenizde mutlaka yer açın diyorum.

Ben 'sağlıklı bir Türkiye' için var gücümle çalışmaya devam edeceğim. Yaşam biçiminizi ve yediklerinizi değiştirmek, bana vereceğiniz en büyük destek olacaktır!

Hastalıkların evinize hiç uğramaması dileğiyle.

Prof. Dr. M. Canan Efendigil Karatay

KARATAY KAHVALTI TABAĞI VE BİBERİYELİ OMLET (s.130, s.133)

Güne güçlü başlamak ve gün boyu enerjik hissetmek için.

EV YOĞURDU (s.105)

Evde doğal yoğurt yapmak hiç bu kadar kolay olmamıştı!

PASTIRMALI YUMURTA (s.137)
Muhteşem ikili!

YUMURTALI KURU FASULYE PİYAZI (s.141)
Sağlıklı karbonhidrat, protein ve yağın mükemmel dengesi.

YOĞURTLU SEMİZOTU SALATASI (s.146)

Dinçleştirir, güzelleştirir.

CEVİZLİ KEREVİZ SALATASI (s.154)
Sonbahar ve kış aylarının vazgeçilmezi!

ZEYTİN PİYAZI (s.158)
Doya doya zeytin ve ceviz yemenin keyfini çıkarın.

BUĞDAY SALATASI (s.159)
Kim demiş Karatay Diyeti'nde karbonhidrat yok diye? İşte size en sağlıklı karbonhidrat!

SOĞUK BUĞDAY ÇORBASI (s.170)
Yaz sıcaklarında bu çorba ile serinleyin.

TOPÇATA ÇORBASI (s.172)
Çocuklarınız için hem besleyici hem dengeli.

ZEYTİNYAĞLI ENGİNAR (s.188)

Karaciğerinizin en sevdiği sebze hiç bu kadar lezzetli olmamıştı!

ZEYTİNYAĞLI BAKLA (s.188)
Yoğurtla iyi gider...

PEYNİRLİ YAZ TÜRLÜSÜ (s.192)

Yaz aylarında sofralarınızın baş tacı olmaya aday!

FIRINDA KUZU PİRZOLA (s.206)
Sağlıklı protein deposu.

FIRINDA PAZILI ÇİPURA (s.230)

Denizden gelen Omega-3'le topraktan gelen vitaminin buluşması...

PASTIRMALI KURU FASULYE (s.241)
Söze gerek var mı?

KEŞKEK (s.243)

Geleneksel Anadolu mutfağımızın vazgeçilmezi...
Karatay Diyeti'nde karbonhidrat yok diyenlere farklı bir yanıt.

EKŞİMİKLİ YAPRAK SARMASI (s.251)

Hemen deneyin ve farkı fark edin.

KIRMIZI MERCİMEK KÖFTESİ (s.256)
Hem doyurucu hem düşük glisemik indeksli.

KURU YUFKA BÖREĞİ **(s.259)**
Zayıflatan hamur işi olur mu demeyin. Olur!

HURMALI DONDURMA (s.264)
Sıcak yaz günlerinin ve yaza denk gelen Ramazan ayının favori tatlısı.

CEVİZLİ KAYISI TATLISI (s.265)
Tatlı krizi geçirenlere en sağlıklı alternatif!

Birinci Bölüm:

KARATAY MUTFAKTA

Karatay Diyeti'nin Amacı

- Karatay Diyeti'nde amaç sadece insanları zayıflatmak değil, vücudun kalıcı olarak sağlığına kavuşmasını sağlamaktır. Kilo problemi olan insanlarda öncelikle insülin ve leptin direncini kırmak, ardından sağlıklı beslenme ve yaşam biçimini yerleştirmektir.
- Alışkanlıklarımızı sağlıklı yönde değiştirmektir. Alışkanlıklar kolay kolay değişmediği için bu diyette birdenbire kilo verilmez. Çünkü maalesef vücutta yıllarca biriken yağlar, kızgın tavadaymış gibi hızla erimez. Seneler boyunca bozulmuş olan metabolizmanın terse dönerek normal olarak çalışması için zamana ihtiyaç vardır. Bu nedenle sabırlı ve sebatlı olmamız gerekmektedir.
- Karatay Diyeti ile önce vücudun kilo alması, yani yağların birikmesi önlenir. Daha sonra bir durağanlık devresi olur. Ondan sonra da birikmiş olan yağlar yakılarak kalıcı olarak kilo verilir.
- Karatay Diyeti'nde hedef, hareket alışkanlığını, doğal yiyecekler yemeyi, bol su içmeyi zorlanmadan ve sıkıntı çekmeden günlük hayatımıza yerleştirmektir. En az 20 dakika ile başlayıp, yavaş yavaş 40-60 dakikaya çıkararak, günde bir saati açık havada (mümkünse deniz, göl veya nehir kıyısında) yürüyüşe ayırmanın sağlıklı yaşamın olmazsa olmazlarından biri olduğunu anlatmaktır.
- Bu diyeti uygulamaya başladıktan sonra yediklerimiz bizi acıktırmıyorsa işte bu iyileşmenin ilk belirtisidir. İlk gün ve haftalardan itibaren bu iyileşme başladı ise doğru yoldayız demektir.
- İlk gün ve haftalarda hemen herkes farkı hisseder. Sonraysa ortalama altı aya kadar sonuç alınabilmektedir. Ancak önemli bir hastalığı olanlarda iki seneye kadar süren takipler de vardır. Bu sebeple, sabretmek gerekir. Günde 5 km yol yürüyen hedefe çok hızlı ulaşabilirken, günde 20 dakika yürüyen daha yavaş ilerleyebilir. Bu süre, hem yaşa hem de kişiye göre değişiklik gösterir. Her birey kendine özgü ve özeldir, parmak izlerimizin birbirinden farklı olduğu, birbirine benzemediği gibi, vücudumuz ve yaşamımız da herkesten farklıdır. İşte bu sebeple, kilo verme sürecinde kendimizi başkalarıyla kıyaslamamalı, boş yere üzülmemeli ve moralimizi bozmamalıyız. Atalarımızın dediği gibi, *"Her yiğidin bir yoğurt yiyişi vardır!"*

Karatay Diyeti ile Diğer Yerli ve Yabancı Diyetler Arasındaki Farklar

- Karatay Diyeti, birdenbire ve hızlı değil, dengeli bir şekilde ve kalıcı olarak kilo vermeyi sağlar.
- Bütün tercüme diyetler, doğal olarak hazırlandıkları ülkenin halkı için düzenlenmiştir. O ülkede yaşayan insanların imkân ve alışkanlıklarına yönelik yöresel bilgiler ışığında ortaya çıkmıştır. Önemli olan, yiyeceklerimizi kendi mutfağımızda, yerel pazarlarımızda kolaylıkla erişebileceğimiz ürünlerle hazırlayabilmektir. İşte bu sebeple Karatay Diyeti, Türk halkına özel hazırlanmıştır.
- Komşu ülkelerin, bizim ülkemizde yetişen sebze meyvelerle yapılan ve damak tadımıza uygun sağlıklı yemek tarifleri arada bir denenebilir ama yaşam biçimi haline getirip sürekli uygulamak çok farklı bir konudur! Hızlı kilo verip forma girmeyi sağlamak amacıyla, yabancı ülkelerin alışkanlık ve beslenme biçimlerini örnek alan, o ülkelerde hazırlanmış liste ve kılavuzlara bakıp, halkımıza sağlık gerekçesiyle yasaklar getirmek, doğal değildir. Hem zorlamadır hem de bilimselliğe aykırıdır. Bu nedenle de tercüme diyetlerin başarı oranları düşük olmaktadır. Başarılı olmuş olsalardı bu kadar çok diyet ortaya çıkmaz, halkımız da her yıl verdiği kiloları fazlasıyla geri alıp yeni bir diyet yapmak zorunda kalmazdı.
- Karatay Diyeti, geleneksel beslenme kültürümüzde de yer almayan ara öğünlerin neden gereksiz olduğunu bilimsel verilerle ortaya koymaktadır. Az az, sık sık yemeyi değil, günde 2-3 öğün yemeyi önermektedir ve öğünlerin arasında neden 4-5 saat süre geçmesi gerektiğini anlatmaktadır.
- Karatay Diyeti'nde kalori hesabı da yok! Düşük glisemik indeksli yiyeceklerin önemi ortaya koyuluyor, bu gıdaların vücudumuz için neden kaçınılmaz olduğu bilimsel referanslar eşliğinde anlatılıyor. Aç kalarak veya düşük kalorili bir diyeti uyguladığınızda kilo veriliyor fakat beyinde 'vücut kıtlık içinde' algılaması oluşuyor ve beyin metabolizmayı yavaşlatıyor. Bir miktar kilo verilse bile normal yemek alışkanlıklarına geçer geçmez, beyinden hemen 'vücut tekrar kıtlığa girebilir' diye depolama mesajı geliyor. Yani beyinden 'yiyin depolayın, vücudunuz bir sonraki kıtlık için hazır olsun' diye uyarı geliyor. İşte yemeklere saldırıp, sürekli yemek yeme duygusu da böyle gelişiyor.
- Karatay Diyeti, sindirim enzimlerinin ve hormonların düzenli ve dengeli çalışmasını sağlar. Böylece uygulama sırasında insanlar günlük hayattan kopmazlar, halsiz, aç ve bitkin kalmazlar, aç kalma duygusunun

esiri olmazlar ve kendilerini diyet baskısı altında hissetmezler. Dinçleşmiş olarak uyanırlar.

- Karatay Diyeti'nde günümüz şartlarında üretilen ekmek yerine buğdayın kendisini yemek önerilir. Yani buğdayla pilav, salata veya keşkek gibi yemekler yapılıp rahatlıkla yenebilir. Ayrıca kilo verme sürecinde olanlara beyaz pirinç yerine yine glisemik indeksi düşük olan bulgur önerilir. Böylelikle B vitaminlerinden mahrum kalınmaz ve sağlıklı karbonhidratlar doya doya yenebilir.
- B vitamini ayrıca kuruyemişlerde ve baklagillerde (özellikle fasulye grubunda) yüksek miktarda bulunmaktadır. Kuruyemiş ve baklagiller yüksek miktarda lif ve posa da içerirler. Hatta kuruyemiş ve baklagillerdeki lif ve posa ekmekle alınandan çok daha yoğun ve doğaldır. Ekmek gibi sıcak fırında kızarmamış, trans yağlar oluşmamıştır. Çerez diye adlandırdığımız fındık, fıstık, ceviz, badem, ayçiçeği ve kabak çekirdeği gibi kuruyemişleri, düşük glisemik indeksli (yani kan şekerini ve insülini yavaş yavaş yükseltip yavaş yavaş düşüren ve tok tutan, boş kalori içermeyen) karbonhidratlı yiyecekler arasında sayabiliriz. Bu yiyecekler, tabiatın bize sunduğu en doğal ve güçlü vitamin, mineral, Omega-3 ve Omega-6 kaynağıdır, deposudur ve bu sebeple Karatay Diyeti'nin olmazsa olmazları arasındadır.
- Karatay Diyeti, saf 'protein diyeti' değildir! Bu diyette dengeli olarak hem protein hem karbonhidrat hem de yağ yer almaktadır. Ancak buradaki protein de, karbonhidrat da, yağ da sağlıklı olan, işlenmemiş gıdalardan alınmaktadır. Ayrıca doğal sebzeler ve meyveler de Karatay Diyeti'nin vazgeçilmezleri arasındadır. Ancak meyve ve sebzeleri tüketirken glisemik indekslerine dikkat etmek gerektiğini, onların da şeker yani karbonhidrat olduğunu unutmayalım.[1, 2]
- Karatay Diyeti'nde kırmızı et veriliyor, ancak bu kırmızı et, doğal olarak beslenmiş kuzu, dana veya oğlak etidir. Ayrıca, fabrikasyon işlem görmemiş olan pastırma, evde yapılmış sucuk ya da kavurma ve çiğ köfte de önerilir. Ancak salam, sosis, sucuk, jambon gibi fabrikasyon işlem görerek ve koruyucu katkı maddeleriyle (nitrit, nitrat vb) üretilen karışık et ürünleri kesinlikle tavsiye edilmiyor, bu tip ürünler yasaklar listesinde yer alıyor.

---

[1] Sugar sweetended beverages and risk of metabolic syndrome and type 2 diabetes. A meta-analysis. Diabetes Care November 1,2010;33:2477-2483.

[2] Drinking caloric beveregas increases the risk of adverse cardiometabolic outcome in coronary artery risk development in young adults (CARDIA) study. The Am J Clin Nutr. October 1, 2010; 92:954-959.

Karatay Diyeti'nin Olmazsa Olmazları

- Her gün 2-3 litre sıvı almaya dikkat edilmelidir. Gün boyu bol su, ayrıca limonlu su, limonlu açık çay ve yeşil çay, karanfil, tarçın çayı gibi şekersiz bitki çayları içilebilir.
- En önemli nokta, akşam saat sekizden sonra hiçbir şey yememek, bol su içmek ve hareket etmektir!
- Karatay Diyeti'ni uygularken yediğiniz her şey doğal ve mevsimsel olmalıdır. Katkı maddesi içeren ve işlenmiş hiçbir yiyecek yenmemeli ve içki içilmemelidir.
- Doğal sağlıklı proteinler, sağlıklı yağlar, sağlıklı karbonhidratlar dengeli olarak alınmalıdır. Özellikle sabahları kuvvetli protein içeren, sağlıklı yağ ve karbonhidratların yer aldığı kahvaltı yapılması şarttır![3,4]
- Düşük glisemik indeksli yiyecekler yenmelidir, yüksek glisemik indeksli yiyecekler eve, mutfağa ve mideye girmemelidir!
- *"Az az, sık sık yemelisiniz"* yerine, tam tersi *"Günde 2 veya 3 öğün, doyuncaya kadar sağlıklı protein, sağlıklı yağ ve sağlıklı karbonhidratları yani düşük glisemik indeksli yiyecekleri yemelisiniz"* diyorum.[5]
- Ayrıca öğünler arasında en az 4-5 saat geçmesine dikkat edilmelidir.[6]
- Kabız olmamaya dikkat edilmelidir. Doğal yiyeceklerle her gün iki kez yumuşak bir şekilde büyük abdeste çıkmak gerekir.
- Eğer kilo vermek ve aşırı yağlarımızdan kurtulmak istiyorsak, akşam yemeğimizi en geç saat 19.00'da ya da 20.00'de bitirmiş olmamız gerekir.[7,8] Besinlerimizin türü ve glisemik indeksleri kadar, yemeklerimizin zamanlaması da sağlığımız ve kilo vermemiz açısından önemlidir.[9,10,11]

---

[3] Guyton A., Specific dynamic action of protein. Textbook of Medical Phisiology. WB Saunders Company 1991:793-4

[4] Rober A., et al., Meals with similar energy densities but rich in protein, fat, carbohydrate or alchohol have different effects on enrgy expenditure and substrate metabolism but not on appetite and energy intake. J lin Nutr. 2003 Jan;77(1):91-100.

[5] Elimam A., et al.,Meal timing, fasting and glucocortoids interplay in serum leptin concentrations and diurnal profile. Eur J Endocrinol. 2002 August;147(2):181-8.

[6] Fagteloo AJ., et al., Impact of meal timing and frequency on twenty-four-hour leptin rhythm. Horm Res.2004;62(2);71-8.

[7] Schoeller DA., et al., Entrainment of diurnal rhythm of plasna leptin to meal timing. J Clin Invest. 1997 Oct 1;100(7):1882-7.

[8] Radic R., et al., Circadian rhythm of blood leptin level in obese and non-obese people. Coll Antrop.2003 Dec;27(2):555-61.

[9] Halford JC., et al., The pharmacology of human appetite expression. Curr Drug Targets.2004 Apr;5(3):221-40.

[10] Mattson MP., et al., Meal size and frequency affect neuronal plasticity and vulnerability to disease: celluler and molecular mechanism. J Neurochem.2003 Feb;84(3):417-31.

[11] Van Aggel-Leijssen DP., et al., Regulation of average 24h human plasma leptin levels; the influence of exercise and phisiological changes in energy balance. Int J Obes Relat Metab Disord. 1999 Feb; 23(2): 151-8.

- Akşam yemeğinden sonra gün boyu olduğu gibi su, ayran, şekersiz ve tatlandırıcısız olmak şartıyla limonlu çay, yeşil çay, tarçın ve karanfil çayı içilebilir.
- Son bilimsel verilere göre oluşturduğum Karatay Diyeti, 2002 yılında eski Harvard beslenme piramidinin yerini alan yeni beslenme piramidinin içerdiği son bilgilerin, Türk halkına ve Türk mutfağına uyarlanmış, benim hekimlik tecrübelerimle zenginleştirilmiş halidir. Karatay Beslenme Piramidi'nin en üstünde 'sıfır' dediğimiz rafine ve işlenmiş gıdalar, meyve suları ve şekerli içecekler yer alıyor. Bunlar hiç yenmemeli ve içilmemelidir!
  - → Balık, kuzu, dana veya av hayvanlarının etleri günde iki defa yenebilir.
  - → Bulgur veya buğday salatası ya da pilavı günde bir defa tüketilebilir.
  - → Mevsimine göre doğal meyve günde bir defa yenebilir.
  - → Mevsimine göre sebzeler istenildiği kadar tüketilebilir.
  - → Klasik beyazpeynir, bol zeytin doyuncaya kadar yenebilir.
- Karatay Beslenme Piramidi'nin en altında yani temelinde ise kuruyemişler, baklagiller, sağlıklı yağlar (köy tereyağı, soğuk sıkım sızma zeytinyağı, Omega-3) ve hareket yer alıyor. Kuruyemiş ve baklagiller üç öğün alınabilir, sağlıklı yağların da her gün alınması gerekiyor. Günde en az 20-40 dakika yürüyüş de olmazsa olmazlardan...
- Karatay Diyeti'nin özel yanlarından biri de, miktar, ölçek ve kalori hesabının bulunmamasıdır! Örneğin, 'bir kibrit kutusu kadar diyet peynir'le kahvaltı yapılmamalıdır. Herkes kendi avuç içi kadar ve avucu kalınlığında normal yağlı herhangi bir peyniri rahatlıkla, korkmadan, suçluluk hissetmeden yemelidir. Yiyeceklerin miktarı yani kantitesi değil de, kalitesi yani besin değeri dikkate alınmalı ve kalitesi yüksek olan doğal gıdalar tüketilmelidir.
- Yiyeceklerin sağladıkları enerji yoğunluğu, az ya da çok yağlı olup olmamalarından daha önemlidir! O nedenle, yağlı mı yağsız mı sorgulaması yerine, yiyeceklerin sağladığı yoğun enerjiyi sorgulamak her zaman daha sağlıklıdır![12]

Türk Halkını Şişmanlatan Hatalar

- Türk halkındaki en büyük problem hareketsizliktir! Spor yapan küçük bir kitle var ama genel olarak çocukluktan itibaren aktif değiliz.

---

[12] Miller JB., et al. The New Glucose Revolution. The Glycemic Index-the Dietary Solution for Lifelong Health. Marlowe&Company Publish.NewYork.USA 2003.

- Türk halkı maalesef çok fazla ekmek, tatlı ve unlu gıdalar tüketiyor. Özellikle gençlerimiz fast-food kültürüyle yetiştiriliyor, hamburger, pizza, tost, sandviç, cips gibi yiyeceklerle ve kola, buzlu çay ya da gazoz gibi içeceklerle karın doyurmaya çalışıyor.
- Ayrıca halkımızın büyük bir kısmı sağlıklı sanarak her gün neredeyse 2-3 kg taze meyve yiyor ama kuruyemişten kilo aldırır diye uzak duruyor!
- Kuruyemiş tüketenler de, çiğ yemek yerine kavrulmuş ve tuzlanmış şekilde yiyerek büyük hata yapıyor!
- Türk halkı kendi mutfağı ile değil, yabancı mutfaklarla yani tercüme diyetlerle zayıflamaya çalışıyor!
- Az az, sık sık yiyerek zayıflamaya çalışıyor, oysa sık sık yemek, sürekli insülin hormonu salgılanmasına sebep oluyor ve farkında olmadan yağları eriten leptin hormonunun salgılanmasına engel olunuyor!
- Türk halkı yalnızca kalori hesabına takılıyor, yiyeceklerin ne glisemik indeksine, ne protein içeriğine, ne de sağlıklı yağ içeriğine bakmıyor!
- Proteinler, saçlarımızın, tırnaklarımızın, cildimizin, bağışıklık sistemimizin, tüm organlarımızın ve hayati önemi olan hormonlarımızın temelini meydana getirirler. Doğal olan temel proteinleri tüketmedikçe de kilo veremeyiz!
- Halkımızın yaptığı bir diğer yanlış da sağlıklı yağlarla sağlıksız yağları, yani trans yağları aynı kefeye koymak! Fazla kilo problemi olup zayıflamaya çalışanlar ve kilolarını korumak isteyenlerin, doğal tereyağı, soğuk sızma zeytinyağı ve temel olan Omega-3, Omega-6 gibi yağları doğal şekilleriyle mutlaka vücutlarına almaları gerekmektedir. Omega-3 ve Omega-6 yağlarına bilimsel olarak temel yağlar diyoruz. Çünkü insan vücudu bu yağları üretemiyor ve bu yağların dış destek olarak mutlaka alınması gerekiyor. Motorumuzun yağ değiştirme zamanı gelmiştir! Vücudumuza sağlıklı yağ girmediği sürece, birikmiş zararlı yağlarımızdan kurtulamayız!
- Kilo vermenin zorlaşmasının, ne yapılırsa yapılsın kilo verilememesinin (ve birçok dejeneratif hastalığın) asıl nedeni, vücut ve organizmanın hücre ve hücre zarlarında, Omega-3 ve Omega-6 gibi temel yağların ve fosfolipitlerin yani 'lipitlerin' eksik olmasıdır. Bu, bilimsel olarak gösterilmiştir. Bu nedenle, 'yağlı' olduğu gerekçesiyle zeytin ve kuruyemişlerden korkmak veya zeytin ve kuruyemişi az miktarda yemek doğru değildir! Ancak kuruyemişler kabuğundan kırılıp çiğ olarak tüketilmelidir. Kavurarak ve tuzlayarak yemek son derece sağlıksız bir beslenme tarzıdır.

İnsan Vücudunda Kilo Alma ve Verme Mekanizmasının İşleyişi

- Kilo almak, vücudumuzda istemediğimiz yağların birikmesi (depo edilmesi) demektir. Kilo almakla, pankreas ve karaciğer yağlanması ile birlikte 'hiç tükenmeyen' birçok sağlık problemi de başlamış oluyor.
- Kilolu kişilerde en başta şeker hastalığı olmak üzere, kalp-damar hastalıkları, yüksek tansiyon, felç ve özellikle kanser olma riski iki üç kat artmaktadır. Zayıf olan kişilerde de düzensiz ve zararlı beslenme (özellikle boş kalori yüklü şeker, şekerli içecekler, meyve suları ve yüksek glisemik indeksli karbonhidratlarla beslenme) ve de sağlıksız yaşam sonucu; karaciğer ve pankreas yorulmakta, sonunda yağlanma başlamakta ve bu kişilerde dejeneratif hastalıklara, özellikle kansere yakalanma riski artmaktadır.
- Kilo vermek ise vücut yağlarımızın yakılması, enerji sağlama amacıyla karbonhidrata dönüşmesi ya da erimesi anlamına gelmektedir. Sağlıklı, doğal beslenerek ve hareket ederek kilo verirken, yukarıda saydığımız hastalık riskleri de azalmaktadır. Vücuttan bir kilo yağın azalmasıyla, kalp hastalıkları riskinin %10 azaldığı gösterilmiştir. İki kilo yağın azalması ile de kalp krizi geçirme riski %20 oranında azalmaktadır. Diğer bir anlatımla, kilomuz azaldıkça kalp hastalıklarında yüksek risk grubunda olmaktan da kurtulmaktayız! Kronik hastalıklara yakalanma riskimiz de giderek azalmaktadır.
- Yediğimiz yemeğin enerji olarak kullanılmasını ya da yağ olarak depolanmasını kendimiz belirliyoruz. Bunu nasıl yaptığımızı şu maddelerle açıklayabiliriz:

→ Ağzımıza bir lokmayı alıp çiğnemeye başladığımız anda, kan şekerimiz ve kan insülinimiz birlikte yükselmeye başlar.

→ Yemek yedikten ortalama 2-2,5 saat sonra ise insülinin etkisi sonucu kan şekerimiz (günlük yaşamımızı sürdürebilmek için gerekli olan enerjiyi sağlamak adına kullanılmış olduğundan) azalır. Kan şekeri, insülin hormonu etkisi ile nefes almamız, yürümemiz, yemek yememiz, kitap okumamız, evde veya işte çalışmamız, uykumuz vb işler için gereken enerjiyi sağlar. Aynen arabalarımızın motorunun çalışması için benzinin yakılması gibi, kan şekerimiz de insülin hormonu sayesinde yakılmış ve bize o an için gerekli olan enerjiyi sağlamış olur. Bu nedenle yemekten 2-2,5 saat geçtikten sonra kandaki insülin hormonu ve şeker düzeyi giderek düşmeye başlar!

→ Yediğimiz herhangi bir gıdadan sağlanan enerji çok fazla ise (aşırı miktarda gıda tüketilmesi durumunda ya da fiziksel aktivitemiz çok az olduğu için) bünyemiz yükselen kan şekerinin hepsini yakıt olarak kullanamaz! Bu durumda, insülin hormonunun ikinci görevi devreye girer. İnsülin hormonunun önemli ikinci görevi, kullanılmayan kan şekerini yağ olarak (trigliserid olarak) depoya göndermek yani vücudumuzda yağ olarak depolamaktır. Tüketemediğimiz kadar aşırı miktarda tatlı ve karbonhidrat yediğimiz zaman önce kan yağlarımızdan trigliseridlerimiz yükselir, daha sonra da organ yağı olarak depo edilir (insülin direnci trigliseridlerin depolanması ile hücresel seviyede gizlice başlamaktadır).

→ Yemek yedikten aşağı yukarı 2-2,5 saat geçtikten sonra vücuttaki tüm enerji harcanmışsa ve biz başka bir şey yemezsek (yani sık sık bir şeyler atıştırmazsak), bu sefer vücudumuza enerjinin (yakıt ve benzin) sağlanması amacı ile pankreasımızdan glukagon denilen bir hormon daha salgılanır. 'Glukagon hormonu' da karaciğerimizde önceden depolanmış olan yedek şekerin (yani karbonhidratın) kanımıza geçmesini ve yakıt olarak kullanılmasını sağlar. Bu şekilde motorun çalışmasını devam ettirebilmek için gerekli olan yedek yakıt kullanılmış olur. Karaciğer deposundan sağlanan yedek benzinin (depolanmış karbonhidrat) miktarı çok fazla değildir. Bu nedenle 2-2,5 saat içinde tükenir.

→ Normal ve sağlıklı şartlarda, herhangi bir gıda yemeden ve acıkmadan 4-5 saat geçirebilmemiz; bu hormonların düzenli, yeterli ve etkili bir şekilde uyum içinde çalışmaları sonucu mümkün olmaktadır. Yemekten 2 saat sonrasına kadar insülin hormonunun, bundan 2 saat sonrasına kadar da glukagon hormonunun etkisi devrededir. Bu zaman zarfında yani yemekten 4-5 saat sonra ağzımıza bir lokma dahi koymadan normal yaşamımızın devam etmesi amacı ile 'leptin hormonu' adında (son derece önemli olan) bir hormon daha salgılanmaya başlanır.

- Leptin hormonunun görevi, vücudumuzun çeşitli bölgelerinde önceden depolanmış olan yağları kan şekerine yani karbonhidrata çevirerek, vücudumuza gerekli olan yakıtı, enerjiyi sağlamaktır. Yani depo yağlarımızı karbonhidrata dönüştürür ve enerji olarak yakmamızı sağlar. Diğer bir deyişle insan vücudu ihtiyacı olduğu ve fırsat verildiği zaman karbonhidratı bizzat kendi üretmektedir.
- Leptin hormonu, ikinci yedek depodaki benzinin yakıt olarak kullanılmasını sağlamaktadır.[13, 14] Leptin hormonu, beyaz yağ hücrelerinde (göbek yağı, karaciğer yağı, iç organ yağları) üretilip salgılanan, insan vücudunda beyaz yağ hücreleri tarafından depo edilen, 1994 yılında keşfedilmiş önemli

[13] Friedman JM. The function of leptin in nutrition, weight, and physiology. Nutr Rev.2002 ct;60(10pt2):s1-14.
[14] Senfert J. Leptin effects on pancretic beta-cell gene expression and function. Diabetes 2004 Feb; 53 Suppl.1:s152-8.

bir hormondur. Tokluk hissini verme, açlığımızı bastırma, yediklerimizin yeterli olup olmadığını beynimize iletme gibi çok önemli işlevleri vardır. Leptin hormonu, bütün diğer hormonları kontrol eden bir hormondur. Yani vücutta bulunan diğer hormonlar, leptin hormonu olmadan çalışamazlar! Fakat leptin hormonu diğer hormonlar olmadan da çalışabilir. Organizmada görev yapan bütün hormonlar arasında en son keşfedilen leptin hormonu, bir gemiyi yüzdüren birinci kaptanın görevini yürütür.[15, 16]

- İşte bu nedenlerle kilo verebilmemiz, yani depolanmış olan yağlarımızın kan şekerine dönüşerek yakıt olarak kullanılabilmesi (enerji, yani karbonhidrat sağlayabilmesi) için, leptin hormonunun salgılanması şarttır. Daha önce belirtmiş olduğumuz gibi her yemekten sonra ya da sık sık bir şeyler yediğimizde, kan şekerimizle birlikte insülinimiz de yükselmektedir. Bu alışkanlık devam ettiği sürece kanımızdaki insülin hormonu (doğal olarak) sık sık yükselecek ve devamlı olarak yüksek düzeylerde kalacaktır! Yakıt olarak kullanılmamış olan fazla kan şekerimiz de, sürekli yüksek olan kan insülini sayesinde yağ olarak depoya gönderilecektir.
- İnsülin hormonu, kanımızda hep yüksek düzeylerde kaldığı sürece yağlar devamlı olarak depolara gönderilecek ve kilomuz da artacaktır. Sonuç olarak, depo edilmeye devam eden yağların aynı anda yakıt olarak kullanılmaları ve yakılmaları mümkün değildir. Bu nedenle, sık sık yemek yediğimiz zaman enerjimiz artmış olsa bile, bu enerji yağların yanması için değil, yağların depolanması için kullanılmaktadır.[17]
- Kanda uzun süre yüksek düzeyde seyreden insülin hormonunun da birçok yan etkisi bulunmaktadır; kanı yoğunlaştırır, kanın pıhtılaşmasını artırır, trombositlerin yapışkanlığını artırır, kontrol edilemeyen hücre çoğalmasına neden olur (kanserin en ön evresidir), karaciğer ve pankreasın yağlanmasını başlatır, sempatik sinir sistemini uyararak damarları büzüştürür ve tansiyon yüksekliği, felç ve kalp krizine neden olur.
- İnsülin hormonunun sürekli olarak salgılanması, leptin hormonunun da sürekli olarak salgılanmasına neden olur. İnsülin ve leptin hormonlarının dolaşımda uzun süre yüksek olarak kalması, bütün dokularda bulunan insülin ve leptin hormonlarının komutlarını algılayacak olan hücrelerin (reseptörlerin), bu hormonların komutlarını işitemez hale gelmele-

[15] Arch JR. Central regulation of energy balance: inputs, outputs and Leptin resistance. Proc Nutr. Soc.2005 Feb;64(1):39-46.

[16] Havel PJ. Role of adipose tissue in body-weight regulation mechanisms regulating Leptin production and energy balance. Proc. Nutr Soc.2000 Aug;59(3):359-70.

[17] Heini AF., et al., Association of leptin and hunger-satiety ratings in obese women. Int J Obes Relat Metab Disord. 1998 Nov;22(11):1084-7.

rine neden olur. Bunun sonucunda leptin hormonu, pankreasta bulunan hücrelere etki edemez ve insülinin salgılanmasını engelleyemez. Çünkü pankreasta insülin salgılayan hücreler, leptin hormonunun mesajlarını duyamaz hale gelmiştir. Bu durumda, kulağı az işiten bir insanla konuşurken nasıl sesimizi yükseltip bağırarak konuşuyorsak, aynı şekilde insülin ve leptin hormonları da seslerini duyurabilmek için salgılanmalarını giderek artırırlar. Bütün vücut dokularımızda; beynimizde, karaciğer ve pankreasta, kalp ve bütün kaslarımızda gelişmiş olan bu, emirleri algılayamama durumuna, bilimsel olarak 'insülin ve leptin direnci' adını veriyoruz. Yetişkinlerde ortaya çıkan şeker hastalığı (diyabet), bir insülin direnci hastalığıdır. Bu tip şeker hastalarının kanında insülin hormonu aşırı derecede yüksektir. Asıl sorun, dokuların kandaki yüksek insülinin mesajını işitememelerinden kaynaklanmaktadır!

- İnsülin ve leptin direnci olan kişilerde göbekte yağlanma, hem erkeklerde hem de kadınlarda hafif derecede bile olsa araba tekerleği şeklini almaya başlamıştır. Karaciğer ve pankreas yağlanması sonucu gelişen göbek yağlanması, insülin ve leptin direncinin önemli bir klinik belirtisidir.[18, 19]
- İnsülin ve leptin direncine diğer bir deyişle 'hiperinsülinemik hastalık' diyoruz.[20, 21] Hiperinsülinemik hastalıklar şunlardır: Obezite, karaciğer yağlanması, diyabet, hipertansiyon, kalp krizi, felç, inme, kronik artritler, kronik bel ağrıları, kanser çeşitleri, Alzheimer, erken bunama, fibromiyosit, polikistik meme hastalığı, polikistik over sendromu, erken âdet görme. Bu hastalıkların ortaya çıkması, genel bir metabolizma bozukluğu sonucu olmaktadır.
- Metabolizma bozukluğunun altında, anlatmış olduğumuz insülin ve leptin dirençlerinin yanı sıra bir stres hormonu olan 'adrenalin hormonu' direnci de bulunmaktadır. Sinsice gelişmekte olan adrenalin direnci sonucu kan basıncı da yükselir.[22, 23, 24]
- Önemli olan diğer bir nokta da, bu üç faktörün yani insülin, leptin ve adre-

[18] Lofgren I., et al., Waist circumference is a better predictor than body mass index of coronary heart disease risk in overweight premenopausal women. J Nutr. 2004 May;134(5):1071-6.
[19] Kurukulasuriya LR., et al., Stroke prevention in diabetes and obesity. Exper Rev Cardiovasc Ther. 2006 Jul;4(4):487-502.
[20] Bank SA., et al., Triglycerides induce leptin resistance at blood-brain barrier. Diabetes 2004 May;53(5):253-60.
[21] Çiftci, Ç., et al., "The Adipocyte Hormones and Relationship with Metabolic Syndrome Components", European Journal of Clinical Investigation, 36, 282, 2006.
[22] Tsuda K., et al., Leptin and membrane fluidity of erythrocytes in essential hypertension. Am J Hyperten. 2004 Apr;17(4):375-9.
[23] Pantanetti P., et al., Adipose tissue as an endocrine organ? A review of recent data related to cardiovascular complications of endocrine dysfunction. Clin Exp Hypertens. 2004 May;26(4):387-98.
[24] Türkoğlu Ç., et.al., "Effect of Abdominal Obesity on Insulin Resistance and the Components of the Metabolic Syndrome: Evidence Supporting Obesity as the Central Feature," Obes Surg, 13, 699-705 (2003).

nalin direncinin ailesel, kalıtsal yani genetik olmadığıdır. Bunlar iç ve dış etkenlerle ileri yaşlarda ortaya çıkan hastalıklardır. Yukarıda saydığımız ve dejeneratif hastalıklar dediğimiz hiperinsülinemik hastalıklar önlenebilir hastalıklardır. Bu hastalıkları önlemek kendi elimizdedir; bu bilimsel gerçeği bir kez daha vurgulamak istiyorum. Karatay Diyeti'nin kaleme alınmasının amaçlarından biri de bu bilimsel gerçeği halkımıza yaymak ve bildirmektir.

- Son yıllarda oldukça gelişen ve ilerleyen hücre bilimi sayesinde yeni biyokimyasal bilgiler elde edilmiştir. Hiperinsülinemik hastalıklar terimi de bu bilgilerle ortaya çıkmıştır.
- Hiperinsülinemi, kan insülin değerlerinin sürekli olarak yüksek kalması, yani 5 IU/ml'nin üstüne çıkması ve giderek artmasıdır; vücut hücreleri ve organlarında kontrol edilemeyen hücre artışına ve hızlı doku gelişimine, bazı tehlikeli hormonların düzeyinde artışa ve sağlıklı hormonların düzeyinde de düşüşe neden olmaktadır.[25, 26, 27]
- Gerek diyabet (şeker) hastalarında, gerekse diyabet hastası olmayan sağlıklı kişilerde kan şekerinin uzun süre yüksek seyretmesi, kan dolaşımında kanser riskini artıran zararlı başka bir faktörün, yani serbest oksijen radikallerinin fazla miktarda oluşmasına da neden olmaktadır. Serbest oksijen radikalleri, çevrelerinde bulunan sağlıklı hücrelerden kendisinde eksik olan elektronları çalmakta ve sağlam hücrelerin zayıf, korumasız kalmalarına neden olmaktadır. Bu olaya 'oksidatif stres' denir. Bu, vücudun tüm hücrelerinin bir anlamda yavaş yavaş paslanmasının, yani zayıf düşüp hastalanmasının ifadesidir.
- Oksidatif stres sonucu bağışıklık sistemi zayıf düşmekte ve tüm vücut, (en başta alerji ve kanser hastalıkları olmak üzere) her türlü hastalığa yatkın hale gelmektedir. Şekeri yüksek olan ve iyi kontrol altına alınamayan diyabet (şeker) hastalarının yaralarının geç ve zor iyileşmesinin nedeni de, bağışıklık sistemlerinin ve vücutlarında bulunan hücrelerin bu nedenlerden dolayı zayıflamış olmasıdır.
- Sıkıntılı hayat yaşayan, mutsuz, saldırgan ve huysuz kişilerin de bağışıklık sistemlerinde zayıflık meydana gelmektedir. Bazı kişilerin, korkulu rüya gördüklerinde ya da aşırı sıkıntılı olduklarında dudaklarının uçuklaması da bu nedenledir.

---

[25] Nam et al., Effect of obesity on total and free insulin-like growth factor(IGF-1),and their relationship to IGF-binding protein (IGFBP-1,IGFBP-2,IGFBP-3), insulin, and growth hormone. Int J Obes Relat Metab Disord. 1997;21: 355-359.

[26] Attila et. Al., The metabolic syndrome and insulin-like growth factor-1 regulation in adollescent obesityJ Clin Endocrinol Metab 1998;83:1467-1471.

[27] Holly. The physiological role of IGFBP-1. Acta Endocrinol 1991; 124: 55-62.

- 12 saatlik açlıktan sonra açlık kan şekeri 100 mgr/dl'nin altında ve herhangi bir yemekten 2 saat sonra, tokluk kan şekeri 140 mgr/dl'nin altında olmalıdır. Düşük kan şekeri hedefine ulaşmak, gelişmiş olan karaciğer ve pankreas yağlanmasının önüne geçmek ve insülin ve leptin direncini kırmak amacıyla her gün en az 20-60 dakika yürüyüş yapılmasının son derece önemli ve şart olduğunu da hatırlatmak istiyorum. Fiziksel aktivite azlığı yani tembellik, hareketsizlik ve uyuşukluk, insülin ve leptin direncinin başlamasında en önemli 'ilk' faktörlerdir. İnsülin direnci, ilk etapta tembellik sonucu bacak kaslarında başlamaktadır.
- 12 saat aç kaldıktan sonra alınan kanda insülin değeri ise 2-5 IU/ml olmalıdır. İnsülin düzeyinin giderek yükselmeye başlaması, insülin direncinin başladığının önemli bir göstergesidir. Kan insülin değeri 2-5 IU/ml olan kişilerin, sağlıklı ve uzun ömürlü oldukları bildirilmiştir. İnsülin hormonunun 12 saatlik açlık değerlerini bilmek yeterlidir. Ayrıca insülin direnci tanısı koymak amacıyla şeker yüklemesi testi yapılması doğru değildir. Açlık insülin düzeyi 2-5 IU/ml'den yüksek olan kişilere saf şeker içirilerek, zaten başlangıç düzeylerde olan insülin direnci, fazlasıyla tetiklenmektedir.
- Kendi sağlığımızı ele almanın ve hastalıkları önlemenin zamanı gelmiştir. Doğal yiyeceklerle bilinçli bir şekilde doğru beslenerek ve hareket ederek, uzun uzun yürüyerek, yüzerek sağlığımızı korumak, her açıdan en rahat ve en ucuz yoldur.

İnsülin ve Leptin Direncini Kırmanın Formülü

Fiziksel aktivite:

Yapılan bilimsel araştırmalar, insülin ve leptin direncinin ilk etapta hareketsizliğe bağlı olarak bacak adalelerinde başladığını göstermiştir (bacak kaslarında trigliserid depolanması ile başlamaktadır). İnsan vücudunda en büyük kitleyi bacak ve kalça adaleleri oluşturur. Dolayısıyla yakıta en fazla ihtiyacı olan ve bu yakıtı en yoğun düzeyde kullanan dokular, bacak ve kalça adaleleridir. Bu nedenle düzenli olarak (devamlı bir şekilde) normal ve rahat bir tempoda yürüyerek ya da yüzerek, bacak ve kalça adalelerinin insülin ve leptin hormonlarına olan hassasiyetlerini geri kazanmak mümkün olmaktadır.

Bacak adalelerinden sonra, karaciğer ve diğer organlarda insülin ve leptin direnci gelişmesi izlenir. Şişman kişilerde karaciğer yağlanmasının oluşması sonucu, göbek etrafında araba tekerleği şeklinde yağların birikmesinin nedeni de budur. İşte bu sebeplerle en başta fiziksel aktivitemizi artırarak insülin ve leptin direncinin gelişmesini önlemek, bunların sonucu gelişebilecek dejeneratif hastalıkların önünü almak her zaman mümkündür ve kendi elimizdedir.

Düşük glisemik indeksli gıdalar tüketmek:

Düzenli bir şekilde fiziksel aktivite ile birlikte hem 'sağlıklı proteinleri', hem sağlıklı yağları hem de 'sağlıklı karbonhidratları' diğer bir deyişle düşük glisemik indeksli (Gİ) gıdaları tüketmeye başladığımızda insülin ve leptin direnci yavaş yavaş kırılacağından, yavaş yavaş sağlıklı bir şekilde kilo vermeye başlarız.[28, 29]

Bununla birlikte, yüksek glisemik indeksli yiyecekleri, içecekleri ve işlenmiş bütün gıdaları (glisemik indeksleri yüksektir ve trans yağ içerirler) hayatımızdan çıkardığımızda yağlarımız giderek azalır. Depo yağlarımızın yakılarak azalması sonucu kilo verirken aynı zamanda dinçleşiriz, yorgunluk ve halsizlik hissetmeyiz, uykularımız da düzene girer. Karaciğerimiz sağlıklı çalışmaya başlayacağı için bütün hormonlarımızla birlikte kan yağlarımız da sağlıklı düzeylere iner. Yükselmiş olan kan basıncımız (tansiyonumuz) da normalleşir.

En önemlisi, bağışıklık sistemimiz güçlendiğinden, sık sık hastalanmayız.

Sağlıklı yağları kullanmak:

Düşük glisemik indeksli gıdalar tüketirken sağlıklı yağların da kullanılmasıyla insülin ve leptin direncini önlemek ve kırmak daha da kolaylaşacaktır.

Sağlıklı yağların insülin ve leptin direncini kırarak hiperinsülinemik hastalıkları önlediği birçok bilimsel çalışma ile gösterilmiştir. Bu konuda daha geniş bilgiye ve bilimsel referanslara *Karatay Diyeti* ve *Karatay Diyeti'yle Yaşam Boyu Sağlık* kitaplarımdan ulaşabilirsiniz.

İşlenmiş gıdalardan uzak durmak:

Yiyeceklerimizi mümkün olduğu kadar doğal, bütün ve bozulmamış olarak, yani herhangi bir fabrikaya girip çıkmamış ve endüstriyel işlem görmemiş şekilde tüketmek, insülin ve leptin direncini kırmak için son derece önemlidir.

Doğal yiyecek ve içecekler, lifleri parçalanmamış olduğu için düşük glisemik indeksli gıdalardır. Bu önemli özelliklerinin yanı sıra organizmaya zarar veren herhangi bir ilaç, yemek boyası, kimyasal katkı maddesi ya da trans yağ içermezler. Bu nedenlerle sağlıklı beslenme ve yaşam için tercih edilmelerinde sonsuz yararlar bulunmaktadır.

---

[28] Lofgren I., et al., Weight loss associated with reduced of carbohydrate reduces the atherogenicity of LDL in premenopausal women. Metabolism. 2005 Sept;54(9):1133-41.

[29] Wood RJ., et alç, Carbohydrate restriction alters lipoprotein metabolism by modifying VLDL, LDL and HDL subfraction distribution and size in overwight men. J Nutr 2006 Feb;136(2):384-9

Bu alanda otorite olan Sayın Prof. Dr. Ahmet Aydın'ın *7'den 70'e Taş Devri Diyeti* adlı kitabı doğru beslenme konusunda oldukça kapsamlı olarak yazılmış en önemli kaynaklardan biridir ve bu konuda şimdiye kadar söylenmemiş bütün gerçekleri bilimsel olarak gözler önüne sermektedir.

Kilo Vermeyi Engelleyen Unsurlar

- Kilo verebilmek için, doğal tereyağı, soğuk sızma zeytinyağı ve temel olan Omega-3, Omega-6 gibi yağların doğal şekilleriyle mutlaka vücuda girmesi gerekmektedir. Omega-3 ve Omega-6 yağlarına bilimsel olarak temel yağlar diyoruz. Çünkü insan vücudu bu yağları üretemiyor ve bu yağların dış destek olarak mutlaka alınması gerekiyor. Kilo vermenin zorlaşmasının, ne yapılırsa yapılsın kilo verilememesinin (ve birçok dejeneratif hastalığın) asıl nedeni, vücut ve organizmanın hücre ve hücre zarlarında, Omega-3 gibi temel yağların ve fosfolipitlerin yani 'lipitlerin' eksik olması ve bunun aksine Omega-6 yağların da aşırı miktarda bulunmasıdır. Yani Omega-3 ve 6 dengesinin Omega-6 lehine bozulmuş olmasıdır.
- Ayrıca "Ne yaparsam yapayım kilo veremiyorum" ya da "Çok yavaş kilo veriyorum" diyenlerin gizli alerjileri ve bilinmeyen değişik sağlık sorunları, hormonal dengesizlikleri olabilir. Organizmada herhangi gizli bir alerji varsa ya da yeni başlamaktaysa, alerji sebebi olan en ufak bir madde bile o alerjiyi tetikleyebiliyor. Örneğin, yiyeceklerden faydalı diye severek aşırı miktarda tükettiğimiz maydanoz, domates, kivi ve C vitamini de zaman zaman mevcut olan gizli alerjileri tetikleyebiliyor.
- *Karatay Diyeti* kitabındaki sağlıklı beslenme ve yaşam biçimi önerilerini uygulayanlar eğer kilo veremiyorlarsa ya da çok yavaş kilo verme sorunu yaşıyorlarsa bu noktaları göz önünde bulundurmaları gerekir! Eğer alerji veya entolerans gelişmiş olan gıda, kişinin çok sevdiği sağlıklı bir yiyecekse ömür boyu hayatından çıkarması gerekmez. Gıda alerjisi, tespiti ve çözüm yolları konusunda daha geniş bilgiyi *Karatay Diyeti'yle Yaşam Boyu Sağlık* kitabımda bulabilirsiniz.
- D vitamini eksikliği de kilo vermeyi engeller! Vücudumuzun ürettiği doğal ve en güçlü antioksidan özelliği olan D vitamininin, tüm vücut hücrelerinde reseptörleri bulunur. Eksikliğinde hücrelerimiz normal çalışmadığı için, her türlü alerjik hastalık ve enfeksiyon hastalığı meydana gelmektedir. D vitamini bağışıklık sistemini güçlendiren önemli ve temel bir vitamindir.
- D vitamininin iki ana kaynağı bulunmaktadır: Birincisi, güneşin UVB

ışınları etkisiyle derimizde üretilmektedir. İkincisi, gıdalarla alınabilmektedir. En önemli besin kaynağı balık ve organ etleri dediğimiz, yürek ve karaciğerdir. Ancak güneş ışınının meydana getirdiği D vitamini değerini 100 birim olarak varsayarsak, yiyeceklerle aldığımız bunun dörtte biri yani %25'i kadardır. Her gün 500 gr karaciğer ya da balık yemek mümkün olamadığına göre, en önemli kaynak güneştir.

- Cilt kanserine neden olduğu gerekçesiyle, maalesef güneş ışınlarından kaçınılması ve koruyucu kremler kullanılması önerilmektedir. Oysa D vitamini bağışıklık sistemini güçlendiren son derece önemli bir vitamindir. Koruyucu krem ve losyonlar kullanılması, D vitamini eksikliğine neden olmaktadır. Önemli olan güneşin altında kalınacak süreye dikkat etmek, saatler boyu güneşin cildimizi yakması için çaba sarf etmemek ve güneş yanığı oluşmamasına özen göstermektir. Güneş ışınlarının yoğun olduğu yaz aylarında, gün içinde aralıklı zaman dilimlerinde, cildimizi saf zeytinyağı ile nemlendirerek 'yanmaya maruz kalmayacak süre' güneş banyosu yapmak, güneşten faydalanmanın en sağlıklı yoludur.
- Yaz ya da kış aylarında normal şartlarda kanda D vitamini düzeyinin en az, 50 ng/ml'nin üstünde olması gerekir. Kanser hastalarında ise en az 70 ng/ml olması önerilmektedir. Son yıllarda yapılan birçok bilimsel araştırma, D vitamininin kemik yapısı dışında da önemli görevleri olduğunu ortaya çıkarmıştır.[30,31] D vitaminin görevleri ile ilgili ayrıntılı ve daha geniş bilgiyi *Karatay Diyeti'yle Yaşam Boyu Sağlık* kitabımda bulabilirsiniz.
- Ancak yağda eriyebilen A, D, E, K vitaminlerinin bağırsaklardan emilebilmesi için mutlaka sağlıklı doğal yağların yenmesi gerekiyor. Yağsız ya da az yağlı beslenme sonucu bu önemli vitaminlerin emiliminde de azalma oluyor. Birçok hastalığın nedenleri arasında kuvvetli antioksidan olan bu vitaminlerin eksikliği de yer almaktadır. Doğal yolla yiyeceklerimizden almış olsak da, sağlıklı yağları yemediğimiz sürece bu vitaminlerin vücudumuzda kullanılması mümkün değildir. D vitamini ile birlikte A vitamini de bağışıklık sistemini güçlendirir. K ve E vitaminleri de kuvvetli antioksidan maddelerdir.
- K vitamini güçlü bir antioksidan olduğu için, prostat, akciğer, karaciğer kanserleri ve lösemiye karşı organizmayı güçlendirdiği ve koruduğu bilinmektedir. K vitamininin kanın pıhtılaşmasında çok büyük rolü vardır. Bunun yanı sıra atardamar ve toplardamarlarda kireçlenmeyi ve bacak

---

[30] Holick MF. Vitamin D Deficiency. N Engl J Med. 2007 Jul 19;357(3):266-81.
[31] Norman AW. From vitamin D to hormone D: fundamentals of the vitamin D endocrine system essential for good health. Am J Clin Nutr.2008 Aug;88(2):491S-499S.

varislerini önlediği gösterilmiştir.[32, 33]

- Vücutta demir eksikliği varsa yine kilo verilemez! Aslında başta sinir ve stres olmak üzere birçok sıkıntının sebebi, demir eksikliğidir! Tabii bu eksiklik, dolaylı olarak kilo alımına sebep olur ve hormonların olumsuz etkilenmesi sebebiyle de kilo verme sürecini olumsuz etkiler. Ülkemizde yaygın bir şekilde demir eksikliği anemisi de bulunmaktadır. Büyüme çağındaki çocuklar, âdet görmeye başlayan genç kızlarımız, birçok gebe ve emziren anneler, hatta sağlıklı beslenenler bile demir ve diğer vitamin desteklerini ihmal ettiklerinde, anemi oluşabilmekte ve kronik bir düzeye ulaşabilmektedir. Her ay muntazam âdet gören genç kızlarımız, 1 ml kanda, 5 mg kan demiri kaybetmektedirler. Bu düzeyde kan demiri kaybeden genç kızlarımızda, kilo alma korkusuyla yeterli ve etkili beslenemedikleri için, kronik anemiye bağlı belli belirsiz bazı şikâyetler başlamaktadır. Ek olarak, ülkemizde sağlıksız bir alışkanlık olan yemekten hemen sonra çay içme âdeti de gıdalarda bulunan az miktardaki demirin emilimini önlemektedir. Özellikle Anadolu'da çok çocuk doğurmuş olan kadınlarımızda demir eksikliği yaygındır. Emziren anneler de sütleri ile demir kaybederler, bunu da unutmamamız gerekir. Ayrıca büyüme ve ergenlik çağında hızlı boy atan ve gelişen kız ve erkek çocuklarda da demir eksikliği meydana gelmektedir.
- Günlük demir gereksinimi ağır spor yapanlarda, düzenli egzersiz yapanlarda, bebeklik, gebelik, emzirme, âdet (regl), ergenlik ve ağır hastalık dönemlerinde kişinin yaşına ve yaşam biçimine göre değişir. Karaciğer, yürek, dalak gibi sakatatlar, kırmızı et, baklagiller, kuru üzüm ve yumurta sarısı demir açısından zengin gıdalardır. Ceviz, fındık, fıstık, badem gibi kuruyemişlerin ve kuru fasulye, mercimek gibi baklagillerin 100 gramında (ince belli çay bardağı kadar) 3,70 mg demir bulunur. Bu nedenle bize ilkokulda "fındık fıstık çıtır çıtır, hem kan yapar hem ısıtır" diye öğretmişlerdi. Demir eksikliği saptanmış olan kişilerin bir hekim gözetimi altında tedavi olmaları gerekir.
- Ayrıca 24 saat içinde yeterli su içmediğimiz zaman da kilo veremiyoruz. Her gün 2-2,5 litre kadar saf su içme alışkanlığını edinmemiz gerekiyor. Gün içinde azar azar, yudum yudum içerek bu alışkanlığı edinmemiz son derece önemlidir. İdrar rengimizin açık sarı olmasına dikkat etmeliyiz.

---

[32] Suttie JW. Vitamin K. In: Machlin L, ed. Handbook of Vitamins. New York, NY: Marcel Dekker; 1984:147.

[33] Schurgers L., et al. Regression of warfarin-induced medial alastocalcinosis by high intake of vitamin K in rats. Blood. 2006.

Kilo Vermede Egzersizin Önemi

- Düzenli ve sürekli olarak yapılan yürüyüşler, insülin ve leptin direncini kırar ve gelişmesini önler. Her gün ve hayat boyu yapılmalıdır. Burada dikkat edeceğimiz nokta, herhangi bir egzersiz programına başlarken aktivite süresini birdenbire değil de yavaş yavaş artırmaktır. Örnek olarak, yürüyüşümüze bir hafta içinde en az 3-4 kez muntazam bir şekilde 15-20 dakika ile başlayıp, her hafta kendi enerji düzeyimize ve yorgunluk hissetmediğimiz süreye göre 5-10 dakika artırabiliriz. Karaciğer ve böbreküstü bezimiz kendini toparladıkça ve göbek yağlarımız yumuşamaya başladıkça (bu insülin ve leptin direncinin kırılmaya başladığını gösteren önemli bir belirtidir) daha rahat ve uzun yürüyüşler yapabildiğimizi göreceğiz. Uykularımız da düzene girecek ve deliksiz bir uyku ile rahat bir gece geçireceğiz.
- Karatay Diyeti'nde yürüyüş, yüzme, dans etme vb gibi fiziksel aktivitelerin yapılması ve artırılması önerilmektedir. Bu nedenlerle, kilo vermede zorlanan kişilerin bu konuyu dikkate almalarını, kendilerine en uygun, tüm kalça ve bacak kaslarını çalıştıracak bir fiziksel aktiviteye yavaş yavaş başlamalarını öneriyorum.
- Ne yaparlarsa yapsınlar kilo vermekte zorlanan kişilerin uyguladıkları fiziksel aktivite etkisiz ve yetersiz olabilir. Örneğin, 20-30 dakika yürüyüş süresini 50-60 dakikaya çıkarmaları gerekebilir. Kilo vermek isteyenlerde karaciğer ve pankreas yağlanması bulunmaktadır. Yani insülin direnci gelişmiş demektir. Bu konuda yapılmış yeni ve önemli bir çalışma *American Journal of Physiology*'de yayımlandı. Göbek yağlarını (bilimsel olarak 'visceral adiposite' diyoruz), yani iç organların yağlarını en iyi yakma yolunun, en fazla adaleye sahip olan kalça ve bacaklarımızın yürüyüş, yüzme vb ile çalıştırılması olduğu bildirilmiştir.[34, 35]
- Burada bir noktaya açıklık getirmek istiyorum: Spor salonlarında kas yapımı amacıyla kullanılan protein tozları, işlem görmüş ve doğallığını kaybetmiştir ve toksik kimyasallar ve trans yağlarla yüklüdür. Gençlerimizin ve sporcularımızın sağlığına zarar vermektedir ve kesinlikle kullanılmamalıdır. Bu amaçla bol bol doğal yumurta ve et proteini tüketilebilir. Yumurtanın proteini insan proteinine en uygun ve en yakın proteindir.

---

[34] Colberg SR., et al.1995. Skeletal muscle utilization of FFA in women with visceral obesity. J Clin Invest 95:1846-1853.
[35] Henry RR. Impaired M.uscle Fat Metabolsim: A cause or Effect of Visceral Obesity ? Editorial. J Clin Invest 95, April 1995, 1427-1428.

- Egzersizin ilk 15-20 dakikasında enerji olarak, bacak adalelerinde glikojen olarak depolanmış olan 'şeker' kullanılır.
- Egzersizin süresi 20 dakikadan daha fazla olursa, enerji olarak kanda bulunan şeker ve serbest yağlar kullanılır. Dolaşımda bulunan birikmiş yağ ve şekerler bu şekilde azalır. Böbreküstü bezinden de adrenalin hormonu salgılanır. Bu sırada adrenalin hormonu depo yağlarımızı karbonhidrata dönüştürerek, gerekli enerjiyi sağlar.
- Uzun süren egzersiz sırasında yorgunluk hissetmememizin nedeni, egzersiz yaparken salgılanan adrenalin hormonudur. Tokluk hissetmemizin nedeni de, adrenalin hormonunun bu süre içinde depo yağlarını enerji olarak kullanılmasını sağlamasındandır. Eğer egzersiz 40 dakikadan fazla sürecek olursa, karaciğerde ve vücudumuzda depo edilmiş olan birikmiş yağlarımız kan şekerine yani karbonhidrata dönüşür ve uzun süren fiziksel aktivite için gerekli enerji bu şekilde sağlanmış olur. Uzun süren fiziksel aktivite sonucu kaslarımız güçlenir, gelişir ve kendimizi dinç hissederiz. Bilinenin aksine kaslarda erime olmaz! Vücut yağlarımız erir ve suyumuzda azalma olur (eğer yeterli su içme alışkanlığımız bulunmuyorsa).

Mutfağımıza Hiç Alınmayacak Yiyecek ve İçecekler

Kilo vermek istiyorsak, kalp-damar hastasıysak, tansiyon problemimiz varsa, felç geçirmişsek, polikistik over sendromumuz varsa, kronik artrit ya da herhangi bir kanser hastasıysak ya da bu hastalıklardan korunmak istiyorsak mutfağımıza, dolabımıza ve ağzımıza girmemesi gereken yiyecek ve içeceklerden bazıları şunlardır:

- Her türlü ekmek; beyazı, kepeklisi, çavdarlısı vb
- Simit, kuru ve yaş pastalar
- Her türlü tost!
- Ambalajında 'diyet' yazan veya yazmayan grisini, galeta ve her cins bisküvi
- Pirinç pilavı
- Patates, mısır
- Makarna, börek, poğaça, açma vb
- Şeker, çikolata ve her tür tatlı...
- Şekerli ve şekersiz reçeller, şuruplar, bal ve pekmezler
- Bütün suni (yapay) tatlandırıcılar. Suni (yapay) tatlandırıcıların karaciğer ve pankreas yağlanmasını artırarak şeker hastalığına neden olduğu bilimsel olarak gösterilmiştir.

- Ambalajında 'diyet' yazan bütün yiyecek ve içecekler
- Hazır (fabrikasyon) veya taze sıkılmış her türlü meyve suyu
- Bütün gazlı içecekler (kola, gazoz vb), enerji içecekleri
- Her türlü kızartma
- Bütün hazır çorbalar
- Sucuk, salam, sosis gibi işlem görmüş et ürünleri
- İslenmiş, tütsülenmiş balık ve tütsülenmiş etler
- Süt tozu, protein tozu, yumurta tozu, krema vb ürünler
- Mayonez, ketçap ve her türlü hazır soslar
- Marketlerde satılan kapalı çiftlik tavukları (serbest dolaşan tavuklar, yani köylü tavuk yenebilir)
- Karpuz ve kavun gibi doğal da olsa fazla miktarda meyve şekeri içeren, glisemik indeksi yüksek meyvelerden de uzak durulmalıdır
- Neyi yemeyeceğimizi değil de, neleri yiyeceğimizi düşünür, planlar ve alışverişimizi ona göre yaparsak, uygulamamız oldukça kolaylaşır. Yüksek glisemik indeksli gıdalarla yani boş toksik karbonhidratlarla ve fabrikalarda hazırlanmış hazır gıdalarla alışveriş sepetimizi doldurmadığımız zaman, hayatımız son derece kolaylaşıyor, inanın. Düşüncemizi bu şekilde yönlendirmemiz hem kolay hem de sağlıklıdır.
- Yiyeceklerimizi seçerken, hazırlarken veya öğünlerimizi planlarken, doğallığına, glisemik indeks değerlerine ve hazırlanış biçimlerine göre tercihimizi yaparsak, yediklerimizin miktarında kalorilerine göre kısıtlama olmaz. Kalori hesabı yaparak aklımızı meşgul etmeyiz. Gün boyu açlık korkusuyla yaşamayız.

Ekmeğin Mutfağa Alınmamasının Nedeni ve Ekmek Yerine Yenebilecekler

- Ekmek yasak! Sebebine gelince; dilimizde 4 adet tat alma duyusu vardır; tatlı, acı, ekşi, tuzlu. Ekmeğin içindeki şekeri düşünürsek, şeker ağza alındığı zaman diğer 3 duyunun üzerini kaplıyor ve o duyuları dumura uğratıyor! Bütün dünyada yiyecek endüstrisi de bu tat alma duyusunun bağımlılık yaptığını biliyor. Tatlı ve tuzlu her hazır yiyeceğin içine bu nedenle mısır şurubu dediğimiz, mısır unundan elde edilen son derece ucuz bir şeker olan früktoz katılıyor. Bütün ekmek, pasta, tatlı veya tuzlu ürünlerde bu yüzden früktoz bulunuyor. Onun için insanlar kilo problemlerini halletmeye çalışırken, alıştığı gıdaları bırakmakta, özellikle de ekmek ve tatlı grubunda son derece zorlanıyorlar. Aynı eroin gibi beyin 'ekmeksiz yapamam' diyor. Bundan vazgeçmek hiç kolay olmuyor. Bu sebeple burada früktozdan en tatlı zehir olarak bahsedebiliriz.

- Ayrıca ekmeklerin içinde aşırı miktarda rafine tuz ve yumuşaklığını artırmak ya da daha çekici görünmesini sağlamak, raf ömrünü uzatmak amacıyla bizim için toksik olan birçok kimyasal madde eklenmektedir. Sonuçta bu kadar olumsuz etki bir araya toplanınca ekmek sizi değil vücutta sinsi sinsi gelişen dejeneratif hastalıkları beslemiş oluyor. Tabii bir de maya ve glüten konusu var. Türk halkında yaygın bir şekilde gizli maya ve glüten alerjisi olması, bu konuyu önemli hale getiriyor. Sağlıklı bir şekilde kilo vermenin önündeki en önemli engellerden biridir! Dünya Sağlık Örgütü, "Türkiye ekmek sorununu hallederse, sağlık sorununun %30'unu da halledebilir" demektedir.
- Burada altı çizilmesi gereken önemli nokta, glisemik indeksi son derece yüksek olan (70-100) beyaz ekmeğin Türk halkı tarafından yoğun olarak tüketilmesidir. Her gün 7-8 dilim ya da ekmek arası diye yarım ekmek yemek, yani yüksek glisemik indeksli karbonhidrat tüketmek, sağlığa ciddi zararlar verir. Ekmekten alınan boş ve toksik kaloriler sık acıkma nedenidir ve insülin direncini tetiklemektedir. Düşük glisemik indeksli karbonhidrat tüketiminin dejeneratif (kronik) hastalıkların riskini azalttığı birçok bilimsel çalışma ile gösterilmiştir.[36, 37, 38, 39]
- Kilo problemi olmayanlar ya da insülin direncini kırmayı başarmış olanlar, Konya yöresine ait olan etli ekmek (kaşar peynirsiz olarak) ya da lahmacun gibi yiyecekleri rahatlıkla tüketebilirler. Lahmacunun ekmeği mayasız ve son derece incedir. Ayrıca bol et, soğan, limon, maydanoz ve ayranla tüketildiği zaman gayet dengeli ve sağlıklı bir gıdadır.
- Bağımlılıktan kurtulma döneminde yufka ekmeği veya tandır ekmeği dediğimiz yiyecekleri kullanmak da doğru değildir. Ekmek de sigara gibi direkt bırakılmalıdır. Kilo vermek isteyenler, kalp ve tansiyon hastaları, şekeri yüksek olanlar unlu ve doğallığını kaybetmiş yiyeceklerden uzak durmalıdırlar. Yapılan birçok bilimsel çalışma, ekmek yemeyi bırakanların kan şekeri, trigliserid ve ürik asit değerlerinin normalleştiğini

---

[36] Mann, G.V.(ed). Coronary Heart Disease: The Dietary Sense and Nonsense. London, England: Janus Publishing Company 1993.

[37] Mann, G.V. Diet Heart, End of an Era. NEJM 297 (1977):644.

[38] Multiple Risk Factor Interventional Trial Research Group. Multiple Risk Factor Interventional Trial: Risk factor changes and mortality results. JAMA 248 (1982):1465-77.

[39] Miller JB., et al. The Low GI Diet. Lose Weight with Smart Carbs. Hodder Headline Publish. Australia and New Zealand 2004.

göstermiştir.[40] Ancak ekmek alışkanlığından kurtulduktan sonra yufka gibi ekmekleri, örneğin bizim Elazığ, Malatya gibi yörelerimizde yapılan yufka ekmeğini, tandır ekmeğini azar azar yiyebilirler.

- Ayrıca daha önce de vurguladığımız gibi, hem kilo verme sürecinde hem de sonrasında yani yaşam boyu ekmek yerine ekmeğin hammaddesi olan buğdayı bütün olarak salata, çorba, pilav veya keşkek yemeği şeklinde tüketebilirsiniz. Esmer bulguru da aynı şekilde rahatlıkla kullanabilirsiniz.
- Halkımız arasında, karbonhidratların yalnız ekmekten alınabildiği, başka türlü vücudumuza karbonhidrat giremeyeceği kanısı bulunmaktadır. Oysa doğal ve sağlıklı karbonhidratlar buğdayın kendisinde, bulgurda, fasulyede, mercimekte, sebzelerde, meyvelerde ve bütün kuruyemişlerde bulunmaktadır.

Şekerin Mutfağa Alınmamasının ve Meyvenin Kısıtlanmasının Nedeni

- Sağlıklı bir vücuda girmemesi gereken yiyeceklerin başında 'en tatlı zehir' olarak kabul edilen şekerler gelmektedir. Her türlü rafine şeker, ayrıca bal ve pekmezin glisemik indeksi çok yüksek olup, 100 üzerinden 100'dür.
- Şeker maalesef ülkemizde hem tatlılarla hem de içeceklerle aşırı miktarda tüketilmektedir. Rafine edilmiş şekerde (tozşeker ve kesmeşeker) ve meyve sularında bulunan (kendimiz taze olarak sıkmış olsak bile) şeker (früktoz), çok hızlı bir şekilde dolaşıma geçerek kan şekeri ve insülinimizi hızlı bir şekilde yükseltir. Kanda aşırı hızla yükselen insülin hormonu da, dolaşımda uzun süre yüksek kalarak insülin ve leptin direncini başlatır. Başlamış olan insülin ve leptin direncini de giderek artırır. ABD'li bilim adamlarına göre, bütün dünyada ciddi bir halk sağlığı sorunu olan şişmanlık ve obezitenin bu kadar yaygın hale gelmesinin başlıca nedeni, 'früktoz' içeren yiyecek, içecek, şurup ve pekmezlerin aşırı miktarda tüketilmesidir.[41] Şeker ve şekerli yiyeceklerin zararları konusunda daha geniş bilgiye *Karatay Diyeti'yle Yaşam Boyu Sağlık* ve *Kansere Çözüm Var* kitaplarından ulaşabilirsiniz.
- Bütün meyveler de 'şeker'dir, yani karbonhidrattır! Her meyve yediğimizde vücudumuza früktoz şekeri girmekte, kan şekerimiz ve insülini-

---

[40] Christian B.A.,Wolfgang Lutz., Life Without Bread:How a Low-Carbohydrate Diet Can Save Your Life. McGraw-Hill. USA 2000.

[41] Willet WC., et al. Eat, Drink, and Be Healthy. The Harvard Medical School Guide to Healthy Eating. Simon & Schuster inc. Publish.New York NY 10020, USA 2001.

miz yükselmektedir. Bu da yeterli hareket etmeyen bir toplumda doğal olarak insülin ve leptin direncinin başlamasına sebep olmaktadır. Aşırı miktarda meyve tüketmekle de karaciğer ve pankreas yorulmakta ve yağlanmaya başlamaktadır.

- Früktoz yani meyve şekeri, enerji yani yakıt olarak kullanılmaz. Früktoz doğrudan doğruya karaciğere gönderilir ve orada yağ şeklinde birikerek, karaciğerin yağlanmasına neden olur. Karaciğerimizin alkole bağlı olmayan yağlanmasının nedeni früktozdur. Karaciğerimiz için, 1 gr früktoz şekeri, 1 gr glikoz şekerinden 7 kat daha toksiktir.
- Bol meyve yiyerek ya da büyük bir bardak (en az 2-3 meyve sıkılarak elde edilmiş) meyve suyu içerek hiçbir zaman insülin direncini kıramayız. Tam tersine insülin direncini artırırız.[42, 43] Kalori azaltarak verdiğimiz kiloları işte bu sebepten kısa sürede fazlasıyla geri alıyoruz.
- Daha da önemlisi önceki bölümlerde açıklamış olduğum gibi, meyveler sıkılarak meyve suyu haline dönüştüğü anda lifleri paramparça olmakta ve posalı özelliklerini yitirmektedirler. Bu nedenle hazmedilmeleri son derece hızlı olmakta, doğrudan karaciğere giderek, orada metabolize olmakta ve karaciğerimizin yağlanmasını başlatmaktadırlar. Meyve şekeri olan 'früktoz', bugün bütün şekerlerin en tehlikelisi olarak kabul edilmektedir. Dünya Sağlık Örgütü'ne göre yaygın obezitenin nedenlerinden biri faydalı diye aşırı miktarlarda tüketilen taze sıkılmış ya da kutu meyve suları ve her türlü şekerli içeceklerdir. ABD'de bu nedenle, 'soda göbeği' ifadesi kullanılmaktadır. Früktoz, karaciğere alkol kadar zarar vermektedir.

Rafine Şeker ve Tatlı (Aşırı Karbonhidrat) Tüketiminin Zararları

- Aşırı miktarda rafine şeker ve tatlı yiyeceklerin yani yüksek dozda karbonhidratların tüketilmesiyle, tüm hücrelerimizde kristal halinde glikoz birikir. Hücrelerimizde bir nevi karamelizasyon meydana gelir ve tüm hücresel fonksiyonlarımız yavaş yavaş bozulmaya başlar. Sonrasında:

→ Organizmalardaki birçok sistemi normal çalışamaz hale getirir.
→ Vücudun mineral dengesini bozar. Krom ve bakır eksikliğine neden olur.
→ Kalsiyum ve magnezyum emilimini bozar.
→ Vücutta su tutulmasını artırır.

---

[42] Fructose: a highly lipogenic nutrient imlicated in insulin resistance, hepatic steatosis, and metabolic syndrome. Am J Phisiology-Endocrinology and Metabolism. Nov 1,2010 299: E 685-E694.
[43] Metabolic Effects of Fructose and World wide Increase in Obesity. Phisiological Reviews. Jan.1, 2010 90:23-46.

→ Kanda E vitamininin miktarını azaltır.
→ Protein emilimini engeller. Protein yapısına zarar verir. Proteinlerin vücuttaki rolünde kalıcı değişikliklere yol açar.
→ Dokuların esnekliğini ve işlevini bozar.
→ Enzimlerin fonksiyonlarını bozar.
→ DNA yapısında zarara yol açar.
→ Alkol gibi zehirleyicidir. Bağımlılık yapıcı bir maddedir. Alkolizme de neden olabilir.
→ Vücut bağışıklık sistemini yıkar ve zayıflatır. Serbest oksijen radikallerinin artmasına ve oksidatif strese neden olur. Serbest oksijen radikalleri, bütün dejeneratif hastalıkların, kanser ve erken yaşlanmanın temel nedenidir.
→ Viral ve bakteriyel her türlü enfeksiyon hastalığına karşı korunmayı zayıflatır. Yaraların ve hastalıkların iyileşmesini geciktirir.
→ Beyinde delta, alfa ve tetra dalgalarını bozar. Dikkatsizliğe, baş ağrısı ve migrene, depresyona neden olur. Şeker ve tatlı alımı azaltıldığında duygusal kararlılık artar.
→ Görmeyi bozar ve körlük yapar. Gözlerde katarakta, miyop hastalığına (uzağı görememe) neden olur.
→ Tükürük asiditesini artırarak diş çürümelerine, diş ve dişeti hastalıklarına neden olur.
→ Besin alerjisine neden olur.
→ Derimizdeki kollajen yapısını bozar ve ciltte kırışıklıklara, erken yaşlanmaya sebep olur.
→ Gebelikte kan zehirlenmesine neden olur. Yeni doğanda dehidratasyona yani bedenin fazla miktarda sıvı kaybetmesine neden olur.
→ Çocuklarda hiperaktivite, anksiyete, konsantrasyon bozukluğu ve zayıflığına, adrenalin seviyesinin ani artışlarına, uyuşukluğa ve aktivite azalmasına, egzamaya neden olur. Okul çağındaki çocuklarda başarısızlık nedenidir.
→ Çocuk felci riskini artırır.
→ Kadınlarda premenstrüel sendromu (âdet dönemi öncesi yaşanan sıkıntılar) daha kötü hale getirir.
→ Erkeklerde estrodiol (doğal oluşan östrojenin en kuvvetli formu) seviyesini artırır.
→ Vücutta hormonal dengesizliğe neden olur. Bazı hormonlar az çalışırken bazı hormonlar aşırı çalışır. İnsülin ve leptin direncini başlatır ve giderek artırır.
→ Yüksek glisemik indeksli karbonhidrat içeren şekerlerin ve tatlıların tüketiminin ardından kan şekeri, düşük glisemik indeksli karbonhidrat

içeren gıdalardan 2-5 kat daha fazla yağa dönüşür. Kilo alma, şişmanlık ve obeziteye neden olur.

→ Yüksek yoğunluklu lipoprotein olan HDL'yi düşürür. Kan trigliseritlerini yükselterek, düşük yoğunluklu lipoproteini, LDL'yi artırır.
→ Sindirilememiş kompleks karbonhidratlar nedeni ile oral glikoz tolerans testinde glikoz seviyesinin yüksek çıkmasına neden olur.
→ Açlık kan şekerini hızla yükseltir. Hipoglisemiye (ani kan şekeri düşmesi), diyabete (şeker hastalığına) neden olur.
→ Obez hastalarda yüksek kan basıncına neden olur. Sistolik kan basıncını artırır.
→ Kanın pıhtılaşmasını artırır ve damarların tıkanmasına, kalp, damar ve felç hastalıklarına, ateroskleroz denilen damar sertliğine neden olur.
→ Akciğerlerde amfizeme, astıma neden olur.
→ Böbreği büyütür, böbrekte patolojik değişikliklere, böbrek taşlarına sebep olur.
→ Böbreküstü bezlerinin fonksiyonlarını yavaşlatır. İdrar elektrolit dengesini bozar.
→ Gastrit ve duodenal ülseri bulunan hastalarda, hastalığın tekrarlama sıklığında artışa neden olur.
→ Sindirim sisteminin asiditesini artırır. Hazımsızlığa neden olur. Fosfataz adlı enzimi bağlar ve yok eder. Böylece sindirim işlemi zorlaşır. Besinlerin gastrointestinal sistemde ilerlemesini yavaşlatır, bağırsak hareketlerinin bir numaralı düşmanıdır. Kabızlık yapar.
→ Hemoroit dediğimiz basur hastalığına neden olur.
→ Kronik bağırsak hastalıklarından 'crohn hastalığı' ve 'ülseratif kolit' riskini artırır. Bağırsaklarda pamukçuk hastalığının nedeni olan 'candida albicans'ın (bir mantar türü) kontrol edilemeyen şekilde üremesine neden olur.
→ Dışkıdaki safranın ve kalınbağırsakta bulunan bakteriyel enzimlerin konsantrasyonunu artırır. Safra taşına neden olur.
→ Apandisit gibi tehlikeli bağırsak iltihaplanmasına neden olur.
→ Bacaklarda varislere neden olur.
→ Eklem ve tendonları hassaslaştırır. Kronik artrit hastalıklarına (eklem hastalıkları) neden olur. Kemik erimesini (osteoporoz) başlatır.
→ Kan ürik asit düzeyini, kan şekerini yükseltir ve gut hastalığına yakalanma riskini artırır.
→ Mültipl skleroz (MS) hastalığına neden olur. Epileptik nöbetlere neden olur.
→ Alzheimer hastalığına neden olur.
→ Parkinson hastalığı olan kişilerde şeker tüketiminin fazla olduğu görülmüştür.
→ Her türlü kanser hücresini besler. Safra yolu kanserine yol açabilir.

- → Mide kanseri riskini artırır.
- → Karaciğerin büyümesi ve yağlanmasına, pankreasın yağlanmasına ve kanserine neden olur.
- → Meme, yumurtalık, prostat ve kalınbağırsak kanserine neden olur.
- → Şeker, şekerli tatlılar, meyve şekeri (sükroz), şurup ve pekmezlerin tüketilmesi akciğer kanseri için de ciddi risk faktörü oluşturur.
- → Bağışıklık sistemini zayıflatır, sık sık hastalanmaya neden olur.
- → Hastalıkların uzun sürmesine neden olur.
- → Hastalıkların ve yaraların tedavi süresini uzatır ve zorlaştırır.

Yemeklerimizde Kullandığımız Yağlar

- Yemeklerimizde kullandığımız yağlar, hayvansal katı yağlar (doymuş) ve bitkisel sıvı yağlar (doymamış) olarak iki gruba ayrılmaktadır:

  1. Doymuş yağlar: Hayvansal kaynaklı olan katı yağlar ve tereyağıdır (bütirik asit). Bu yağlar, doğallıkları bozulmadan tüketildikleri takdirde zararlı değil, bilakis sağlıklı bir vücut için olmazsa olmaz ana besin maddeleridir. Bağışıklık sistemimizi ve kalbimizi kuvvetlendiren temel yapıtaşlarıdır.
  2. Doymamış olan yağlar: Bitkisel kaynaklı olan sıvı yağlardır.

  Bitkisel kaynaklı sıvı yağlar da üç alt gruba ayrılır:

  a) Tekli doymamış yağ grubunda, Omega-9 grubundaki gibi (zeytinyağı ve fındık yağı) faydalı sıvı yağlar bulunur.

  b) Çoklu doymamış yağ grubunda, Omega-3 (balıkyağı) ve Omega-6 (doğal mısırözü, ayçiçeği yağları) gibi bitkisel sıvı yağlar vardır.

  c) Çoklu doymamış trans yağlar ise, doğallıkları bozulmuş bitkisel kaynaklı sıvı yağlardır. Trans yağlar, fabrikasyon işlem ve yanlış kullanma sonucu doğallıklarını kaybetmişlerdir (rafine işlemi görerek ve ısıya maruz kalarak bozulmuş olan mısırözü, ayçiçeği, soya, pamuk, kanola yağı, margarin vb).

Trans Yağların Zararları

- Trans yağlar, sağlıklı diye bol miktarda kullanılan bitkisel sıvı yağlardan oluşurlar. Ülkemizde en çok kullanılan mısırözü ve ayçiçeği yağları, çoklu doymamış olan Omega-6 yağını içerirler.
- Omega-6 yağları, aşırı kırılgan ve hassastırlar. Çok çabuk bozularak doğallıklarını kaybederler, bu nedenle aşırı miktarda trans yağ meydana

gelir. Omega-6 içeren bitkisel sıvı yağlar da çok çabuk bozuldukları için raf ömürleri çok kısadır.[44]

- Fabrikalarda farklı işlemlerle doymuş ya da yarı doymuş hale getirilip, margarin ya da riviera tipi rafine edilmiş sıvı yağlara dönüştürüldükleri sırada, doğal durumları olan çoklu doymamış özellikleri ile birlikte, içerdikleri doğal vitamin ve sağlıklı mineralleri tamamen kaybederler. Artık virgin, yani el değmemiş değillerdir, trans yağlarla yüklüdürler. Doğal vitamin ve minerallerinden, sağlıklı olan fakat çabuk bozulan çoklu doymamış Omega-6 yağlarından yoksun bırakılmışlardır.[45, 46, 47]
- Normal hormon yapımını (özellikle seks, stres hormonları yapımını) önlerler.
- Bağışıklık sistemini zayıflatırlar.
- İnsülin direncini artırırlar.
- Yeni doku yapımını engellerler.
- Kilo almayı hızlandırırlar. Öyle ki, günlük kalori alımları eşit olan iki kişiden daha fazla trans yağ tüketen kişinin, kilo olarak ağırlığı daha fazla gelmektedir.[48]

Sağlıklı Yağlar ve Faydaları

- Doğal olan bütün yağlar sağlıklıdır. Zararlı değildir! Vücudumuzda biriken yağların sağlıklı olarak yıkılması da, ancak sağlıklı yağlar yiyerek mümkün olmaktadır. İnsana zararlı olansa, doğallığı bozulmuş olan yağlardır.
- Doğal yağların birçok faydası vardır.[49] Bu faydaların başında, ancak yağda eriyerek vücudumuza girebilen ve vücudumuz için önemli olan A, D, E, K vitaminlerinin, yiyeceklerimizle emilmesini sağlamaları gelir.
- Sağlıklı yağlar (tereyağı, kuyrukyağı, balıkyağı, zeytinyağı) yenmediği zaman, yağda eriyen A, D, E, K vitaminlerinin (yemeklerle almış olsak bile) emilimi gerçekleşemez. Bunun sonucunda sağlığımız için büyük önemi olan bu vitaminler vücudumuzda giderek azalırlar. Bu vitaminle-

---

[44] Mozaffarian D, Rimm EB, Herrigton DM. Dietary fats, carbohydrate, and progression of coronary atherosclerosis among postmenaposal women. Am J Clin Nutr 2004;80:1175-84.

[45] Enig Mary., Doctoral Dissertation. University of Maryland, 1984.

[46] Enig Mary., J American Oil Chemistry Society ;1983.

[47] Mozaffarian D. Trans fatty acids - Effects on systemic inflammation and endothelial function. Atheroscler Suppl. 2006;7:29-32.

[48] Enig Mary., Fallon Sally. Eat Fat Lose Fat. The Healthy Alternative to Trans Fats. Penguin Books Ltd. London WC2R ORL., England 2006.

[49] Das,UN., Beneficial effects of n-3 fatty acids in cardiovascular diseases: but, why and how? Prostaglandins, Leukotrienes and Essential Fatty Acids, December 2000; 63:351-62.

rin azalması da vücut direncinin bozulması ve hastalanmamızın nedenlerinden biridir.

- Sağlıklı yağlar, tereyağı, hayvansal katı yağlar, balıkyağı yani Omega-3,[50, 51] bozulmadan (ısıl işlem görmeden) soğuk sıkım yöntemiyle üretilmiş mısırözü ve ayçiçeği yağları yani Omega-6; bozulmadan (ısıl işlem görmeden) soğuk sıkım yöntemiyle üretilmiş zeytinyağı ve fındık yağı yani Omega-9 yağlarıdır.
- Yaşayan bir organizmada tüm hücreleri çevreleyen hücre zarları vardır. Hücre zarları, hücrelerin nefes alması, beslenmesi, korunması ve normal çalışmasını sağlar. Bütün hücre zarlarını, temel yapıtaşları olan Omega-3, Omega-6 yağları, kolesterol ve fosfolipitler yani korktuğumuz kan yağları (lipitleri) oluşturur. Bu tür yağlar doğal olarak her gün düzenli bir şekilde tüketilirse, hücrelerin nefes almaları, beslenme ve çalışmaları normalleşecek, sonuç olarak insülin ve leptin direnci kırılacaktır.
- Sağlıklı yağlar da birkaç gruba ayrılır:
  1. Hayvansal kaynaklı olan doğal tereyağı (bütirik asit), kuyrukyağı
  Kolay bozulmazlar ve ısıya dayanıklıdırlar.
  2. Balıkyağında bulunan Omega-3
  Çabuk bozulur.
  3. Doğallığı bozulmamış mısırözü ve ayçiçeği yağında bulunan Omega-6
  Açık havada bekleyince ve yüksek ısıda ve işlemler sırasında hemen bozulur, trans yağa dönüşür.
  4. Zeytinyağı ve fındık yağında bulunan Omega-9 (oleik asit)
  Çabuk bozulmaz, ısıya dayanıklıdır.
- Çoklu doymamış olan Omega-3 ve Omega-6 yağları, insan vücudunda üretilemez. Bu sebeple temel yağlar ya da esansiyel yağlar olarak adlandırılırlar. Mutlaka besinlerle ya da destek olarak alınmaları gerekir.
- İnsan vücudu, gereksinimine göre Omega-9 denilen 'oleik yağı' üretir. Bu nedenle zeytinyağı ve fındık yağında bulunan Omega-9 'oleik yağı' temel bir yağ değildir.
- Tereyağı doymuş olduğu için, zeytinyağı da tekli doymamış olduğu için dayanıklıdır. Doğal köy tereyağı ve soğuk sıkım sızma zeytinyağını 250°C'ye kadar ısıttığımız zaman bile bozulmaz. Ama Omega-3 çabuk bozulur.

---

[50] Simonopolus A P and Robinson J., The Omega Diet. Harper Collins Publishers, New York, NY 1999.
[51] Gordon G. The Omega-3 Miracle. Freedom Press, Ca 2004.

Doğal ve Bozulmamış Omega-3 Yağlarının Faydaları

- Omega-3 yağları sağlıklı doğmamıza, büyümemize, ürememize ve yaşamamıza yardımcı olurlar. Omega-3 ve Omega-6 yağlarının birbirine oranı yani hücre zarlarındaki Omega-3/Omega-6 oranı 1/4 ya da buna yakın olmalıdır. Bu oran tutturulduğu zaman organizma sağlıklı kalacaktır.
- Omega-3 yağlarının (tereyağı, hayvansal katı yağlar, balıkyağı) aşağıda saydığımız yararları birçok kapsamlı bilimsel çalışma ile kanıtlanmış olduğundan, bu yağlara 'yaşatan, iyileştiren yağlar' diyoruz.
- Kilo alma ve obeziteyi önler, kilo vermeyi hızlandırırlar.[52]
- İnsülin ve leptin direncinin gelişmesini önlerler ve gelişmiş olan insülin ve leptin direncini kırarlar.
- Tip-2 diyabet hastalığını önlerler, tedavisini kolaylaştırırlar.
- Kan yağlarımızı düzenler, normal düzeylere getirirler.[53]
- Aspirin gibi kanı sulandırırlar. Aspirinden farklı olarak mide ve bağırsak kanamalarına neden olmazlar.
- Damar sertliği, hipertansiyon, kalp-damar tıkanıklıkları, kalp krizi ve felç hastalıklarını önlerler.[54, 55, 56]
- Kalp yetersizliğini önlerler.[57, 58]
- Ani ölümleri önledikleri gösterilmiştir.[59]
- Eklemlerde meydana gelen ağrı, şişlik ve sertlikleri, ileri yaşlarda sıklıkla görülen vücut ağrılarını önlerler.
- Romatoid artrit belirtilerini ve ağrılarını geriletirler.[60, 61]
- Fibromiyosit denilen hastalığı önler ve ağrılarını giderirler.
- Gözlerde, optik sinir atrofisini, makula dejenerasyonunu önlerler.
- Fibrokistik meme hastalığını önlerler.
- Polikistik over sendromu denilen yumurtalık hastalığını önlerler.

---

[52] Allport S., The Queen of Fats. Why Omega-3s were Removed from the Western Diet. What We can do to Replace Them. University of California Press Ltd. Berkeley, Los Angeles California, London England 2006.

[53] Gordon G., Joiner-Bey H., The Omega-3 Miracle. Freedom Press. Topanga Ca, 2004.

[54] John H.L., et al., Mayo Clinic Proceedings, March 2008.

[55] Burr ML et al., Lancet 1989

[56] Sevil Cayli., et al. The Effect of EPA on the endothelium of the carotid artery of rabbits on a higih-cholesterol diet. Histol Histopathol (2010) 25:141-151.

[57] GISSI-HF investigators. www.thelancet.com

[58] Fonarow GC. Lancet, 2008 . www.thelancet.com

[59] Mitsuhiro Y. The Lancet 2007.

[60] Kremer JM., et al. Effects of high-dose fish oil on rheumatoid arthritis after stopping non-steroidal anti-inflammatory drugs. Arthritis Rhem, Aug 1995;38(8):1107-14.

[61] Lau CS., et al. Effects of fish oil supplementation on non-steroidal anti-inflammatory drug requirementin patients with mild rheumatoid arthritis-a double blind placebo controlled study. Br J Rheumatol, Nov 1993;32(11):982-989.

- Âdet öncesi görülen sıkıntıları önler, döllenmeyi kolaylaştırır ve sperm azlığını giderirler.
- Bağışıklık sistemini güçlendirip, bakteri ve virüslerin neden olduğu hastalıklara karşı direncimizi artırırlar. Alerjileri önlerler.
- Depresyon ve şizofreniyi, ayrıca lohusalıkta ortaya çıkan depresyonu önlerler.[62]
- Psoriasisi yani sedef hastalığını önlerler.
- Meme ve kolon kanserlerinden korurlar.[63]
- Sağlıklı olan temel yağlar, sağlıklı bir şekilde tüketildikleri zaman yaşlanma, kronik ve dejeneratif hastalıklar dediğimiz hastalıklar önlenebilecek ya da ilerlemeleri yavaşlayacak ve gerileyecektir.[64]

Yüksek Oranda Doğal Omega-3 İçeren Gıdalar

1. Somon, Norveç uskumrusu, palamut, hamsi ve sardalye gibi soğuk deniz balıkları
2. Çayır ve çimenlerde serbest dolaşıp beslenen kuzu ve oğlak gibi hayvanların eti
3. Çayır ve çimenlerde serbest dolaşıp beslenen tavukların yumurtaları
4. Ketentohumu
5. Semizotu
6. Kabak ve ayçiçeği çekirdekleri
7. Fındık, fıstık, ceviz, badem

Bu yiyecekler doğal olarak, işlenmemiş şekilleri ile bütün olarak tüketildiklerinde bağışıklık sistemi güçlenir, dolayısıyla sık sık hastalanmayız.

Bazı Yiyeceklerde Bulunan Omega-3/Omega-6 Oranları

- Soğuk deniz balıklarının Omega-3/Omega-6 oranı = 1/4
- Keçi, geyik gibi av etlerinin Omega-3/Omega-6 oranı = 1/4
- Çayır ve yaylalarda gün ışığında serbest dolaşarak yeşil otlarla beslenen hayvanların etinin Omega-3/Omega-6 oranı = 1/4
- Suni yemle beslenen hayvanların etinin Omega-3/Omega-6 oranı = 1/20
- Yeşil yapraklı sebzelerde Omega-3/Omega-6 oranı = 1/10
- Semizotunun Omega-3/Omega-6 oranı = 1/4
- Çekirdekler, ketentohumu, fındık/fıstık/ceviz grubunun Omega-3/Omega-6 oranı = 1/4

[62] Puri B K. and Boyd Hilary. The natural way to beat depression. The groundbreaking discovery of EPA to change your life. Hodder and Stoughton Publisher. Great Britain, 2005.
[63] Caygill CP., et al. Fat, fish, fish oil and cancer. Br J Cancer, July 1996;74(1):159-64.
[64] Enig M., Fallon S., Eat Fat Lose Fat. First Plume Printing, Penguin Books. Pg.45. England, 2006.

Zeytinyağının (Oleik Asit: Omega-9) Faydaları

- İnsan vücudu için sağlıklı olan yağın içeriğinde dengeli olarak bulunması gereken besin maddeleri, az miktarda katı yağ, az miktarda çoklu doymamış bitkisel yağ, fazla oranda da tekli doymamış yağdır. Peki, böyle bir yağ hakikaten doğada bulunuyor mu? Evet, o dengeli yağ, soğuk sıkım dediğimiz yöntemle sıkılmış sızma zeytinyağıdır. Zeytinyağının besin değerlerinin içeriği önemlidir.
- Zeytinyağında, ortalama olarak %10-15 doymuş yağ, %8-9 çoklu doymamış yağ ve %75-80 tekli doymamış yağ bulunmaktadır. Tabiat bu oranı harika bir şekilde dengeleyerek bizlere meyve şeklinde sunmuştur. Asırlardan beri ülkemiz, zeytin ve zeytinden elde edilen yağın yani böyle bir doğa harikasının anavatanı ve cennetidir. Zeytin, Güney Kafkasya'dan Anadolu ve Akdeniz havzasına yayılmıştır.
- İstanköy'de MÖ 5. yüzyılda yaşamış olan, hekimlerin babası diye kabul ettiğimiz Hipokrat (Hippocrates), asırlar önce zeytinyağının sağlık için gerekli olduğundan ve birçok yararlarından bahsetmiştir. 20. yüzyılda yapılan birçok bilimsel araştırma ve çalışma da, zeytinyağı tüketiminin sağlığa önemli yararları bulunduğunu kanıtlamıştır.[65]
- Yunanistan Artrit Federasyonu'nun yaptığı bir araştırma, sızma zeytinyağını az tüketen kişilerde romatoid artrit görülme oranının iki kat daha fazla olduğunu bildirilmiştir. Diğer bir deyişle, 'sızma zeytinyağı ile beslenen kişilerde romatoid artrit hastalığının daha az görüldüğünü' bildirmişlerdir.
- *J Agr and Food Chemistry* dergisinde 2007 yılında yayımlanan bir makalede, sızma (virgin) zeytinyağında aktif olarak bulunan 'olecanthal' asidin, önemli bir ağrı giderici olduğunu, enflamasyon, ağrı ve sızı başlatan enzimleri (ki bunlar prostaglandin 2 'PGE2' denilen zararlı lokal hormonlardır) inhibe ettiğini bildirmişlerdir. Sızma zeytinyağı, içerdiği antienflamatuar (mikropsuz iltihap) olan 'olecanthal asit' etkisi ile romatoid artrit riskini azaltmakta ve ağrısını gidermektedir.
- Midemizde 11 türlü helicobacter denilen bakteri bulunmaktadır. Bakterilerin sekizine yani '8 H.Pylori bakterisinde' sızma zeytinyağının antibakteriyel etkisi olduğu, *J Agr and Food Chemistry* dergisinde 2007 yılında yayımlanmıştır.
- Minnesota Üniversitesi'nden araştırmacılar, Akdeniz ülkelerinde yaşayan

---

[65] Udo Erasmus. Fats that Heal, Fats That Kill. Publihed by alive Books, PO Box 99, Summertown, TN. 1993.

erkeklerde, Amerikalı erkeklerle aynı miktarda yağ tükettikleri halde kalp damar hastalıklarının yarı yarıya daha az görüldüğünü bildirmişlerdir.

- Hollanda Nijmegen Üniversitesi'nden araştırmacılar ise sızma zeytinyağının fazla tüketilmesi sonucu, HDL kolesterolün yükseldiğini, LDL kolesterolün ise düştüğünü bildirmişlerdir.
- Ekstra virgin zeytinyağı ayrıca en kuvvetli antioksidan olan 'beta karoten' yani A vitaminin ön maddesini ve 'alfa-tocopherol' yani E vitamini içermektedir. Sızma zeytinyağında %88 oranında 'alfa-tocopherol' (E vitamini) bulunmaktadır. Bu nedenle, soğuk sızma zeytinyağı tüketildiği zaman, tüm vücutta sağlığa son derece zararlı olan oksijen radikallerinin aşırı miktarda oluşması önlenmektedir. Aynı zamanda tüm kan yağları ve özellikle LDL kolesterolün de oksidasyonu önlenmektedir. Tüm hücrelerin aynı zamanda çeşitli LDL kolesterollerin okside olması önlenince birçok dejeneratif ve kronik hastalık riski de azalmaktadır. İleri yaşlarda ortaya çıkan bu hastalıkların riskinin azalması, sağlığımızı koruma açısından önemlidir. Kronik dejeneratif hastalıkların (obezite, diyabet, hipertansiyon, damar sertliği denilen arteriyo ya da ateroskleroz, koroner kalp hastalığı, kalp ve damar hastalıkları, inme ve felç, kanser hastalıkları) önlenebilir olduğu artık bilinmektedir.
- Magnezyum yetersizliği, hipertansiyon ve kalp damar hastalıkları riskini de artırmaktadır. Soğuk sıkım sızma yeşil zeytinyağında, ayrıca magnezyum maddesinden zengin olan 'chlorophill' bulunmaktadır.
- Soğuk sıkım sızma zeytinyağı tekli doymamış olduğu için, çoklu doymamış olan sıvı yağlara oranla daha dayanıklıdır. Diğer bir deyişle direkt olarak ışığa ve 250°C'ye kadar yüksek ısıya dayanıklıdır, çabuk bozulmaz. Yani soğuk sıkım sızma zeytinyağında 'trans yağ' denilen bozuk ve tehlikeli yağlar kolay kolay meydana gelmemektedir. Aynı nedenlerle raf ömrü de uzundur, raf ömrünü uzatmak amacıyla koruyucu katkı maddeleri ve kimyasallar eklenmez.
- Amerikan Kalp Derneği, 2000 yılında trans yağların doymuş yağlardan daha tehlikeli olduğunu bildirmiştir. Trans yağlar, doğallıkları çeşitli işlemler sonucu bozulmuş ve sağlığa zararlı olan çoklu doymamış sıvı yağlardır. Enflamasyon nedeni olan prostaglandin 2 (PEG2) grubu zararlı birçok lokal hormonun ve serbest oksijen radikallerin aşırı miktarda oluşmasına neden olurlar. Sızma zeytinyağı güçlü bir antioksidan olmasının yanında, dış etkenlere karşı son derece dayanıklı olduğu için yani çabuk bozulup trans yağa dönüşmediği için sağlığımızı korumakta

ve hastalık risklerini azaltmaktadır.[66] Zeytinyağının kimyasal bileşimi ve içeriği anne sütü ile aynıdır. Anne sütünde kolesterol vardır. Zeytinyağında da bitkisel kolesterol, yani sterol bulunur. Yani zeytinyağı tabiatın yetişkinlere sunduğu anne sütünden başka bir şey değildir.

Zeytinin İçeriği ve Faydaları

- Zeytin en sağlıklı meyvelerden biridir ve asırlarca Akdeniz yöresinde ve mutfağında kullanılmış, sofraları, yemekleri ve ekmekleri süslemiştir. Zeytinin içerdiği besin maddelerini şu şekilde özetleyebiliriz:
  1. Proteinler, lipitler, karbonhidratlar, lifler ve posa
  2. Mineraller (kalsiyum, demir, magnezyum, fosfor, tuz, çinko, bakır ve selenyum)
  3. Vitaminler (B1, B2, B3, B5, B6, pro-vitamin A 'beta-karoten', E ve K vitaminleri)
  4. Yağlar (düşük oranda doymuş yağlar ve çoklu doymamış yağlar, yüksek oranda tekli doymamış yağlar)
  5. Antioksidanlar (polifenoller ve lutein)
- Lutein, güçlü bir antioksidan ve karotenoittir. Serbest oksijen radikallerini yok ederek hücrelerin erken yaşlanmasının önler. Retinayı ve görme yeteneğini güçlendirir.
- Polifenoller (flavonoidler), güçlü antioksidan olarak görev yaparlar. Lipoproteinlerin okside olmasını önleyerek koroner ve diğer arterlerde kolesterol birikimini önlerler. Kalp damar hastalığı riskini azaltırlar. Kanser hücrelerinin çoğalmasını önlerler.
- Beta-karoten (pro-vitamin A), güçlü bir antioksidandır. Karsinojenlerin, yani kanser yapan birçok toksik maddenin zararlı etkisini azaltarak kanser hastalıklarının riskini azaltırlar.
- Bağırsak, mide, gırtlak, prostat ve akciğer kanser risklerini azaltırlar. Görmeyi ve göz sağlığını güçlendirirler. Epitel dokusunu besledikleri için yüzdeki kırışıkları önler ve cildin canlanmasını sağlarlar. Dişleri ve kemikleri güçlendirirler.
- 100 gr yeşil zeytinin besin içeriği şöyledir: Kalori- 145, Yağ- 15,32 gr, Karbonhidrat- 3,84 gr, Posa-3,3 gr, Protein-1,03 gr
- Yukarıda saydığımız nedenlerle, muntazam olarak her gün 10-15 zeytin yemek ile tok, genç, dinç ve sağlıklı kalacağımız aşikârdır.

---

[66] Mozaffarian D. Pischon T, Hankinson SE, Rifai N, Joshipura K, et al. Dietary intake of trans-fatty acids and systemic inflammation in women. Am J Clin Nutr 2004;79:606-12.

- Zeytin, aşırı kilo ve göbek yağlarından yani karaciğer ve pankreas yağlarından kurtulmak isteyenler için önemli bir meyvedir. Karbonhidrat miktarı çok düşük olduğu için glisemik indeksi sıfıra yakındır, yani kan şeker ve insülinini yükseltmez, insülin ve leptin direncini kırar. İnsülin ve leptin direnci kırılınca, kronik ve dejeneratif hastalıkların riski de azalır. Diğer bir deyişle, insülin direnci hastalıklarının (metabolik sendrom denilen hastalıklar topluluğu) ve obezite riskini azaltır.
- Soğuk sıkım yöntemiyle üretilmiş 'natürel sızma' zeytinyağlarından alınmalıdır. Sızma zeytinyağı, zeytinlerin taş baskısı veya makinede ezilerek sıkılması ile elde edilir. Bu nedenle vitamin ve diğer besleyici unsurları zarar görmez. Halbuki riviera zeytinyağında, mevcut zeytinden maksimal (en çok) yağı çıkartmak için yüksek sıcaklık ve basınç uygulanır. Tabii bu durumda fiyat ucuzlar ama zeytinyağının bütün olumlu özellikleri de neredeyse yok olur. Üstelik zararları da olur.
- Tercihen koyu renkli cam şişede olmalı, ışık geçirmemeli, ağzı sıkıca kapatılmış ve her kullanımdan sonra kapatılabilecek şekilde kapak takılmış olmalıdır.

Glisemik İndeks (Gİ) Nedir?

- Düşük glisemik indeksli yiyecekler, aslında hem sağlıklı karbonhidratları hem sağlıklı proteinleri, hem de sağlıklı yağları bir çatı altında toplar. Yani glisemik indeks, bir yiyeceğin vücudumuz için sağlıklı veya sağlıksız olduğunu anlayabilmemiz adına çok önemli bir veridir.
- Glisemik indeks (Gİ), herhangi bir yiyeceğin içinde bulunan karbonhidrat miktarına göre hesaplanır. Karbonhidrat içeren bir yiyeceğin hazmedilip kana geçtiğinde, kan şekerini yükseltme hızını gösterir. Örneğin, 50 gr toz şekerin glisemik indeksi, hızlı bir şekilde kan şekerini yükselttiği için çok yüksektir ve 100 (yüz) olarak kabul edilir. Diğer karbonhidrat içeren yiyeceklerin glisemik indeksleri ise 100 (yüz) üzerinden 100'e (yüze) oranla hesaplanır.
- Karbonhidrat içeren yiyecekler düşük, orta ve yüksek glisemik indeksli olarak üç gruba ayrılır: Yüksek glisemik indeks: 100-70, Orta glisemik indeks: 70-50, Düşük glisemik indeks: 0-55
- Rafine edilmiş, öğütülmüş tahılların ve işlenmiş hazır yiyeceklerin glisemik indeksleri de şeker gibi çok yüksektir ve 100 olarak hesaplanmıştır.
- Yüksek glisemik indeksli yiyecekler yani boş ve toksik enerji yüklü yiyecek ve içecekler, insülin ve leptin direncini kamçılar ve kilo vermenin önünde

en büyük engeldir. 'Boş ve toksik enerji' tanımlaması İsveç Gıda ve Beslenme Bakanı Dr. Björn Hammarskjöld'e aittir. İsveç halkı bu tür karbonhidratlı yiyecekleri tüketmesin diye bu çarpıcı tanımı geliştirmiştir.

- Lifi fazla olan ya da posalı yani karbonhidrat oranı düşük yiyecekler yavaş hazmedildiği için mide ve incebağırsakta uzun süre kalırlar. Yiyeceklerin içindeki lif miktarları arttıkça, glisemik indeks değerleri azalır. Bu nedenle şekerimiz ve buna paralel olarak insülin hormonumuz yavaş yavaş ve azar azar yükselir.
- Sağlığımızı geri kazanmak ve sağlıklı bir şekilde yaşamak için, her gün önümüze gelen bazı yiyecekleri glisemik indeks değerini bilerek, bilinçli bir şekilde tüketmemiz faydalı olacaktır.[67]
- Yiyeceklerimizin glisemik indeks değeri, yemeğin pişirilme şekline bağlı olarak da farklılık gösterir. Bu konuya açıklık getirmek amacı ile bir örnek vermek istiyorum. Hepimizin bildiği gibi bütün sebzeler pişirildikten sonra yumuşar. Bunun nedeni, sebzelerde bulunan selüloz liflerinin pişirilme sırasında parçalanıp şişmeleridir. Lahana salatası çiğ olarak yenildiği zaman glisemik indeks değeri 100 üzerinden 15 kadardır. Bu nedenle ve içerdiği lignan maddesinin de etkisi ile çiğ olarak tüketildiğinde son derece sağlıklı olduğu bilinmektedir. Oysa lahana, kapuska yemeği haline dönüştüğünde, haşlanma sonucu selüloz lifleri parçalanıp yumuşar. Bu nedenle hazmedilmesi pişmemiş lahanadan daha kolay ve çabuk olur. Pişmiş lahananın glisemik indeksi 40'a yükselmiştir. Ama yine de düşük glisemik indekslidir, çünkü total olarak az miktarda karbonhidrat içermektedir. Bu nedenle, lahana ve lahana grubunda bulunan karnabahar ve brokoli bol miktarda (pişmiş ya da çiğ olarak salata şeklinde) tüketilmelidir. Lignan maddesi içeren lahana grubu sebzelerin her türlü kanseri önlediği de bilinmektedir.
- Düşük glisemik indeksli yiyecekleri de büyük porsiyonlar olarak tüketirsek, 'yüksek glisemik yük' denilen yüksek glisemik değerler ortaya çıkar. Aşırı ve bol kepçe tükettiğimiz yiyecekler ne kadar düşük glisemik indeksli olurlarsa olsunlar fazla insülin hormonu salgılarlar. Bu sebeple tüketeceğimiz gıdaların hiçbir zaman çok büyük porsiyonlarda olmamasına dikkat etmemiz gerekir. Doyunca yemeği bırakmamız yeterlidir!

---

[67] Miller JB.,et al. The New Glucose Revolution. Shopper's guide to GI Values. Da Capo Press Publih. MA 02142, USA 2009.

Düşük Glisemik İndeksli Yiyeceklerin Yararları

- Düşük glisemik indeksli bütün yiyecekler (sağlıklı karbonhidratlar, sağlıklı proteinler ve sağlıklı yağlar), uzun süre tokluk hissi verirler.[68] Bu yiyeceklerin, şeker ve kalp damar hastalıklarını önlediği klinik çalışmalarla gösterilmiştir.[69]
- Gün boyunca kan insülini düşük kalır ve dalgalanma göstermediği için acıkma hissi olmaz. Uzun süre tokluk hissedilir.
- Ara öğün olarak göbekte biriken yağımızı ve iç yağı depolarımızı kullanırız ve kilolarımız yavaş yavaş azalır.
- Yağlarımız depolanmaz, daha hızlı yakılarak giderek azalır, karaciğer ve göbek yağımız erir ve göbek çevremiz incelir.
- Kilolarımızı rahatlıkla verir, tekrar geri almayız ve verdiğimiz kiloda kalırız.
- Hiçbir şekilde isteksiz, sinirli, sıkıntılı ve umutsuz olmayız.
- Kendimizi bütün gün dinç ve enerjik hissederiz, halsizlik ve bitkinlik olmaz.
- Kaslarımız erimez. Su kaybımız olmaz.
- Karaciğer ve pankreasımızda biriken yağımız eridiği için, bu organlarımız sağlıklı çalışmaya başlar.
- Metabolizmamızda yavaşlama olmaz, bilakis hızlanır.
- Fiziksel aktivitemize yorulmadan devam edebiliriz.
- Kan yağlarımız normalleşir; HDL yükselir, depo yağı şekli olan trigliseridler düşer.[70, 71]
- Bağırsaklarımız düzenli şekilde çalışmaya başlar. Kabızlık varsa giderilir.
- Şişmanlık ve obezite önlenmiş olur. Obezite sonucu gelişen sağlık sorunları ortaya çıkmaz, çıkmış olanlar da geriler ve düzelir. Tansiyonumuz normalleşir.
- Düşük glisemik indeksli karbonhidratlar ve sıfır glisemik indeksli protein ve yağlarla beslenme sonucu, aşırı kiloların verilmesi ile insülin ve leptin direnci kırılır. Bundan dolayı, hiperinsülinemik hastalıklar (kalp-damar hastalıkları, inme, erken bunama, Alzheimer, kronik artritler, fibromiyalji, birçok kanser türü, polikistik over hastalığı, fibrokistik meme

---

[68] Jenkins DJA., et al., Glycemic index: overview of implications in health and disease. Am J Clin Nutr.2002;76:266S-273S.

[69] Miller JB., et al., The Low Gİ Diet. Lose weight with smart carbs. 2nd ed. Hodder and Stoughton Ltd. 2005. UK.

[70] Ford ES., et al., Glycemic index and serm high-densityilipoprotein cholesterol concenteration amonf US adults. Arch Inter Med.2009;161:572-6.

[71] Frodt,G., et al., Glycaemic index as a determinant of serum HDL-cholesterol concentration. Lancet 1999;353:1045-48.

hastalıkları) riskinin azaldığı ve önlenebildiği birçok bilimsel çalışmada gösterilmiştir.[72, 73, 74]

- Şeker hastalığı gelişmez. Diyabet hastalarında şeker kontrolü daha kolay olur, hatta düzelir.[75, 76] Şeker hastalığına bağlı tehlikeli komplikasyonlar azalarak yok olur.
- Düşüncelerimiz berraklaşır. Uykularımız düzene girer, horlama biter.
- Hepsinden en önemlisi, vücut bağışıklık sistemi güçlenir. Bakteri, virüs, alerji ve kansere sebep olan etkenlerle hastalanma ihtimali azalır. Hastalanma durumunda da kısa süre içinde sağlığımızı kazanırız.

Bazı Gıdaların Glisemik İndeks Değerleri

- ***Sağlıklı proteinler:*** Karbonhidrat içermediklerinden ya da ölçülemeyecek kadar az içerdiklerinden dolayı proteinlerin glisemik indeksleri 100 üzerinden sıfırdır. Bu nedenle korkmadan kalori hesabı yapmaksızın tüketilebilirler.

Bu gruptaki yiyecekler ve glisemik indeks değerleri:

→ Et (kırmızı ve beyaz) = 0
→ Balık = 0
→ Yumurta = 0
→ Peynir = 0
→ Yoğurt = 0
→ Süt = 0
→ Ayran = 0

- ***Sebzeler:*** Çiğ olarak tüketildikleri zaman çok az miktarda karbonhidrat içerdikleri için glisemik değerleri çok düşüktür. Ancak pişirildiklerinde bu değerlerin yükseleceğini daha önce de açıklamıştık. Örneğin havucun çiğ iken glisemik indeks değeri düşük (100 üzerinden 40) olduğu halde, pişirildiği zaman glisemik indeksi 100 üzerinden 60-70'lere kadar çıkmaktadır. Her meyve ve sebzenin glisemik indeks değeri farklıdır.

---

72 Brand-Miller JC., et al., Glycemic index and obesity. Am J Clin Nutr. 2002;76:281S-285S.
73 Ludwig DS., et al., High glycemic index foods, over eating, and obesity. Pediatrics 1999; 103(3).
74 Ludwig DS., et al., Dietary glycemic index and obesity. J Nutr. 2000;130:280S-83S.
75 Giacco R., et al., Long-term dietary treatment with increased amounts of fibre-rich low glycemic index natural foods improves blood glucose control and reduces the number of hypoglycemic events in type 1diabetic patients. Diabetes Care 2000;23:1461-66.
76 Wille HW., et al., Glycemic index, glycemic load and risk of type 2 diabetes. Am J Clin Nutr.2002;76:274S-280S.

Bazı sebzelerin (çiğ olarak) 100 üzerinden glisemik indeks değerleri:
→ Lahana (her türlüsü), karnabahar, brokoli = 0
→ Enginar, kereviz = 0 (karaciğer için sağlıklı olarak bilinmelerinin nedeni de, sıfır düzeyde karbonhidrat içermeleridir!)
→ Patlıcan, kabak, biber (yeşil, kırmızı) = 0
→ Salatalık, domates, marul, kuru soğan = 0
→ Taze yeşil fasulye = 48
→ Turp (her türlüsü) = 15
→ Yerelması = 15
→ Çiğ havuç = 40, (haşlanınca – 70)
→ Patates = 100

- ***Baklagiller:*** Sağlıklı karbonhidrat, yağ ve protein kaynağıdırlar.

Bazı baklagillerin (pişmiş) 100 üzerinden glisemik indeks değerleri:
→ Yerfıstığı (baklagiller ailesine aittir, fıstık değildir!) = 0
→ Kuru fasulye ve barbunya = 30
→ Yeşil mercimek = 30
→ Kırmızı mercimek = 26
→ Kuru börülce = 30
→ Nohut = 42 (pişince nişastası artar)
→ Kuru bakla = 79

- ***Kuruyemişler:*** Sağlıklı karbonhidrat, yağ ve protein kaynağıdırlar.

Bazı kuruyemişlerin 100 üzerinden glisemik indeks değerleri:
→ Badem = 0-15
→ Ceviz = 0-15
→ Kavrulmamış fındık = 0-15
→ Kavrulmamış yerfıstığı = 0-15
→ Antepfıstığı = 0-15
→ Fındık ve çekirdekli siyah kuru üzüm karışımı = 20

- ***Meyveler:*** Meyvelerin glisemik değerleri içerdikleri lif ya da posa miktarına göre değişiklik gösterir. Ancak meyve şekeri olan früktoz, glisemik indeksi düşük olduğu halde insülin direncini artıran tehlikeli bir şekerdir.

Bazı taze meyvelerin 100 üzerinden glisemik indeks değerleri:

→ Limon = 0 (çok az miktarda kullanıldığı için Gİ değeri ölçülmemiştir, içerdiği karbonhidrat miktarı düşüktür)

→ Kiraz, vişne = 22

→ Erik (her türlüsü) = 24

→ Greyfurt = 25

→ Şeftali = 28

→ Kuru mürdüm eriği = 29

→ Kuru kayısı (gün kurusu) = 30

→ Elma, armut = 40

→ Çilek, böğürtlen, karadut = 40

→ Portakal = 45

→ Taze üzüm = 53

- ***Tahıllar:*** Her ülkenin tahılları yetiştiği iklim ve toprağın kalitesine göre değişiklik göstermektedir. Ayrıca tahılların tümünü pişirerek yediğimiz için glisemik indeks değerleri yükselmektedir. Aşağıda verilen değerler birkaç çalışmadan alınmış olan ortalama değerlerdir. Bu değerlerin hiçbiri mutlak değil, ortalama rakamlardır. Ülkeden ülkeye değişiklikler göstermesi doğaldır.

Glisemik indeks değerlerinin her ülkede değişik olduğunu açıklamak amacıyla şu örneği vermek istiyorum:

- Kahvaltılık gevrek (Special K), Avustralya'da =54
- Kahvaltılık gevrek (Special K), ABD'de = 70
- Kahvaltılık gevrek (Special K), Fransa'da = 80
- Müsli, Kanada'da = 70

Bazı tahılların 100 üzerinden glisemik indeks değerleri:

→ Beyaz ekmek = 70-100

→ İnce beyaz pide = 60-70

→ Glütensiz beyaz ekmek = 80-100

→ Glütensiz çoklu tahıl ekmeği = 80

→ Glütensiz mısır makarnası = 80

→ Beyaz pirinç = 86-100

→ Pirinç makarnası = 80-90

→ Simit = 70-100

→ Hamburger ekmeği = 60-100

→ Tam tahıl ekmeği = 60-70

- → Tam tahıl gevreği = 70-80
- → Çavdar ekmeği =70
- → Arpa ekmeği = 60-70
- → Yulaf lapası = 60
- → Yulaf ezmesi = 60-70
- → Mısır (haşlanmış) = 70
- → Patlamış mısır = 80
- → Kahvaltılık mısır gevreği = 70-100
- → Akdarı unu = 70-80
- → Durum buğdayı unu = 70
- → Karabuğday unu = 60
- → Dövme buğday (bütün olarak haşlanmış) = 41-48
- → Bulgur (haşlanmış) = 48-50

İkinci Bölüm:

HANGİ BESİN HANGİ MEVSİMDE GÜZEL

Mevsimselliğin Önemi

Bugünün çocukları modern yaşam ve teknolojik kolaylıklardan yana avantajlı görünse de 'doğal yaşam' yönünden kayıp bir nesil olarak değerlendirilebilir. Çünkü onlar hem saklambaç, yakartop, istop, ip atlama gibi hareketli ve eğlenceli sokak oyunlarından, hem güneşten mahrumlar hem de çilek, muz, salatalık, domates, biber gibi yiyeceklerin maalesef dört mevsim boyunca yetiştiğini sanıyorlar! Asıl üzücü olan ise anne babaların bu durumu doğal karşılaması!

Bugün 30'lu yaşlarını süren insanlar çocukluklarında kışın domates, salatalık, biber, çilek ya da yazın muz görmedi, göremezdi! Çünkü o zamanlar pazarlarda, manavlarda sadece mevsiminde yetişen sebze ve meyveler yer alırdı, tüketilirdi, dolayısıyla her şeyin doğal mevsimi ve mevsimselliğin önemi bilinirdi. Peki, bugün neden bilinmiyor?

İşte Karatay Diyeti'nin amaçlarından biri de mevsiminde yetişen yiyeceklerin sağlıklı beslenmemiz açısından önemini anlatmak ve neyin hangi mevsimde yetiştiğini kısaca hatırlatmak!

Aşağıda ülkemizde yetişen bazı deniz balıklarının (çiftlik değil!), dağda bayırda yetişen yabani otların (serada değil), orman meyvelerinin (hormonlu, yapay üretim değil!), bazı sebze ve meyvelerin (tarlada yetişmiş, hibrit veya GDO'lu tohumdan elde edilmemiş) doğal mevsimleri ile ilgili özet bilgileri bulabilirsiniz.

Taze Olarak Tüketebilmek İçin Deniz Balıklarının Mevsimleri

Ocak

Uskumru, lüfer, çipura, palamut, istavrit lezzetlerini muhafaza eder. Kefal ve hamsi tam yağlı durumdadır. Çinakop boldur. Tekir ve kırlangıç da fazla miktarda avlanır.

Şubat

Bu ayda kalkan mevsimi başlar, mayıs sonuna kadar devam eder. Tekir bu ay da bol çıkar. Ayrıca çipura, istavrit, somon, dilbalığı da avlanır. Uskumru, lüfer, palamut ise yağını kaybetmeye başlar.

Mart

Kefal, levrek ve kalkanın en lezzetli zamanıdır. Tekir yine vardır. Uskumru ise çiroz olmaya başlar.

Nisan

Bu ayda da kalkan lezzet bakımından yine liste başında gelir ve en bol zamanıdır. Mercan, levrek, kılıç ve kırlangıç bolca çıkmaya başlar. Çipura, tekir ve barbunya da lezzetle yenir.

Mayıs

Levrek, barbunya, dilbalığı, tekir, kılıç, kırlangıç ve iskorpit bolca çıkar, zevkle yenir.

Haziran

Bu ay balıkların az tutulduğu bir dönemdir. Mercan, levrek, barbunya ve tekir avlanabilir. Dip balıkları yumurtalarını dökmüş oldukları için dağınık gezerler, bu sebeple haziran ayı balık açısından verimsizdir.

Temmuz

Sardalyenin mevsimi başlamıştır. Ekim ayı sonuna kadar lezzetini korur. Tekir ve barbunya yine tadını devam ettirir.

Ağustos

Çingene palamudu mevsiminin başladığı aydır. Sardalye, kılıç, mercan, izmarit ve sinarit yine lezzetlidir.

Eylül

Sardalye, kılıç nefasetini devam ettirir. Palamut irileşmiş olup çeşitli yemeği yapılır. Lüfer, izmarit ve kırlangıç bolca çıkar.

Ekim

Geçici balıkların yazın Karadeniz'de beslenip Marmara'ya dönüşe başladığı aydır. Bu, başta palamut, lüfer, istavrit, kılıç, hamsi ve sardalye olmak üzere balığın her çeşidinin bollaşması demektir.

Kasım

Bu ayda da ekim ayında olduğu gibi balıkların bolluğu ve lezzeti devam eder. Ayrıca torik akışı başlar, lakerdası yapılır.

Aralık

Uskumru, lüfer, palamut, torik yağlı olduklarından her türlü yemeği yapılır. Bu ayda tekir boldur, hamsinin ve çipuranın da tam lezzetli zamanıdır.

Doğal Otların Mevsimleri ve Pişirme Önerileri

İlkbahar

- Eriyen karlar, yağan yağmurlar ve havaların ısınması ile birlikte deniz börülcesi, gelincik, hodan, ıspıt, ışgın, madımak, semizotu, arapsaçı, çiğdem, çiriş, ebegümeci, hardal, hindiba, ısırgan, kenger, radika, turpotu, şevketibostan, ıspanak gibi yabani otlar çıkmaya başlar.
- Deniz börülcesi, Ege ve Akdeniz'de çıkar, haşlama salatası ve turşusu yapılabilir.
- Gelincik, Anadolu genelinde bulunur, yapraklarından çiğ salata ve haşlama salatası veya yemeği yapılabilir.
- Hodan, Karadeniz ve Marmara'da yetişir, haşlama salata, çorba, yemek yapılabilir.
- Ispıt, Karadeniz'de yetişir, turşu, mıhlama, çorba, yemek yapılabilir.
- Işgın, Doğu Anadolu'da yetişir, sapları çiğ yenir, yapraklarından sarma, yumurtalı yemek, çorba yapılabilir.
- Madımak, Karadeniz, Orta ve Doğu Anadolu'da yetişir. Çiğ salata, yemek, çorba yapılabilir.
- Semizotu (pirpirim), Anadolu genelinde yetişir. Çiğ ve haşlama salata, yemek yapılabilir.
- Arapsaçı, Ege'de yetişir. Çiğ salata, etli veya zeytinyağlı yemek yapılabilir.
- Çiğdem, Karadeniz ve Doğu Anadolu'da yetişir, yapraklarından ve çiçeklerinden çiğ salata, soğanlarından omlet ve haşlama yapılabilir.
- Çiriş, Anadolu genelinde yetişir, haşlama salata, yemek, çorba, turşu yapılabilir.
- Ebegümeci, Anadolu genelinde yetişir, yemek, sarma, çorba yapılabilir.
- Hardal, Ege'de yetişir, yapraklarında haşlama salata yapılabilir, tohumları baharat olarak kullanılır.
- Hindiba, Ege ve Akdeniz'de yetişir, haşlama salata yapılabilir.
- Isırgan, Anadolu genelinde yetişir, çiğ ve haşlama salata, çorba yapılabilir.
- Kenger, Doğu Anadolu'da yetişir, haşlama, yemek, turşu yapılabilir.
- Radika, Ege ve Akdeniz'de yetişir, körpe yapraklarından çiğ ve haşlama salata yapılabilir.
- Turpotu, Ege'de yetişir, haşlama salata yapılabilir.
- Şevketibostan, Ege'de yetişir, köklerinden ve körpe sürgünlerinden haşlama salata, yemek yapılabilir.

Yaz

- Semizotu çıkmaya devam eder. Kaya koruğu da Ege ve Akdeniz'de kendini gösterir, haşlama ve çiğ salata, turşu yapılabilir. Ancak yabani otlar açısından ilkbaharın bereketi yazın görülmez.

Sonbahar

- Yağmurların ardından arapsaçı, çiğdem, ebegümeci, hardal, hindiba, ısırgan, kenger, radika, turpotu, şevketibostan, ıspanak gibi yabani otlar bu mevsimde de çıkar.

Kış

- Yabani otlar kış uykusundadır. Bu mevsimde pek ot çeşidi olmaz. Sadece ıspanak bulunur, salata, çorba, yemek yapılabilir.

Dört mevsim

- Kuzukulağı, Anadolu genelinde her mevsimde vardır. Çiğ salata, çorba, yumurtalı yemek yapılabilir.

Orman Meyvelerinin Mevsimleri ve Öneriler

Orman meyveleri ilkbahar ve sonbahar mevsimlerinde olgunlaşır. Yaz ayları kızılcık, gilâburu, ahududu, alıç, yabanmersini gibi meyvelerin olgunlaşmaya başladığı dönemdir. Kış mevsiminde orman meyvesi olmaz.

İlkbahar

- Dağ çileği ve böğürtlen mevsimidir.
- Dağ çileği, Karadeniz ve Anadolu genelinde yetişir, meyveleri çiğ olarak yenebilir veya dondurulabilir.
- Böğürtlen, Karadeniz ve Doğu Anadolu'da yetişir, meyveleri çiğ olarak yenebilir veya dondurulabilir, ayrıca sirkesi yapılabilir.

Sonbahar

- Böğürtlen bu mevsimde de olur. Ayrıca ahududu, alıç, Frenk üzümü, gilâburu, kızılcık, kuşburnu, yabanmersini mevsimidir.
- Ahududu, Anadolu genelinde yetişir, meyveleri çiğ olarak yenebilir veya dondurulabilir.
- Alıç, Anadolu genelinde yetişir, meyveleri çiğ olarak yenebilir veya kurutulabilir. Sirkesi yapılabilir.

- Frenk üzümü, Anadolu genelinde yetişir, meyveleri çiğ olarak yenebilir veya dondurulabilir.
- Gilâburu, Orta Anadolu'da yetişir, meyvelerinden turşu yapılabilir.
- Kızılcık, Anadolu'da yetişir, meyveleri çiğ olarak yenebilir, sirkesi yapılabilir.
- Kuşburnu, Anadolu genelinde yetişir, meyveleri kurutulabilir.
- Yabanmersini, Karadeniz'de yetişir, meyveleri çiğ olarak yenebilir, dondurulabilir, kurutulabilir.

Sebzelerin Mevsimleri ve Öneriler

Ocak

Kereviz, karnabahar, lahana (beyaz ve kırmızı), brokoli, havuç, şalgam, kırmızı pancar, pırasa, ıspanak, karalahana, turp (beyaz, kırmızı, siyah).

Şubat

Kereviz, karnabahar, brokoli, havuç, şalgam, kırmızı pancar, pırasa, ıspanak, karalahana, turp (beyaz, kırmızı, siyah).

Mart

Brokoli, havuç, şalgam, kırmızı pancar, pırasa, ıspanak, karalahana, turp (beyaz, kırmızı, siyah).

Nisan

Taze soğan, taze sarımsak, kuşkonmaz, taze bakla. Ayrıca daha önce belirttiğimiz gibi madımak, semizotu, deniz börülcesi, gelincik, hodan, ıspıt, ışgın, arapsaçı, çiğdem, çiriş, ebegümeci, hardal, hindiba, ısırgan, kenger, radika, turpotu, şevketibostan, yabani ıspanak gibi otlar çıkmaya başlar.

Mayıs

Taze soğan, taze sarımsak, kuşkonmaz, taze bakla, enginar, bebe havucu, asma yaprağı, madımak, semizotu, deniz börülcesi, gelincik, hodan, ıspıt, ışgın, arapsaçı, çiğdem, çiriş, ebegümeci, hardal, hindiba, ısırgan, kenger, radika, turpotu, şevketibostan, yabani ıspanak.

Haziran

Taze soğan, taze sarımsak, taze bakla (ayın ortasına kadar), enginar, bebe havucu, asma yaprağı, semizotu, kuzu ıspanak, taze fasulye, bezelye, taze kabak, bamya, börülce, sivribiber, dolmalık biber, salatalık.

Temmuz

Taze soğan, taze sarımsak, semizotu, kuzu ıspanak, taze fasulye, bezelye, taze kabak, bamya, börülce, sivribiber, dolmalık biber, salatalık, domates, patlıcan, barbunya, çarliston biber, közlemelik yeşil biber, kum havucu.

Ağustos

Semizotu, taze kabak, bamya, börülce, sivribiber, dolmalık biber, salatalık, domates, patlıcan, barbunya, çarliston biber, közlemelik kırmızıbiber, kum havucu.

Eylül

Taze kabak, sivribiber, dolmalık biber, salatalık, domates, patlıcan, mısır, barbunya, çarliston biber, közlemelik kırmızıbiber, havuç, şalgam, mantar.

Ekim

Domates, patlıcan, çarliston biber, közlemelik kırmızıbiber, havuç, şalgam, mantar, ıspanak, yerelması, pırasa, lahana (kırmızı ve beyaz), turp (beyaz, kırmızı, siyah).

Kasım

Havuç, şalgam, ıspanak, yerelması, pırasa, lahana (kırmızı ve beyaz), turp (beyaz, kırmızı, siyah), kırmızı pancar, şalgam, karalahana, balkabağı, kereviz, karnabahar.

Aralık

Havuç, şalgam, ıspanak, yerelması, pırasa, lahana (kırmızı ve beyaz), turp (beyaz, kırmızı, siyah), kırmızı pancar, şalgam, karalahana, balkabağı, kereviz, karnabahar.

Not:

- Dereotu, marul, maydanoz, nane, roka, tere, pazı, yeşil soğan gibi sebzeler dört mevsim boyunca yetişir. Ayrıca kuru sarımsak, kuru soğan ve taze olduğu mevsimler dışında eski limon da her zaman bulunabilir.

Öneriler

- Taze bakladan, zeytinyağlı yemek, çorba veya haşlama salata yapılabilir, iç bakla kurutulup veya dondurulup diğer mevsimlerde de tüketilebilir.
- Taze enginardan, zeytinyağlı yemek veya haşlama ya da çiğ salata yapılabilir, ayrıca dondurularak diğer mevsimlerde de tüketilebilir.

- Kuşkonmazdan, haşlama veya buğulama olarak salata yapılabilir.
- Bamyanın tazesinden zeytinyağlı veya etli yemek yapılabilir, turşusu kurulabilir, ayrıca kurutulup, diğer mevsimlerde de tüketilebilir.
- Börülcenin tazesinden haşlama salata veya zeytinyağlı yemek yapılabilir, tohumları kurutulup baklagil olarak dört mevsim tüketilebilir.
- Fasulyenin tazesinden haşlama salata, çorba veya zeytinyağlı yemek yapılabilir, tohumları kurutulup, baklagil olarak dört mevsim tüketilebilir.
- Salatalık, çiğ olarak salatada, cacıkta kullanılabilir, turşusu kurulabilir.
- Biber, salatada, yemekte katık olarak kullanılabilir, dolması yapılabilir, turşusu kurulabilir, kurutulabilir, salçası yapılabilir.
- Domates, salatalarda, çorba ve yemeklerde kullanılabilir, turşusu kurulabilir, salçası yapılabilir, dilimlenip güneşte kurutularak dört mevsim tüketilebilir.
- Taze kabaktan (sakızkabağı) çiğ olarak salata yapılabilir, etli veya zeytinyağlı yemek, dolma pişirilebilir. Kurutularak dört mevsim tüketilebilir.
- Patlıcanın, közlenerek salatası yapılabilir, etli veya zeytinyağlı yemeği pişirilebilir, kurutularak dört mevsim tüketilebilir.
- Ispanağın, çiğ olarak salatası yapılabilir, çorbası yapılabilir, yumurtalı, etli veya zeytinyağlı yemeği pişirilebilir.
- Balkabağının, çorbası ve püresi yapılabilir, şekersiz pişirilerek cevizle tatlı niyetine tüketilebilir, çekirdekleri ise kurutularak, dört mevsim yenebilir.
- Brokoliden buğulama, haşlama salata veya zeytinyağlı yemek yapılabilir.
- Havucun, çiğ olarak salatası yapılabilir, turşusu kurulabilir, pişmiş olarak, yemeklerde az miktarda kullanılabilir.
- Kırmızı pancarın çiğ olarak salatası yapılabilir, turşusu kurulabilir.
- Turptan (beyaz, kırmızı, siyah), çiğ olarak salata yapılabilir.
- Yerelmasının, zeytinyağlı veya etli yemeği yapılabilir.
- Lahananın, çiğ olarak salatası yapılabilir, turşusu kurulabilir, ayrıca zeytinyağlı veya etli dolması, yemeği pişirilebilir.
- Karnabaharın, çiğ olarak turşusu kurulabilir, buğulama salatası yapılabilir, etli veya zeytinyağlı yemeği pişirilebilir.
- Pırasanın çiğ olarak salatası yapılabilir, ayrıca zeytinyağlı veya kıymalı yemeği pişirilebilir.
- Şalgam, salatada, çorbada, yemekte tüketilebilir (çiğ veya pişmiş), turşusu kurulabilir.
- Kerevizin, çiğ olarak salatası yapılabilir, ayrıca çorbası ve zeytinyağlı yemeği pişirilebilir.

- Dereotu, salatalarda, mezelerde ve yemeklerde kullanılabilir.
- Marulun, çiğ olarak salatası yapılabilir.
- Maydanoz, çiğ olarak salatada, ayrıca çorbada, yemekte kullanılabilir, kurutularak da aynı şekilde kullanılabilir.
- Nane çiğ olarak salatada, ayrıca çorbada, yemekte kullanılabilir, kurutularak da aynı şekilde kullanılabilir.
- Roka, çiğ olarak salatada, çorbada kullanılabilir.
- Tere, çiğ olarak salatada, çorbada kullanılabilir.
- Pazı yapraklarından sarma, etli, yumurtalı veya zeytinyağlı yemeği pişirilebilir.
- Sarımsağın tazesi ilkbaharda çıkar, yazın kurutulur ve dört mevsim salatada, çorbada, yemekte, turşuda tüketilebilir (çiğ veya pişmiş).
- Soğanın tazesi ilkbaharda çıkar, yazın kurutulur ve dört mevsim salatada, çorbada, yemekte, turşuda tüketilebilir (çiğ veya pişmiş), ayrıca yeşil soğan da dört mevsim çiğ olarak tüketilebilir.

Meyvelerin Mevsimleri ve Öneriler

Ocak
Elma, armut, ayva, nar, muz (yerli), portakal, greyfurt, limon, turunç.

Şubat
Elma, armut, ayva, muz (yerli), portakal, greyfurt, limon.

Mart
Elma, muz (yerli).

Nisan
Yeşil erik, çağla (badem).

Mayıs
Çağla (badem), yeşil erik, yenidünya, çilek, böğürtlen.

Haziran
Yeşil erik, yenidünya, çilek, kiraz, kayısı, şeftali, dut, böğürtlen, ahududu.

Temmuz
Kayısı, şeftali, kavun, karpuz, sarıerik, vişne, ahududu.

Ağustos
Kayısı, şeftali, kavun, karpuz, vişne, kırmızı erik, mürdüm eriği, üzüm, incir, ayçiçeği, yabani armut.

Eylül
Kavun, karpuz, kırmızı erik, mürdüm eriği, üzüm, incir, ayçiçeği, yabani armut, fındık, antepfıstığı, yerfıstığı, elma, zeytin, böğürtlen, kızılcık, kuşburnu, Frenk üzümü.

Ekim
Üzüm, yerfıstığı, elma, zeytin, böğürtlen, kızılcık, kuşburnu, Frenk üzümü, alıç, yabanmersini, gilâburu, üvez, ceviz, armut, muz, greyfurt, mandalina, limon.

Kasım
Üzüm, elma, zeytin, kızılcık, kuşburnu, Frenk üzümü, alıç, yabanmersini, gilâburu, üvez, ceviz, armut, muz (yerli), greyfurt, mandalina, limon, kestane, nar, Trabzon hurması, ayva.

Aralık
Elma, armut, muz (yerli), greyfurt, limon, kestane, nar, Trabzon hurması, ayva, portakal, turunç.

Öneriler
- Bademin, çağla isimli meyvesi taze olarak yenebilir, kabuklu yemişleri de kurutulup dört mevsim tüketilebilir (çiğ olarak).
- Yenidünyanın taze meyvesi posası ile birlikte yenebilir.
- Eriğin meyvesi çiğ olarak yenebilir veya güneşte kurutularak tüketilebilir.
- Çileğin meyvesi çiğ olarak yenebilir.
- Dutun meyvesi çiğ olarak yenebilir veya güneşte kurutularak tüketilebilir.
- Kayısının taze meyvesi posası ile birlikte yenebilir, güneşte kurutulmuş meyvesi dört mevsim tüketilebilir.
- Kirazın taze meyvesi posası ile birlikte yenebilir.
- Vişnenin taze meyvesi posası ile birlikte yenebilir.
- Armudun meyvesi çiğ olarak yenebilir, turşusu kurulabilir veya güneşte kurutularak tüketilebilir.
- Şeftalinin taze meyvesi posası ile birlikte yenebilir.
- Elmanın meyvesi çiğ olarak yenebilir veya güneşte kurutularak tüketilebilir, sirkesi yapılabilir.

- İncirin taze meyvesi az miktarda yenebilir, güneşte kurutulmuş meyvesi dört mevsim az miktarda tüketilebilir.
- Narın taze meyvesi posası ile birlikte yenebilir.
- Trabzon hurmasının taze meyvesi az miktarda yenebilir.
- Üzümün, taze yapraklarından ilkbaharda sarma ve yemek yapılabilir, ayrıca salamuraya bırakılarak dört mevsim kullanılabilir, taze meyvesi az miktarda yenebilir, sirkesi yapılabilir.
- Mandalinanın taze meyvesi posası ile birlikte yenebilir.
- Zeytin, erken hasatta yeşil olarak, daha sonra siyah olarak toplanır, sofralık zeytin ve soğuk sıkım yağı hazırlanarak dört mevsim tüketilebilir.
- Ayçiçeğinin taze çekirdekleri 'süt çekirdek' olarak yenebilir, ayrıca kurutulup dört mevsim tüketilebilir (çiğ olarak).
- Ceviz, hasat zamanı (sonbaharda) taze 'süt ceviz' olarak, daha sonra kurutulup dört mevsim kuruyemiş olarak tüketilebilir (çiğ olarak).
- Antep fıstığı, hasat zamanı (sonbaharda) taze 'süt fıstık' olarak, daha sonra kurutulup dört mevsim kuruyemiş olarak tüketilebilir (çiğ olarak).
- Fındık, hasat zamanı (yaz sonunda) taze 'süt fındık' olarak, daha sonra kurutulup dört mevsim kuruyemiş olarak tüketilebilir (çiğ olarak).
- Yerfıstığının yer altından yetişen kabuklu fıstıkları hasat edildikten sonra (sonbaharda) kurutulup dört mevsim kuruyemiş olarak tüketilebilir (çiğ olarak).
- Ayvanın meyvesi çiğ olarak yenebilir, etli yemeği yapılabilir.
- Muzun taze meyvesi az miktarda yenebilir.
- Greyfurdun meyvesi posası ile birlikte yenebilir.
- Portakalın taze meyvesi posası ile birlikte yenebilir.
- Limonun meyvesi salatada, çorbada, yemekte, çayda, şekersiz limonatada çiğ olarak kullanılabilir.

Üçüncü Bölüm:

KARATAY MUTFAĞI'NIN ALTIN KURALLARI

Yemek Seçimi, Hazırlama ve Pişirmede Dikkat Edilecekler Listesi

- Yemekler çok yüksek ısıda pişirilmemeli, ayrıca unlu terbiye yapılarak hazırlanmamalı!
- Yemekler düşük ısıda, uzun sürede pişirilmelidir. Ancak malzemeler çiğden hep birlikte tencere veya tepsiye konup, ocakta ya da fırında pişirilmeli, yağda soğan veya biber öldürme gibi yöntemler uygulanmamalıdır. Özellikle güveç yaparken önce tencerede kavurma, sonra fırında pişirme gibi iki farklı pişirme şeklinin bir arada olmaması gerekiyor! Ya tencere (mümkünse basınçlı tencere) ya da fırın tercih edilmelidir! Pişirme süresi çok fazla uzayıp, ısıya maruz kalma şekli değişip, ısı derecesi arttıkça, lezzet katayım derken yemekteki faydalı vitamin ve mineraller ölüyor, yemeğin glisemik indeksi yükselebiliyor.
- Yemekler cam, çelik veya emaye kaplı dökme demir tencerede, tepside pişirilmelidir. Alüminyum ve teflonlardan, mikro dalga fırınlardan uzak durulmalıdır. Pişirme esnasında alüminyum folyo, yanmaz pişirme poşeti ya da yağlı kâğıt gibi ürünler asla kullanılmamalıdır! Yağlı kâğıtlar genellikle doğal gibi görünse de kâğıtta ne yağı olduğunu bilmiyoruz, trans yağ da olabilir ucuz olduğu için domuz yağı da...
- Yemeklerde blender (karıştırıcı) veya mikser (çırpıcı) gibi elektrikli aletler kullanılmamalıdır. Çünkü yemeği işlenmiş hale getiriyor ve lifleri yok edip, sağlıksız hale dönüştürüyor. Hazım sisteminin bozulmasına sebep oluyor.
- Yemeklerde soğuk sıkım sızma zeytinyağı, saf köy tereyağı (inek, keçi, koyun veya manda sütünden köy tereyağı, Urfa yağı, Malatya veya Trabzon tereyağı) veya kuzu ya da danadan elde edilen kuyrukyağı kullanılmalıdır. Tereyağınızı evde de yapabilirsiniz, tarifini kitabımızda 'Evde Yapabileceğiniz Hakiki Doğal Ürünler' bölümünde bulabilirsiniz.
- Sıcak yemeklerde ve kızartmalarda mısırözü, ayçiçeği, soya veya kanola yağı kesinlikle kullanılmamalıdır! Isınır ısınmaz hemen trans yağlar oluşur. Yüksek ısıda sıvı yağlar doğal özelliklerini kaybederek trans yağlara dönüşürler. Trans yağlar, kan yağlarından trigliseridleri yükselterek karaciğer yağlanmasını başlatır. Bu nedenle kalp, damar hastalıkları, felç ve her türlü kansere sebep olan en zararlı yağlardır. Trans yağlar, insülin direncini başlatan en tehlikeli kimyasal maddelerdir. İnsan vücudu doğal olmayan bu yağları tüketmeye programlanmamıştır.
- Margarin haline dönüştürülmüş olan sıvı yağlarda da fazla miktarda trans yağ meydana gelmektedir. Bu sebeple margarin de kullanılmamalıdır!

- Kızgın yağda kızartma yapılmamalıdır! Balık ya da etler, sos veya una bulandırılarak yağda kızartılmamalıdır. Eğer illa kızartma yapmak isteniyorsa kısık ateşte, az zeytinyağı veya tereyağı ile sade pişirme yapılabilir.
- Izgara yapılabilir. Ancak yiyecekler yakılmadan ve yüksek ateşe, kömür ve odun alevine, dumanına maruz kalmadan pişirilmelidir.
- Buğulama da yapılabilir, en sağlıklı pişirme yöntemlerinden biridir.
- Yemekleri pişirirken çok az su konacak. Böylece hem besin değerleri korunuyor hem de daha lezzetli oluyor.
- Hem tazeliği hem de besin değerleri açısından yemekler günlük olarak pişirilmelidir. Birkaç günlük yemek yapıp aynı yemeği defalarca dolaba koyup çıkartmak, her seferinde ısıtmak tehlikelidir, kesinlikle yapılmamalıdır.
- Tuz alırken, doğal kristal kayatuzu ya da deniz tuzu olmasına dikkat edin. Ancak denizlerde kirlilik arttığı için binlerce yıllık tuz mağaralarından çıkartılan iri taneli doğal kristal kayatuzunu tercih ediyoruz.
- Yemeklerimizde tuz miktarı azaltılmalıdır. Rafine tuz yerine kristal kayatuzu (porselen başlıklı cam veya ahşap değirmende öğütülerek) kullanılmadır.
- Yemeklerde salça kullanılacaksa, güneşte bekletilmiş ev yapımı domates veya biber salçası kullanılabilir. Fabrikasyon üretilmiş, koruyucu katkı içeren konserve salçalar kullanılmamalıdır.
- Mayonez veya ketçap gibi hazır soslar da yasak! Ev yapımı mayonezi ise 15 dakika içinde tüketmeniz gerekir. Buzdolabında muhafaza etseniz dahi 15 dakikadan sonra trans yağlar oluşur, tehlikeli olmasının sebebi de budur!
- Sızma zeytinyağı ile her türlü sebze ve bakliyat yemeği yapılabilir.
- Arpa şehriye, tel şehriye vb ürünler işlenmiş gıda oldukları için, yemeklere kıvam versin diye ilave edilmemelidir.
- Yemeklere, pişirilip ateşten alındıktan sonra damak tadına göre nane, maydanoz, kekik, reyhan, fesleğen gibi otlar ve kırmızıbiber, karabiber, kimyon, sumak vb baharatlar eklenebilir.
- Taze balığın her türlüsü sağlıklıdır. Ancak teneke kutulardaki ve poşetlerdeki konserve balıklar, ambalajlarındaki kanserojen maddelerden dolayı riskli hale dönüşür. Bu yüzden fabrikasyon konserve balıklar da tercih edilmemelidir! Eğer cam kavanozda, zeytinyağı ile az tuzlu yani ev tipi konserve yapılmışsa olabilir.
- Salatalarda da soğuk sıkım sızma zeytinyağı, üzüm çekirdeği yağı veya ketentohumu yağı, bol sirke (geleneksel usûl doğal fermantasyon) ve limon, ayrıca arzuya göre sarımsak kullanılabilir.
- Limon faydalı ve glisemik indeksi düşük bir meyvedir. Salatada, çorbada, çayda veya suya sıkılarak kullanılabilir. Limon ve sirke gibi asitli

yiyecekler, besinlerin hazmedilmesini yavaşlatır. Bu nedenle, yiyeceklerimiz midemizde ve incebağırsağımızda uzun süre kalabiliyor. Ancak kullandığımız limonun da doğal yetişmiş veya organik olmasına dikkat edilmeli, dış kabuğu kimyasallarla mumlanmış veya boyanmış olmamalı. Limon her zaman taze sıkılmış olarak kullanılmalı. Sirke de geleneksel usûlde fermente edilerek üretilmiş olmalı. Çoğu markette limon suyu diye satılan sarı suların limonla yakından uzaktan alakası olmadığı gibi son derece zararlıdır. Endüstriyel sirke de doğal sirkenin verdiği faydayı veremez. Sirkenizi evde yapabilirsiniz, tarifini kitabımızda 'Evde Yapabileceğiniz Hakiki Doğal Ürünler' bölümünde bulabilirsiniz.

- Salatalara zeytin, peynir, yoğurt, susam veya ketentohumu, her türlü taze maydanoz, taze veya kuru nane, kekik, fesleğen vb otlar eklenebilir.
- Üzüm çekirdeği veya ketentohumu yağları kullanılacaksa bunların hem ısıl işlem görmeden üretilmiş olmasına hem de kesinlikle ısıya maruz bırakmamaya yani soğuk olarak tüketmeye özen göstermelisiniz.
- Ketentohumu yağı ve balıkyağı (Omega-3), kan yağlarını düzenler, kanı sulandırır, kilo vermeyi kolaylaştırır, kilo almayı önler, hipertansiyon ve depresyon gelişmesini engeller. Kalp ve damar hastalıkları riskini azaltır.
- Ketentohumu da azar azar yiyeceklere eklenebilir. Susam da ketentohumu kadar faydalıdır. Arzu edildiğinde onun yerine kullanılabilir. Ketentohumu, doğal olarak kabızlığın giderilmesinde yararlıdır. Fazlası ishal yapabilir. Öğütülmüş olarak alınmamalıdır. Tane olarak alınıp, kullanmadan hemen önce öğütülüp tüketilebilir. Ancak okside olmasını önlemek için öğütüldükten sonra 15 dakika içinde tüketilmelidir.
- Bol sirkeli (geleneksel usûl doğal fermantasyon), az tuzlu (kristal kayatuzu) ev turşusu yapılarak tüketilebilir. Turşunuzu evde yapabilirsiniz, örnek tarifleri kitabımızda 'Evde Yapabileceğiniz Hakiki Doğal Ürünler' bölümünde bulabilirsiniz.
- Sebze, meyve, balık ve etler doğal olarak tüketilmelidir. Tüketilen yiyeceğin doğal ve bütün olmasına dikkat edilmelidir.
- Tüm işlenmiş yiyecek ve gıdalardan uzak durulması şarttır. İşlenmiş bütün yiyeceklerde aşırı miktarda trans yağ[77] ve gizli şeker (früktoz) bulunur.
- Yemeklerle birlikte ekmek, pirinç pilavı ve makarna yenmemelidir!
- Bal, reçel ve pekmez de yenmemelidir! Kan glikozuna hızla dönüşen, boş kalorili tatlı oldukları için... Früktoz içerdikleri için...
- Tatlılara, çaylara ve kahveye hiçbir şekilde tatlandırıcı eklenmemelidir.

---

[77] Mozaffarian D.,et.al Trans fatty acids and cardiovascular disease. New Engl J Med. 2006.

Suni (yapay) tatlandırıcılar karaciğer ve iç yağlanmasına neden oluyor ve şeker hastalığını başlatıyor.

- Unlu ve nişastalı bütün gıdalar tüketildikten hemen sonra kan şekerine dönüşürler. Şeker (diyabet) hastalarının kan şekerlerini yükseltir ve kontrolünü zorlaştırırlar! Bu nedenle insülin ihtiyacını artırırlar! İnsülin kullanan şeker (diyabet) hastalarının giderek yağlanmaları ve kilo almalarının nedeni, bol bol unlu ve nişastalı yani sağlıksız olan karbonhidratlı yiyecekleri tüketmeleridir! Bu tür gıdalar, daha sonra karaciğer yağı ve iç organ yağı olarak depo edilirler. İnsülin ve leptin direncini başlatır ve giderek artırırlar. Bu sebeple tüketilmemelidirler.
- Ancak kitapta yer verdiğimiz bazı tariflerde ve tarhananın içinde olduğu gibi, az miktarda un kullanılabilir. Hem organik ve katkısız hem mayasız hem de çok az miktarda bilinçli ve ölçülü kullanıldığı zaman tehlikeli değildir.
- Pek çok yemeğin tarifinde yoğurt kullanıldığını göreceksiniz. Çeşitli katkı maddeleriyle üretilen, bir ay beklese bile ekşimeyen ve bozulmayan fabrikasyon yoğurtlar yerine, geleneksel yöntemlerle küçük işletmelerde üretilen, ekşime özelliğini kaybetmemiş köy yoğurdunu ya da evde doğal sütten mayaladığımız yoğurdu kullanıyoruz. Ev yoğurdu tarifini kitabımızda 'Evde Yapabileceğiniz Hakiki Doğal Ürünler' bölümünde bulabilirsiniz.
- Ceviz, fındık, fıstık, badem, ay çekirdeği, kabak çekirdeği gibi kabuklu kuruyemişler mutfağın başköşesinde yer almalı, çantadan da eksik olmamalıdır. Ancak kuruyemişlerin kavrulmamış (çiğ) ve tuzsuz olmasına dikkat edilmelidir. Mümkünse kabuklu olarak alınıp, evde taze taze kırılmalıdır.
- Kilo vermek istiyorsak, insülin direnci kırılana dek günde bir adet meyve (düşük glisemik indeksli) bütün olarak yenilebilir. Örneğin, kış aylarında portakal, mandalina, nar veya elma olabilir. Yaz aylarında, çilek (şeker ekilmeden), kiraz, böğürtlen veya ahududu günde 100-200 gr kadar yenebilir. Ayrıca zeytin, yeryüzünde bulunan en sağlıklı meyvelerden biridir. Glisemik indeksi sıfırdır. Her sabah kahvaltıda 10-15 adet zeytin rahat rahat yenebilir. Domates, salatalık ve biberler de (sebze grubunda olmalarına rağmen) o bitkilerin meyveleridir. Ceviz, fındık, fıstık, badem de kendi ağaçlarının meyveleridir ve bunların da glisemik indeksleri sıfırdır. Bu saydıklarımızı meyve olarak bilip tüketirsek, 24 saat içinde ne kadar çok ve sağlıklı meyve yediğimiz ortaya çıkacaktır. Ancak glisemik indeksi çok yüksek olduğu için kavun, karpuz, dut, üzüm ve taze incir (Gİ = 80-100) maalesef yenmemelidir. Haziran ve temmuz aylarında, hastalarımızın kan yağlarındaki 'trigliserid' oranı bu nedenle yükselmektedir (her türlü şekerli meyve yani früktoz, meyve suyu ve tüm

şekerli içecekler kan yağlarımızı aşırı olarak yükseltir, unutmayalım)!

- Meyve sularında, karpuz ve kavunda bulunan meyve şekeri 'früktoz' hemen kan ve depo yağı olan trigliseride dönüşür ve yağ olarak karaciğere ve depolara gönderilir. Karaciğer ve göbek yağlanmaya başlar, bacak kaslarında ve karaciğerde trigliseridler yağ olarak depo edilir. Kanda trigliseridlerin aşırı yüksek olmasının nedeni, meyveler, meyve suları, şekerli içecekler, tatlılar, pirinç pilavı, baklava börek ve fazla tüketilen çay şekerleridir. Meyve şekeri olan früktoz, daha önce de belirttiğim gibi karaciğer için glikozdan yedi kere daha fazla toksiktir. Tatlılarda ve çayda kullandığımız toz şeker ise, 1 molekül früktoz + 1 molekül glikozdan meydana gelir.

Dördüncü Bölüm:

EVDE YAPILABİLECEK 'HAKİKİ' DOĞAL ÜRÜNLER

YOĞURT MAYALAMA

Geleneksel Türk Usûlü

Dört mevsim yapılabilir.

Malzeme

1 kg süt
1 yemek kaşığı ev yoğurdu (tepeleme)
Cam kâse veya toprak çömlek
Büyük bir sofra bezi (pamuklu)

Hazırlama

1. Sütü bir tencereye koyun ve güzelce kaynatın.
2. Daha sonra ateşi söndürün ve sütün hafif soğumasını bekleyin. Sütün sıcaklığı serçeparmağının dayanma derecesine geldiği zaman cam bir kâse veya toprak bir çömleğe boşaltın ve içine bir yemek kaşığı yoğurdu koyup tahta bir kaşık yardımıyla süte karıştırın. Üzerine cam veya porselen bir kapak kapatın. Kalın bir bez örtüye sarıp, oda sıcaklığında 6-8 saat kadar bekletin. Daha sonra mayalanan yoğurdu buzdolabına koyun ve arzu ettiğiniz zaman servis edin.

Not:

- Açık süt, mandıralardan veya günlük taze süt satan şarküterilerden alınabilir. Eğer bulunamazsa günlük pastörize süt (cam şişede) kullanılabilir.
- Mayalamak için ev yoğurdunuz yoksa bir kereye mahsus çömlekte satılan yoğurtlardan kullanabilirsiniz. Daha sonra evde mayaladığınız yoğurttan, bir sonraki yoğurdunuzu mayalayabilmek için mutlaka 'mayalık yoğurt' ayırın.
- Eğer 'tereyağı' tarifinde vereceğimiz yağı, yoğurt kaymağı ile yapmak isterseniz, yoğurdu tüketmeden önce üzerindeki kaymağını kapaklı bir kavanozun içine koyup buzdolabında muhafaza edin.
- Yoğurt, Karatay Mutfağı'nın olmazsa olmazlarındandır. Önemli bir probiyotik gıdadır, sindirim enzimlerinin düzenli çalışması ve bağırsaklardaki faydalı mikropların üremesi adına çok etkilidir. Yani buzdolabınızdan eksik olmamalıdır.
- Anadolu'da bazı yörelerde yoğurt mayalarken mayalık yoğurt, sütün içine karıştırılmadan usulca bırakılır.
- *Rahmetli annem ve anneannem yoğurt mayalarken mutlaka 'Bismillâhirramânirrahim' diyerek besmele çeker ve dudaklarını büzüp hoş*

bir öpücük sesi çıkarırlardı. Bu yöntemin sırrını bir türlü çözemedim ama Rumeli yöresinden göçüp gelmiş birçok kişiden aynı usûlü duyuyorum ve yıllardır bu şekilde mayaladığım yoğurtların lezzeti gerçekten bir başka oluyor. (N. Doğan)

SÜZME YOĞURT

Geleneksel Türk Usûlü

Dört mevsim yapılabilir.

Malzeme

2 kg ev yoğurdu
Temiz beyaz tülbent bez
Yoğurt suyunu toplamak için cam kâse

Hazırlama

1. Önceden mayalanmış yoğurdunuzu temiz, beyaz bir tülbendin içine boşaltın ve tülbendin dört köşesinden tutup bağlayarak, yoğurdun suyunu akıtabileceği yükseklikte bir yere asın. Altına cam bir kâse koyun ve yoğurt suyunun toplanmasını sağlayın. 2-3 günde süzme yoğurdunuz hazır olacaktır.

Not:

- Eğer yukarıdaki yöntem zor gelirse, süzme yoğurdu daha basit olarak yoğurdun içinde bulunduğu kâse içinde de yapabilirsiniz. Bunun için yeni mayalanmış yoğurttan bir yemek kaşığı kadar yoğurt alın, bu aşamadan sonra yoğurt sulanmaya başlayacaktır. Sabah ve akşam yoğurdun biriken suyunu süzün. Ancak yoğurdun suyunu süzdükten sonra tekrar buzdolabına koyun. 6-7 günde yoğurdun suyu tamamen bitecek, yoğurt katı bir kıvama gelecek ve süzme yoğurdunuz hazır olacaktır. Bu yöntemle süzme yoğurdunuz daha tatlı olur, açıkta süzerek yapılırken olduğu gibi fazla ekşi olmaz!
- Süzme yoğurt yaparken, süzülen yoğurt suyunu sakın atmayın. Bunu ister içebilir, isteseniz 'Küçük Kaçamaklar' bölümünde tarifi yer alan akıtma (krep) yapımında kullanabilirsiniz.
- Doğal yoğurdun suyunda, doğal yoğurtta olduğu gibi mineraller, vitaminler, özellikle A ve B vitamini olan folat, selenyum ve fazla miktarda kolin aminoasiti gibi birçok doğal aminoasit bulunur (protein kaynağıdır). Yoğurtta ve suyunda ayrıca temel yağlardan Omega-3 ve Omega-6 da mevcuttur.

AYRAN

Geleneksel Türk Usûlü

Dört mevsim yapılabilir.

Malzeme

4 su bardağı yoğurt (veya 2 su bardağı süzme yoğurt)
2 su bardağı su
Kristal kayatuzu

Hazırlama

1. Yoğurdu iyice çırpıp, derin bir kavanozun içine koyun. Üzerine su ve ağız tadına göre tuz ilave edin, kavanozun kapağını sıkıca kapayıp çalkalamaya başlayın. 5 dakika kadar çalkalayın ve arzuya göre buz ilave ederek servis edin.

Not:

- Eğer süzme yoğurtla yapacaksınız (ki daha lezzetli oluyor), yoğurdu önce suyla inceltip sonra kavanoza koyarak yukarıdaki yöntemi uygulayabilirsiniz.

TEREYAĞI

Anneanne Usûlü

Dört mevsim yapılabilir.

Malzeme

Yoğurt kaymağı

Hazırlama

1. Evde mayaladığınız yoğurdun kaymağını, ortalama 7-10 gün boyunca küçük bir kavanozda biriktirin (kaymağın acı bir tat almaması için kavanozun kapağını sıkıca kapatın).
2. Daha sonra kavanozu çalkalayarak, kaymağın içindeki yağ ve suyun ayrılmasını sağlayın. Bu çalkalama, 30 dakikada bir 5-10 dakika ara vererek ortalama 60-120 dakikalık bir zaman alabiliyor. Bu sebeple özellikle akşamleyin televizyon izlerken kollarınıza hareket niyetine eğlenceli bir şekilde yapabilirsiniz...
3. Kaymaktaki yağ ve su birbirinden ayrılmaya başlayınca, yağı kolay toplayabilmek için 5-10 dakika kadar buzdolabının buzluk veya derin dondurucu kısmında tutun.
4. Daha sonra kavanozun içindeki tereyağını bir kaşıkla toplayın ve top

şekline getirip suyunu iyice sıkın ve yağ kâsenize koyun. Tereyağınız taze taze kullanıma hazırdır.

Not:

- Süt kaymağı ile de aynı şekilde tereyağı yapabilirsiniz.
- Eğer arzu ederseniz ve elinizin altında hepsinden varsa yoğurt kaymağı, süt kaymağı ve süt kesiği suyunun üstünde biriken kaymağı karıştırıp, aynı aşamaları takip ederek yine tereyağı yapabilirsiniz. Eğer pişmemiş sütün kaymağı ile yapmak isterseniz, 'süt ekşimiği' tarifinde anlattığımız şekilde süt uyunup katı kıvam alınca, pişirmeden önce üzerindeki kaymağı bir kavanozun içine koyup çalkalayarak çiğ tereyağınızı yapabilirsiniz.
- İnek sütünden yapılan tereyağının rengi, ineğin otlama ve yavrulama dönemine göre sarının açık veya koyu tonlarında olur. Koyun, keçi ve manda sütlerinden yapılan tereyağı ise beyaz renkli olur.
- Koyun, keçi ve manda sütü kokar düşüncesi ve bilgisi ise yine doğru bilinen büyük yanlışlardan biridir! Eğer hayvanların ahırı temiz tutulursa, hayvanlar açık merada otlatılırsa ve süt sağmadan önce memeleri güzelce yıkanırsa, sütleri ve bu sütlerden yapılan ürünleri (kaymak, tereyağı, yoğurt, peynir) kokmaz!
- *Rahmetli anneannem evde mayaladığı yoğurtların kaymağını bir kavanozda toplar, daha sonra kaymak dolu o kavanozu eline alır, üşenmeden ve yorulmadan saatlerce çalkalardı. Tereyağı kendini gösterdiğinde ise yüzünde bir tebessüm belirir ve bize gösterip, "Bakın işte bu gerçek tereyağı" derdi. Dışarıdan satın alınan tereyağına ise "Satın tereyağı" der ve kolay kolay beğenmezdi. Herhalde 80'li yaşlara kadar verimli ve üretken yaşamasının, onca sıkıntıyı ve zorluğu kolay atlatmasının sırlarından biri de elleriyle yaptığı o gerçek tereyağı idi! Prof. Dr. Canan Karatay Hoca'mızdan tereyağının kıymetini öğrendiğimden beri, elime her tereyağı alışımda, nasıl yapıldığını bana öğreten anneannemi rahmetle anıyorum. (N. Doğan)*

YOĞURT EKŞİMİĞİ

Ekşi Yoğurdu Değerlendirme Usûlü

Dört mevsim yapılabilir.

Malzeme

Dolapta kalmış ekşimiş yoğurt (ne kadar varsa)
Kaynatılıp soğutulmuş süt (bir su bardağı yoğurda, bir çay bardağı süt)
Taze sıkılmış limon suyu (bir su bardağı yoğurda, bir çay kaşığı limon suyu)

Hazırlama

1. Ekşimiş yoğurdunuzu bir tencereye boşaltın, üzerine sütü ve limon suyunu ilave edin, kısık ateşin üzerinde kesilmeye bırakın.
2. Kaynamaya başlayınca yoğurt ve süt kesilip sulanacaktır. Bu aşamada ateşi açıp bir iki taşım kaynatın ve sonra ocağı söndürüp, soğumaya bırakın.
3. Daha sonra bir kevgir veya tülbent bez içinde süzün. Suyu iyice süzülünce, ekşimiğinizi buzdolabında muhafaza edin.

Not:

- Ekşimik suyunu atmayın. Bunu ayran niyetine içebilir veya 'Küçük Kaçamaklar' bölümünde yer alan 'akıtma' tarifinde kullanabilirsiniz. Ayrıca ekşimik suyunun üzerinde birikecek olan kaymağı da tereyağı yaparken kullanabilirsiniz. Rumeli yöresinde ekşimik denen bu peynir çeşidi ülkemizde yaygın olarak 'lor' adıyla bilinir.
- Sabah kahvaltısında peynir yerine tüketebilirsiniz.
- Ayrıca 'Küçük Kaçamaklar' bölümünde tarifini vereceğimiz ve fırına vermeden yapabileceğiniz 'kuru yufka böreği' tarifinde kullanabilirsiniz.

SÜT EKŞİMİĞİ

Çiğ Sütü Uyundurma Usûlü

Dört mevsim yapılabilir.

Malzeme

1 kg süt

Hazırlama

1. Bu tarifte sütü kaynatmadan kesilmeye bırakıyoruz.
2. Mandıradan ya da çiftlik sütü satan bir şarküteriden aldığınız sütü, cam kapaklı bir tencereye boşaltın ve kapağını kapatıp, ılık bir ortamda bırakın (1-2 gün).
3. Süt katı bir kıvam alınca (yoğurt gibi), tencereyi kısık ateşin üzerine koyun ve kapağını açıp, kaynamaya bırakın. Bu noktada sütün içinde yoğunluk olduğu için arada karıştırın ki fokurdarken sıçramasın!
4. Daha sonra, bir kevgir veya tülbentten geçirerek suyunu süzün. Ekşimiğinizi cam bir kâseye koyup buzdolabında muhafaza edin.

Not:

- Ekşimik suyunu atmayın. Bunu da ayran niyetine içebilir veya 'Küçük

Kaçamaklar' bölümünde tarifi yer alan 'akıtma' yapımında kullanabilirsiniz. Ayrıca ekşimik suyunun üzerinde birikecek olan kaymağı da tereyağı yaparken kullanabilirsiniz.

- Eğer normal bir kullanım için aldığınız süt, isteğiniz dışında kesilirse yine aynı şekilde ekşimik olarak değerlendirebilirsiniz. Sütü bozuk diye çöpe atmayın!
- Süt ekşimiği, halk arasında süt kesiği olarak da bilinir. Bu tarifi özellikle maya alerjisi olanlar uygulayıp, peynir yerine tüketebilirler.
- Eğer 'tereyağı' tarifindeki yağı, çiğ süt kaymağı ile yapmak isterseniz, süt katı kıvam alınca, pişirmeden önce üzerindeki kaymağı bir kavanozun içine koyup buzdolabında muhafaza edin.
- *Rahmetli annem ve anneannem ekşimiği özel bir tören edası ile yaparlardı ve tabii ki halen hayatta olan teyzem de bu mirası sürdürmektedir. Biraz daha vakit alan bu usûlde, sütü uyunduktan sonra kaynatmak yerine (peynir havasında olması için), ayrı bir tencerede kaynayan sıcak suya veya süte, uyunmuş olan sütü kepçe ile koyarak pişirirler ve buna 'haşlama ekşimik' derlerdi. (N. Doğan)*

PEYNİRLİ BİBER

Trakya Yöresi

Yaz ve sonbaharda yapılabilir.

Malzeme

1 kg süt
8-10 adet yeşil biber
250 kg beyazpeynir

Hazırlama

1. Sütü kaynatın. Ilık ısıya (yoğurt mayalama ısısına) gelmesini bekleyin.
2. Bu arada biberleri yıkayıp çekirdeklerini temizleyin ve ince halka halinde doğrayın. Peyniri de ezin.
3. Ilıtılmış sütü cam bir kâseye boşaltın, içerisine, doğranmış biberi ve ezilmiş peyniri koyup, yoğurt mayalar gibi karıştırın, üzerini cam bir kapakla örtüp pamuklu bir bezle sarın ve mayalanmaya bırakın (6-8 saat).
4. Daha sonra buzdolabında muhafaza edin. Arzuya göre kahvaltıda ya da meze olarak servis edebilirsiniz.

SÜTLÜ BİBER TURŞUSU[78]

Boşnak Usûlü

Yaz ve sonbaharda yapılabilir.

Malzeme

1 kg dolmalık biber
1 yemek kaşığı kristal kayatuzu
2 litre süt

Hazırlama

1. İyice yıkanmış dolmalık biberlerin saplarını ve çekirdeklerini ayıklayın.
2. Genişçe bir kavanozun içine, dolmalık biberlerin ağzı yukarı gelecek biçimde sıralayın. Önceden tuz ile kaynatılıp soğutulmuş sütü biberlerin içine doldurun. Çekirdekleri ayıklanmış biber kapaklarını, biberlerin üzerine kapatın.
3. Kavanozun kapağını sıkıca kapatıp, 3 hafta kadar bekletin. Bekleme sırasında biberlerin içine konulan süt, lor peynirine dönüşür. Daha sonra ikiye böldüğünüz biberlerin üzerine sızma zeytinyağı gezdirerek servis yapın.

KURU YUFKA

Geleneksel Anadolu Yufka Ekmeği

Yaz ve sonbaharda yapılabilir.

Malzeme

2 kg organik un (taş değirmende öğütülmüş)
Ilık su (hamuru karacak ölçüde)
Kristal kayatuzu (ağız tadına göre)

Hazırlama

1. Unu bir yoğurma kabına eleyin, ortasını havuz gibi açıp önce 2-3 su bardağı kadar ılık su dökün, tuzunu koyun, sonrada hepsini birlikte elle karıştırarak yoğurun (kulak memesi yumuşaklığına gelene kadar). Yoğurma sırasında gerekirse, hamurun kıvamına göre su veya un ilave edin.
2. Hamur kıvamını alınca dinlenmeye bırakın. 1-2 saat dinlendirdikten sonra orta boyda bezelere ayırın.
3. Bezeleri tahta bir sofranın üstüne alıp, çok büyük ve çok ince olmamak şartı ile oklava ile açın.

---

[78] Sema Temizkan, *Turşu*, Hayykitap, İstanbul, 2011.

4. Açtığınız yufkaları bir sacın üstünde hafif şekilde pişirin.
5. Pişen yufkaları gölge bir yerde 1-2 gün kurumaya bırakın.
6. Daha sonra kurumuş yufkaları temiz bir sofra bezine sararak, serin ve kuru bir yerde muhafaza edin.

Not:

- Eğer arzu ederseniz, yufkayı açarken (sacda pişirmeden önce) üzerine çörekotu serpiştirebilirsiniz.
- Kuru yufka genelde kış hazırlığı olarak yapılır. Daha sonra (insülin ve leptin direncinden kurtulunca) ekmek niyetine yenebilir veya 'Küçük Kaçamaklar' bölümünde tarifi yer alan 'kuru yufka böreği' yapımında kullanılabilir.
- Eğer yufka açmayı bilmiyorsanız veya zamanınız yoksa yöresel ürün satan marketlerden ya da büyükşehirlerde kurulan organik pazarlardan Gaziantep veya Malatya yöresine ait organik unla üretilmiş hazır kuru yufkalardan satın alıp kullanabilirsiniz.

TARHANA

İzmir Yöresi

Yaz ve sonbaharda yapılabilir.

Malzeme

1,5 kg tam buğday unu
500 gr kuru soğan
500 gr kırmızıbiber (etli Bursa biberi diye tabir edilen)
1 kg domates
1 kg süzme yoğurt
1 demet maydanoz
1 demet dereotu
1 demet reyhan
1 demet fesleğen
2 tatlı kaşığı kristal kayatuzu
1 bağ tarhana otu (Ege yöresinde bulunur)

Hazırlama

1. Soğanları soyup, temizleyin. Domatesleri yıkayıp, kabuklarını soyun. Biberleri yıkayıp, çekirdeklerini çıkarın. Maydanoz, reyhan, fesleğen ve dereotu dallarını yıkayın.

2. Soğanı, biberi ve domatesi iri küp şeklinde doğrayın ve büyükçe bir tencereye koyun. Üzerine tarhana otunu da (bütün bir şekilde) koyup, tencerenin kapağını kapatın ve kısık ateşte pişmeye bırakın.
3. Bütün malzeme güzelce pişip menemen kıvamını alınca, üzerindeki tarhana otunu alıp bir kenara ayırın ve pişen malzemeyi genişçe bir hamur yoğurma kabına boşaltın (emaye, çelik veya cam kap olacak). Üzerine un ve süzme yoğurdu ilave edip yoğurun (bu noktada pişmiş malzemelerin elin tahammül edeceği kadar sıcak olması gerekiyor).
4. Hamur bir parça soğuması için bekletilirken, maydanoz, dereotu, reyhan ve fesleğen dallarını ince ince doğrayın ve hamura ekleyerek bir süre daha yoğurun. Daha sonra hamurun üzerini kapatacak kadar un serpip, üzerine beyaz pamuklu bir bez örterek bir kenara kaldırın.
5. Hamura 5 gün boyunca 1 çay bardağı kadar un ilave edip yeniden yoğurun. Her yoğurma sonrasında hamurun üzerine un serpin. Beşinci günün sonunda hamurun ekşimiş yani mayalanmış olması gerekir.
6. İki gün daha aynı işleme devam edip hamuru tuzla tatlandırıldıktan sonra, kurutma işlemine geçin. (Tüm bu aşamaların uzun ve meşakkatli gelmesi halinde hamur yoğrulduğu gün ya da ertesi sabah da serilebilir. Tek farkı fermantasyon yani ekşi mayalı hamur oluşturma aşamasının atlanması olacaktır.)
7. Serin ve havadar bir yere temiz, beyaz bir çarşaf serin. Hamurlardan küçük parçalar alıp çarşafın üzerine serin. Bu parçaları gün boyu hem sürekli olarak küçültün, hem de tersyüz ederek kurutun.
8. Bir iki gün boyunca kuruyan hamur, ikinci veya üçüncü gün çekilmeye hazır hale gelir. Kuruyan hamur parçalarını dilerseniz mutfak robotunda, dilerseniz iki el arasında ovalayarak ya da çok sert bir şekilde kurumasını bekleyip, değirmene vererek, irice çekilmiş kıvama (mısır unu kıvamına) getirin.
9. Ufalanmış olarak da üzerini örtüp, bir iki gün gölgede iyice kurumasını sağlayın. Daha sonra bez torbaya koyup, serin ve kuru bir yerde muhafaza edin.

Not:

- Eskiler, "el tarhananın içinden çıkmaz" derler. Kurutma aşamasında ne kadar çok küçültür, ufalarsanız, elle ovma sırasında o kadar az yorulursunuz.
- Bu tarifi bizimle paylaşan Sayın Elif Ayla'ya teşekkür ederiz.

SALATALIK VE BİBER TURŞUSU

Ankara/Çubuk Usûlü

Yaz ve sonbaharda yapılabilir.

Malzeme

500 gr sivribiber
15 adet küçük salatalık
8-10 diş sarımsak
4-5 dal kereviz sapı
2 su bardağı sirke (elma veya üzüm sirkesi)
10 su bardağı su
2 yemek kaşığı kristal kayatuzu (5 bardak suya 1 yemek kaşığı)

Hazırlama

1. Salatalıkları ve biberleri yıkayıp, çatal veya kürdanla birkaç yerinden delin.
2. Suyu bir tencereye boşaltın, içine tuzu ilave edip orta ısıdaki ateşte kaynatın.
3. Biberleri ve salatalıkları, kaynayan tuzlu suya daldırılıp hemen çıkarın.
4. Daha sonra tuzlu suyun altını söndürüp, soğumaya bırakın.
5. Bu arada sarımsakların kabuklarını soyup ikiye bölün. Maydanozları ve kereviz saplarını yıkayıp küçük dallara ayırın.
6. Büyük bir cam kavanoza biberleri, salatalıkları, sarımsakları, maydanoz ve kereviz dallarını, karışık bir şekilde yerleştirin.
7. Tuzlu su ılınınca, içine sirkeyi katın ve kavanozdaki malzemelerin üzerini geçecek şekilde doldurun. En üste temiz bir ağırlık koyup kapağını kapatın.
8. Salatalık ve biber sararınca turşu olmuştur. Olduktan sonra serin bir yerde muhafaza edin.

DOMATES TURŞUSU[79]

Eskişehir Yöresi

Yaz ve sonbaharda yapılabilir.

Malzeme

2 kg yeşil turşuluk domates
12 diş sarımsak (kabukları soyulmuş)
6 adet limon (ince dilimlenmiş)
10 adet taze koparılmış filizli asma yaprağı

---

[79] Sema Temizkan, *Turşu*, Hayykitap, İstanbul, 2011.

3-4 tane dereotu tohumu
3 yemek kaşığı kristal kayatuzu (tepeleme)
4 yemek kaşığı sirke (elma ya da üzüm sirkesi)
Domateslerin üzerini örtecek miktarda içme suyu (9-10 su bardağı)
5 litrelik cam kavanoz

Hazırlama

1. İyice yıkanmış yeşil domatesleri kürdan ile birkaç yerinden delin ve kavanozun içine doldurun.
2. Domateslerin aralarına sıra ile önce limon dilimleri, sarımsaklar ve asma yapraklarını yerleştirin, dereotu tohumlarını da serpiştirin. Suyu tuz ile kaynatıp soğutun. İçine sirkeyi ilave ederek salamura suyunu hazırlayın.
3. Domateslerin üstüne asma yapraklarını örtü gibi serin ve hazırlamış olduğunuz salamura suyunu dökün. En üste temiz bir ağırlık koyup kavanozun kapağını sıkıca kapatın ve gölge bir yerde beklemeye bırakın.
4. Renkleri sararınca turşu hazır hale gelmiş olur. Olduktan sonra serin bir yerde muhafaza edin.

ELMA SİRKESİ

Geleneksel Fermantasyon Usûlü

Yaz ve sonbaharda yapılabilir.

Malzeme

3 kg sert ve sulu köy elması
3-4 yemek kaşığı doğal bal
Cam kavanoz

Hazırlama

1. Elmaları iyice yıkayıp kurulayın. Katı meyve sıkacağı ile sıkarak suyunu çıkarın. Elma suyunu cam bir kavanoza alarak (kavanozun üst kısmında bir karış kadar taşma payı bırakın) içerisine bal ilave edin ve iyice karıştırın.
2. Daha sonra kavanozun ağzı hava alacak şekilde üzerine tülbent bir bez örtüp kenarlarından bağlayın (sinek, toz girmemesi için). Güneş alan bir pencere varsa cam kenarına yoksa ılık ve loş bir ortama koyun.
3. İlk haftalarda 2-3 günde bir kavanozun ağzını açıp tahta bir kaşıkla karıştırın ve tekrar tülbentle kapatın.
4. 4-6 hafta kadar zaman geçince sirkenin üzerinde denizanası şeklinde bir maya ve kavanozun ağız kısmında da sirke bakterileri dediğimiz minik

kurtçuklar oluşur. Bu, sirke fermantasyonunun başladığının işaretidir.

5. Sirkeyi 8-10 hafta sonra temiz bir tülbent bezden süzün.
6. Süzdükten sonra, şişelere boşaltın ve şişelerin ağzını hava almayacak şekilde, sıkıca kapatarak, serin bir yerde muhafaza edin.

Not:

- Karatay Mutfağı'na normalde bal almıyoruz ama sirkeyi daha hızlı sürede fermente edebilmek için doğal olduğuna emin olduğumuz baldan az miktarda kullanmamız gerekiyor. Eğer zaman sorununuz yoksa hiç bal koymadan da elma suyu ile aynı aşamaları takip ederek sirke yapabilirsiniz, ancak bu şekilde fermente süresi en az 30-34 haftayı yani 6-7 ayı buluyor.
- Tarifte bahsedilen köy elması yumurta şeklinde, ekşimsi bir tatta ve bol sulu olur. Anadolu köylerinde kimyasal ilaçsız, doğal olarak yetişir. Bulamazsanız Amasya elması da kullanabilirsiniz.
- Sirke kurarken kullanacağınız elmanın doğal veya organik, buzhane görmemiş olmasına ve kabuğunda ilaç kalıntısı olmamasına dikkat edin.
- Sirkeyi kurarken su katmadığımız için asit derecesi yüksek (sert) bir sirke olacaktır. Bunu yumuşatmak isteyenler, sirke olduktan sonra içerisine 1-2 su bardağı su ilave ederek 2-3 hafta daha bekletip, süzdükten sonra şişeleyebilirler.
- Normal lezzette bir elma sirkesi 2,5-3,5 ayda olur. Sirke durdukça değeri artar ve canlılığı devam eder. Bu sebeple dibinde tortular içinde mayalar oluşabilir.
- Sirke yaparken kesinlikle plastik kap kullanmayın! Çünkü sirke asitli bir ürün olduğu için, plastikteki tüm zehirli kimyasallar (insan vücudundaki endokrin sistemi bozan ve kansere sebep olabilen) hızla sirkeye geçebilir.
- Katı meyve sıkacağı bulamayanlar, elmaları iri küp şeklinde doğrayıp kavanozun içine yerleştirdikten sonra üzerini örtecek miktarda su ve 1-2 yemek kaşığı bal ilave ederek de (hazırlama kısmındaki aşamalarla) elma sirkesini yapabilirler.
- Günümüzde sirkenin doğal tadının unutulması ve pek tercih edilmemesinin ana sebepleri; fabrikasyon yöntemler ile üzüm veya elma gibi meyvelerin çok kısa sürede fermente edilmesi, içerisine mayalama amacı ile E260 olarak tanımlanan asetik asit konulması, koruma amacı ile (ki hakiki sirkenin koruyucuya ihtiyacı olmaz) E223 olarak tanımlanan antioksidan (sodyum metabisülfit) katılması, ayrıca bu tür işlemlerle üretilen sirkelerin çoğunun kükürt dioksit içermesidir. Fabrikasyon yöntemlerle üretilen sirkelerin her zaman aynı renk, tat ve kokuda olmasının sebebi de bunlardan kaynaklanmaktadır.

- *Rahmetli annem yediği elmanın kabuklarını atmaz; 7-10 gün boyunca bir kavanozda (üzerini örtecek miktarda su koyarak) biriktirirdi ve daha sonra şeker veya bal ile mayalayarak sirkesini kurardı. Tabii dolayısıyla evimizin mutfağından 'sirke sineği' misafirlerimiz hiç eksik olmazdı. Büyük aşklar nefretle başlarmış ya! Benim ilk zamanlar sirke sinekleri ile aram pekiyi değildi ama daha sonra rahmetli annem, sirkecilik ve turşuculuk yaparak geçinmiş olan halasından aldığı sirke elini ve formüllerini bana vererek, şimdilerde büyük aşkla yaptığım doğal sirke üretimi işine başlamama vesile oldu. (N. Doğan)*

ÜZÜM SİRKESİ

Geleneksel Fermantasyon Usûlü

Sonbaharda yapılabilir.

Malzeme

2 kg kokulu kırmızı üzüm

2-3 yemek kaşığı bal

3 litrelik cam kavanoz

Hazırlama

1. Üzümleri iyice yıkayın ve derin bir cam kâse içinde ezin.
2. Ezdiğiniz üzümleri cam kavanoza koyun (kavanozun üst kısmında bir karış kadar taşma payı kalmasına dikkat edin), üzerine balı ilave edip karıştırın.
3. Daha sonra kavanozun ağzı hava alacak şekilde üzerine tülbent bir bez örtüp, kenarlarından bağlayın (sinek, toz girmemesi için). Güneş alan bir pencere varsa cam kenarına yoksa ılık ve loş bir ortama koyun.
4. İlk haftalarda 2-3 günde bir kavanozun ağzını açıp tahta bir kaşıkla karıştırın ve tekrar tülbentle kapatın.
5. 4-6 hafta kadar zaman geçince sirkenin üzerinde denizanası şeklinde bir maya ve kavanozun ağız kısmında da sirke bakterileri dediğimiz minik kurtçuklar oluşur. Bu, sirke fermantasyonunun başladığının işaretidir. Bu aşamada üzüm suyunu posasından ayırmak için temiz bir tülbentten ya da ince delikli bir kevgirden ilk süzme işlemini yapın.
6. 8-10 hafta sonra dibinde tortular oluşacaktır. Tekrar temiz bir tülbent bezden süzün. 4-6 hafta daha dinlendirin.
7. 14-16 hafta sonra süzme işlemini tekrar edin. Bu işlem sirkenin tadı damak tadınıza uygun olacak şekilde 3-6 ay boyunca devam edebilir. Normal lezzette bir üzüm sirkesi ortalama 4-6 ayda olur.

8. En son süzme işleminden sonra şişelere boşaltın ve şişelerin ağzını hava almayacak şekilde sıkıca kapatarak, serin bir yerde muhafaza edin.

Not:

- Üzüm alırken, tarım ilacı sıkılmadan, doğal olarak, egzoz gazı olmayan yol kenarlarından uzak bölgede yetiştirilmiş olup olmadığını mutlaka sorgulayın. Üzüm sirkesini kurarken de (elma sirkesinde olduğu gibi) su katmadığımız için asit derecesi yüksek, sert bir sirke olacaktır. Bunu yumuşatmak isteyenler, sirke olduktan sonra içerisine 1-2 su bardağı su ilave ederek 2-3 hafta daha bekletebilirler.
- Üzüm sirkesini de, elma sirkesi tarifinin not kısmında bahsettiğimiz gibi bal ilave etmeden daha uzun süre bekleyerek fermente etmeniz mümkündür.

DOMATES SALÇASI

Güneşte Bekletme Usûlü

Yaz ve sonbaharda yapılabilir.

Malzeme

5-10 kg domates (olgun)
Kristal kayatuzu (ağız tadına göre)
Sızma zeytinyağı

Hazırlama

1. Domatesleri yıkayın ve kabuklarını soymadan, iri iri doğrayıp, geniş bir tencerenin içine koyun. Tencereyi orta ısıdaki ocağın üstüne koyup, ara sıra karıştırarak, kaynamaya başlamasını bekleyin ve kaynamaya başlayınca ateşi kısın, ara sıra karıştırıp dibinin tutmasını önleyerek suyunu çekene kadar (60-90 dakika) kısık ateşte kaynatın.
2. Daha sonra ateşi söndürüp tencereyi soğumaya bırakın.
3. Domatesler soğuduktan sonra ince delikli bir süzgeçten, iyice ezdirerek süzün.
4. Süzdüğünüz domatesleri çelik, emaye veya cam bir tepsiye dökün, üzerine tuz serpin ve temiz bir tülbent bezle örtüp, güneşe bırakın.
5. Salçayı her gün karıştırarak, güneşte bekletip, katılaşmasını sağlayın (ortalama 3-5 gün).
6. Salça koyu bir kıvama geldiğinde cam saklama kaplarına doldurun. Üzerine ince bir tabaka halinde zeytinyağı dökün ve kapağını kapatıp buzdolabında saklayın.

Not:

- Domateslerin güneşte iyice kızarıp olgunlaşmış olmasına dikkat edin.
- İlaçsız ve hormonsuz olarak yetiştirilmiş tarla domatesini ya da organik domatesi tercih edin.
- Doğal domatesi anlamanın en iyi yolu, önce satıcıyı sorgulamak, sonra domatesi elinize alıp koklamak ve eğer 30'lu yaşlardaysanız çocukluğunuzda yediğiniz domatesi gözünüzün önüne getirip onunla kıyaslamaktır. Ayrıca market yerine semt pazarlarından, bahçesinde satan ve dalından toplamaya izin veren köylülerden ya da kontrol altında olan organik pazarlardan almayı tercih edin. Eğer kestiğinizde içinde beyaz damarlar yoksa, baş kısmında kılçığa benzeyen garip küçük dikenler ve sert tabaka yoksa, içi çekirdekli, dolgun ve kumlu gibiyse, kokusu içinizi rahatlatıyorsa, kabukları inceyse, seçerken yumuşaklığını ve doğallığını hissedebiliyorsanız o domates yüksek ihtimalle doğaldır.
- Domates salçasını, arzu ederseniz domatesleri hiç kaynatmadan rendeleyip, çekirdeklerinden ayırmadan ve daha uzun süre sadece güneşte bekleterek de yapabilirsiniz.

GÜNEŞTE BİBER SALÇASI

Mersin Yöresi

Yaz ve sonbaharda yapılabilir.

Malzeme

5-10 kg kırmızı salçalık biber (güneşte iyice kızarmış)
Kristal kayatuzu (ağız tadına göre)
Sızma zeytinyağı
Kıyma makinesi

Hazırlama

1. Biberleri yıkayın, çekirdeklerini çıkarın ve kurumaya bırakın.
2. Daha sonra biberleri kıyma makinesinden (elinizde varsa özel biber çekme makinesi de olabilir) geçirin ve büyük çelik veya beyaz emaye tepsilere dökün, yayın ve hafif tuzlayın. Daha sonra tepsilerin üzerini temiz tülbentle örterek, toz toprak almayan bir yerde güneşe bırakın. Salçayı her gün karıştırarak, güneşte bekletip, katılaşmasını sağlayın (ortalama 5-8 gün).
3. Salça koyu bir kıvama geldiğinde cam saklama kaplarına doldurun. Üzerine ince bir tabaka halinde zeytinyağı dökün ve kapağını kapatıp buzdolabında saklayın.

DOLMALIK PATLICAN KURUTMA

Yaz ve sonbaharda yapılabilir.

Malzeme

3 kg patlıcan (doğal yetişmiş orta boy patlıcanlardan)

Hazırlama

1. Patlıcanları güzelce yıkayın, baş kısımlarını kesin. İki parçaya bölün ve içlerini oyun. İçi boşalmış patlıcanları, bir iğne iplik yardımıyla ipe dizin ve gölge bir yerde kurutun.
2. Kuruduktan sonra patlıcanları nem almayan kuru bir yerde saklayın.

Not:

- Patlıcan içlerini atmayın! Patlıcanları temizlerken, büyük bir kâseye bir miktar su koyun, içine 1 limonun suyunu ilave edin. Oyduğunuz patlıcanların içini, kararmaması için limonlu suya atın. Daha sonra suyunu süzüp, 'Salatalar ve Mezeler' ve 'Sebze Yemekleri' bölümünde yer alan patlıcanlı tariflerden birini yapabilirsiniz.

DOLMALIK BİBER KURUTMA

Yaz ve sonbahar mevsiminde yapılabilir.

Malzeme

3 kg dolmalık biber (doğal yetişmiş küçük boy dolmalık biberlerden)

Hazırlama

1. Biberleri güzelce yıkayın, baş kısımlarını kesin, içlerini temizleyin.
2. İçi boşalmış biberleri, bir iğne iplik yardımıyla ipe dizin ve gölge bir yerde kurutun. Kuruduktan sonra biberleri de nem almayan kuru bir yerde saklayın.

KAHVALTILIK ÇEMEN SOSU

Kayseri Yöresi

Dört mevsim yapılabilir.

Malzeme

Çemen sosu için

2 yemek kaşığı çemen otu tohumu (taze öğütülmüş)

4 yemek kaşığı kırmızıbiber

1 tatlı kaşığı kimyon
1 çay kaşığı karabiber
Kristal kayatuzu (ağız tadına göre)
8-10 diş sarımsak
Ilık su
Kahvaltılık için
1 yemek kaşığı çemen sosu
1 yemek kaşığı domates salçası
Yarım çağ bardağı ceviz içi (havanda ezilmiş)
2 yemek kaşığı sızma zeytinyağı
Yarım demet maydanoz

Hazırlama

1. Sarımsakları soyun ve rendenin ince tarafından rendeleyin ve üzerine ılık su koyun. Çemen otu tozunu, kırmızıbiberi, karabiberi, kimyonu ve az miktarda tuzu karıştırıp, sarımsakların üzerine ilave edin ve karıştırın. Gerekirse su ilave edin ama fazla sıvı olmamasına dikkat edin. Daha sonra bir kavanoza koyup muhafaza edin.
2. Kahvaltılık çemen mezesi yapmak istediğinizde, hazırladığınız çemenden 2-3 yemek kaşığı kadar alıp bir kâseye koyun. Üzerine salça, zeytinyağı ve ezilmiş ceviz içini ilave edip karıştırın. Maydanozları yıkayın ve ince ince doğrayın. Kahvaltılık çemeni doğranmış maydanozla süsleyip, servis edin.

Not:

- Kış aylarında, haşlanmış yumurta, pastırmalı yumurta veya omlet yanında servis edebilirsiniz. Çemen otu tohumunun ezilip diğer baharatlarla ve sarımsakla karıştırılmasıyla oluşturulan koyu kırmızı hamur, başta Kayseri olmak üzere ülkemizde pastırma yapımında kullanılır. Çemen adıyla anılan bu karışım, pastırmaya lezzet ve farklı bir koku eklemenin yanında, onun uzun süre bozulmadan kıvamlı kalmasına da katkı sağlar.

KAHVALTILIK CEVİZLİ SALÇA

Trakya Usûlü

Dört mevsim yapılabilir.

Malzeme

1 çay bardağı domates salçası
1 çay bardağı biber salçası

Yarım çay bardağı elma sirkesi
100 gr ceviz içi (havanda ezilmiş)
2-3 diş sarımsak (arzuya göre)
1 tatlı kaşığı kekik
1 tatlı kaşığı nane
1 çay kaşığı kimyon
1 çay kaşığı karabiber

Hazırlama

1. Domates ve biber salçasını cam bir kâsede karıştırın. Üzerine sirkeyi ilave edip, tekrar karıştırın. Ezilmiş cevizleri, kekik, nane, kimyon ve karabiberi de salçalı karışıma ilave edin.
2. Sarımsakları soyarak havanda ezin ve en son bunu da salçalı sosa ekleyip (eğer sarımsak sevmiyorsanız koymayabilirsiniz) iyice karıştırın.
3. Hazırladığınız bu salçalı sosu bir cam kavanoza koyup muhafaza edin.

Not:

- Özellikle taze domates ve biberin bulunmadığı kış aylarında, haşlanmış yumurta veya omlet yanında servis edebilirsiniz.

EV SUCUĞU

Geleneksel Anadolu Usûlü

Yaz ve sonbaharda yapılabilir.

Malzeme

2 kg kıyma (dana etinden)
250 gr içyağı
2-3 diş sarımsak
1 yemek kaşığı karabiber
1 yemek kaşığı kimyon
1 yemek kaşığı kırmızıbiber (acılı istenirse acı pul biber)
1 yemek kaşığı kristal kayatuzu (ağız tadına göre ayarlanabilir)
3-4 metre bağırsak

Hazırlama

1. Kıymayı, kasapta kıyma makinesinden iki kere çektirerek hazırlatın. İç yağını da bir kere çektirip, ayrı olarak hazırlatın. Sarımsakların kabuklarını soyup çok ince bir şekilde (satır kıyması yapar gibi) doğrayın.

2. Kıymayı ve içyağını büyük bir yoğurma kabına koyup, doğranmış soğan, sarımsak, kırmızıbiber, karabiber, kimyon ve tuz ile iyice yoğurun.
3. Yoğurduğunuz eti buzdolabına koyup 1 gün dinlendirin. Ancak bu süreçte eti 2-3 saatte bir yoğurarak, iyice özlenmesini yani baharatlarla etin birbirine karışıp mayalanmasını sağlayın. Bu süreç sonunda etten küçük bir parça alıp köfte yapın ve pişirin. Etin tadı damak tadınıza uygunsa, bağırsağa doldurma işlemine geçin. Değilse ağız tadınıza göre baharatları ayarlayıp tekrar yoğurun ve 2-3 saatte bir yoğurma işlemini tekrarlayarak 12 saat kadar daha buzdolabında dinlendirin.
4. Bu arada bir kaba sirkeli (yarım çay bardağı beyaz üzüm sirkesi) ve tuzlu (1 yemek kaşığı kristal kayatuzu) su (2 litre sıcak su) hazırlayın ve dolduracağınız bağırsakları 3-4 saat önceden sirkeli-tuzlu suda bekletin.
5. Doldurma işlemine gelince, evde kıyma makineniz varsa huni biçimli ağzı takın, yoksa sadece bir huni yardımıyla kıymayı bağırsaklara doldurun.
6. Dolum işlemi sırasında hava boşluğu kalmamasına, bağırsağı patlatmamaya ve boşluk bırakmamaya dikkat edin.
7. Sucuk doldurma işlemi tamamlandıktan sonra sucukları kangal şeklinde bağlayın, havadar ve kesinlikle güneş görmeyen bir yere ip gererek asın.
8. Havanın durumuna bağlı olarak 4-6 gün içinde sucuklar fazla suyunu kaybeder, rengi kahverengine dönüşür ve yenecek hale gelirler. Daha sonra temiz bir beze sararak buzdolabında ya da fazla miktarda ise derin dondurucuda saklayabilirsiniz.

Not:

- *Şimdilerde sucuk yaparken içine soğan pek konmuyor. Sucuğa soğan konur mu demeyin! Rahmetli dedem hem lezzet vermesi hem de mayalanma sırasında etin içinde zararlı bakteri üremesi için mutlaka kuru soğan da koyarmış. Ancak soğanın sulanmaması için onu rendelemez, ince ince (satır kıyması gibi) kıyarmış. Ayrıca güzel kokması için de Rumeli yöresinde göçmenlerin 'cıbrısa' dedikleri bir otu da ilave edermiş. (N. Doğan)*

KIRMA ZEYTİN

Kuşadası Yöresi

Sonbaharda yapılabilir.

Malzeme

2 kg yeşil zeytin
200 gr kristal kayatuzu

3 adet limon
Su
5 kg'lık cam kavanoz

Hazırlama

1. Yeşil zeytinleri güzelce yıkayın.
2. Tahta bir sofra üzerinde, tahta bir merdane veya tokmak ile üzerlerine vurarak kırın.
3. Kırılmış zeytinleri cam bir kavanoza koyup, üzerini örtecek miktarda su ilave edin. İki gün bekletip suyu dökün ve yeni su koyun. Zeytinleri acısı gidip tadı gelene kadar, yani ortalama 15-20 gün boyunca aynı işlemi iki günde bir tekrar edin (ortalama 5-10 defa zeytin suyu değişiyor).
4. Zeytinlerin acısı gittikten sonra son bir defa yıkayın ve kavanoza doldurun.
5. Limonları yıkayıp dilimleyin ve zeytinlerin arasına yerleştirin.
6. Tuzlu suyu hazırlayın. Zeytinleri üzerine dökün, kavanozun ağzını kapatıp serin ve kuru bir yerde muhafaza edin.
7. 7-10 gün sonra zeytinleriniz servise hazırdır. Arzu ettiğiniz zaman tüketebilirsiniz.

Not:

- Limon ile yapılan zeytinler uzun süre dayanmaz, yumuşayabilir. Bu sebeple ara sıra (15-20 günde bir) kontrol ederek, eğer suyunda bozulma veya zeytinlerde yumuşama görürseniz, zeytini kurarken yaptığımız yöntemle tuzlu suyunu ve limonlarını tazeleyebilirsiniz.

ÇİZİK ZEYTİN

Kuşadası Yöresi
Sonbaharda yapılabilir.

Malzeme

2 kg yeşil zeytin
200 gr kristal kayatuzu
3 adet limon
Su
5 kg'lık cam kavanoz

Hazırlama

1. Yeşil zeytinleri güzelce yıkayın.

2. Daha sonra bir bıçakla zeytinlerin üzerine, iki üç yerinden çizik atın.
3. Çizilmiş zeytinleri cam bir kavanoza koyup, üzerini örtecek miktarda su ilave edin. İki gün bekletip, suyu dökün ve yeni su koyun. Zeytinleri acısı gidip, tadı gelene kadar, yani ortalama 20-30 gün boyunca aynı işlemi iki günde bir tekrar edin (ortalama 10-15 defa zeytin suyu değişiyor).
4. Zeytinlerin acısı gittikten sonra son bir defa yıkayın ve kavanoza doldurun.
5. Limonları yıkayıp, dilimleyin ve zeytinlerin arasına yerleştirin.
6. Tuzlu suyu hazırlayın. Zeytinleri üzerine dökün, kavanozun ağzını kapatıp, serin ve kuru bir yerde muhafaza edin.
7. 10-15 gün sonra zeytinleriniz servise hazırdır. Arzu ettiğiniz zaman tüketebilirsiniz.

Not:

- Çizik zeytin kırma zeytine göre daha uzun sürede olur.
- Bu tarifte de kırma zeytinden olduğu gibi limon ile yapılan zeytinler uzun süre dayanmaz, yumuşayabilir. Bu sebeple ara sıra kontrol ederek, eğer suyunda bozulma veya zeytinlerde yumuşama görürseniz, zeytini kurarken yaptığımız yöntemle tuzlu suyunu ve limonlarını tazeleyebilirsiniz.

SELE ZEYTİNİ

Kuşadası Yöresi

Sonbaharda yapılabilir.

Malzeme

2 kg siyah zeytin

400 gr kristal kayatuzu (az tuzlu isterseniz 250 gr)

Bez çuval

Taş veya tahta ağırlık

Hazırlama

1. Zeytinleri güzelce yıkayın ve bez bir çuvala doldurun.
2. Üzerine tuzu koyup, çuvalı sallayarak içindeki zeytinleri harmanlayın (tuz ve zeytinin iyice karışmasını sağlayın).
3. Daha sonra çuvalı, zeytin sularının süzülebileceği bir yüksekliğe koyup, üzerine taş ve tahta bir ağırlık koyun. Eğer açık bir balkona ya da terasa bırakacaksanız fazla rüzgâr almayan bir yer olmasına dikkat edin!
4. Küf tutmaması için ortalama 30-40 gün boyunca 2-3 günde bir çuvalı

çalkalayarak zeytinlerin hava almasını sağlayın.
5. Arada zeytinlerin tadına bakın. Acısı gidince olmuş demektir.
6. Zeytinler olunca, iri kalan tuzlardan ayırıp cam kavanozlara doldurun, üzerine sızma zeytinyağı dökün, kavanozun kapağını kapatıp serin ve kuru bir yerde muhafaza edin.
7. Arzu ettiğiniz zaman bir miktar alıp servis edin.

Not:

- Servis edeceğiniz zaman kekik, pul biber, limon suyu ile servis edebilirsiniz. Eğer zeytinlerin tadı çok tuzlu gelirse, servis etmeden önce suda bekletebilirsiniz.
- Sele zeytini çabuk tüketilmelidir. Uzun süre dayanmaz!

SALAMURA SİYAH ZEYTİN

Kuşadası Yöresi

Sonbaharda yapılabilir.

Malzeme

2 kg siyah zeytin
200 gr kristal kayatuzu
5 litrelik cam kavanoz

Hazırlama

1. Zeytinleri güzelce yıkayın ve kavanoza doldurun.
2. Üzerine tuzu koyup karıştın ve kavanozun kapağını kapatıp serin ve kuru bir yerde dinlendirin.
3. Zeytinlerin küf tutmaması ve suyunu salması için ortalama ilk 30-40 gün boyunca 2-3 günde bir karıştırın. Daha sonra haftada bir kavanozu sallamaya devam ederek 90-120 gün bekletin.
4. Arada zeytinlerin tadına bakın. Acısı gidince olmuş demektir.
5. Zeytinler olunca, servis etmeden önce, servis edeceğiniz miktarda zeytini kavanozdan alıp yıkayın ya da tuzlu ise suda bekletin. Daha sonra süzüp üzerine zeytinyağı, kekik, pul biber vb ilave ederek servis edin.

Not:

- Arzu ederseniz zeytini kurarken kavanozlara az miktarda sirke ve zeytinyağı da ilave edebilirsiniz.
- Bu tip zeytin uzun süre dayanır.

Beşinci Bölüm:

DİNÇLEŞTİREN VE KALICI KİLO VERDİREN TARİFLER

Verimli bir gün için sağlıklı ve doyurucu
KARATAY KAHVALTISI

- Kahvaltı, 24 saatlik gün içinde en önemli öğündür. Kuvvetli, bol protein ve sağlıklı yağ (tereyağı) içeren bir kahvaltının, metabolizmayı 12 saat süre ile %30 kadar hızlandırdığı gösterilmiştir. Bu şekilde bir kahvaltının hızlandırdığı metabolizma sonucu, harcanan kalori miktarı 4-5 kilometrelik bir koşuda harcanan kalori-enerji miktarına eşdeğerdir.[80]
- Bu nedenle iki adet az pişirilmiş (kayısı kıvamında) yumurta, bir avuç içi kadar (bir kibrit kutusu kadar değil) beyazpeynir veya çökelek sabah yenecek en önemli besin kaynaklarıdır. Yumurta ve protein tüketmenin dejeneratif hastalıklar, özellikle kalp ve damar hastalıkları için risk faktörü olmadığı Harvard Tıp Fakültesi Beslenme Bölümü'nün senelerce yürüttüğü geniş kapsamlı çalışmalarla gösterilmiştir.[81, 82]
- Yumurta yemekten bıkanlar ya da yumurta alerjisi gelişmiş olanlar için, sabah kahvaltısında kuzey ülkelerinde olduğu gibi soğuk balık yemelerini öneriyorum. Ayrıca Anadolu'da yaygın bir şekilde yıllardan beri uygulandığı gibi domates suyunda haşlanmış kuru fasulye de yenebilir. Başka bir alternatif olarak bir adet muz, bir ince belli çay bardağı dolusu ceviz ve 10-15 adet zeytin olabilir.
- Sabah alınan yüksek enerjili gıdalar, gün boyu kendimizi dinç hissetmemize ve işlerimizi enerjik bir şekilde yapmamıza yardımcı olacaktır.
- Sabah kahvaltısında sağlıklı protein için, özgür tavuk yumurtası, normal yağlı peynir, et, balık, pastırma, evde yapılmış sucuk veya yoğurt yenebilir. Sağlıklı yağ olarak doğal köy tereyağı ve soğuk sıkım sızma zeytinyağı kullanılabilir.
- Sağlıklı karbonhidrat olarak da baklagiller grubu yani fasulye, mercimek, barbunya, börülce ya da kuruyemiş grubundan fındık, fıstık, ceviz ve ba-

[80] Richards BJ., Richards MG. Mastering Leptin., pg.142.Wellnes Resources Books publisher 2nd ed., USA 2005.
[81] Hu,F., W. Willet, et al. A prospective study of egg consumption and risk of cardiovascular disease in men and women. JAMA 281(1999): 1387-1394.
[82] Hu.F., W.Willet, et al. Dietary protien and risk of ischemic heart disease in women. Am J Clin Nutr 70 (1999): 221-227.

dem tüketilebilir. Nohut, leblebi ve bezelye yüksek oranda nişasta yani şeker içerdikleri için kısıtlı olarak tüketilmelidir (karbonhidrat oranı yüksektir)!

- Ayrıca 10-15 adet zeytin, domates, biber, salatalık, turp yenmesi gereken diğer yiyeceklerdir. İçecek olarak da süt, ayran, şekersiz ya da tatlandırıcısız çay ve kahve içilebilir.
- Sabah kahvaltısından sonra açlık hissetmeden 4-5 saat geçiremiyor ya da 1-2 saat içinde acıkıp, bir şeyler atıştırmadan duramıyorsanız, biliniz ki sabah kahvaltıda yedikleriniz sağlığınıza zarar vermektedir! Özellikle ince bir dilim ekmek, kahvaltılık mısır gevrekleri, simit ve poğaçalar; bal, reçel ve tatlılar; hazır ya da taze sıkılmış meyve suları; çaya konulan şeker ve tatlandırıcılar bu zararlı yiyecekler arasında sayılabilir.

KARATAY KAHVALTI TABAĞI

07.00-09.00 Arası (Her sabah)

- Az pişmiş 2 adet yumurta
  Haşlanarak rafadan veya kayısı kıvamında ya da tavada düşük ısıda saf tereyağında fazla katı olmadan pişirilebilir. Omlet, menemen, çılbır, mıhlama, pastırmalı yumurta yapılabilir. (Saf tereyağı, pastırma ve az pişirilmiş yumurtanın faydaları hakkında daha geniş bilgileri 'Karatay Diyeti' ve 'Karatay Diyeti'yle Yaşam Boyu Sağlık' kitaplarında bulabilirsiniz. Kahvaltıda yiyebileceğiniz yumurtalı yemek tariflerini de kitabımızda 'Yumurtalı Lezzetler' bölümünde bulabilirsiniz.)
- Bir avuç içiniz kadar az tuzlu peynir
  Az yağlı, light ya da krem peynir olmayacak! Koyun, inek veya keçi sütünden klasik beyazpeynir, eski kaşar, Erzincan deri tulumu, İzmir tulumu, Balıkesir sepet peynir vb yöresel peynirler olabilir. Ancak yanında herhangi bir ekmek, poğaça, simit vb yenmeyecek!
- Bir ince belli çay bardağı ceviz, fındık, fıstık, badem veya yerfıstığı[83] içi
  Kuruyemişler kavrulmamış ve tuzlanmamış olacak!
- Az tuzlu 10-15 adet zeytin
  Üzerine zeytinyağı, limon, kekik ve pul biber eklenebilir.
- Domates, biber, salatalık, turp, maydanoz, nane, roka vb
  Doğal ve mevsiminde olmak şartı ile arzu edildiği kadar yenebilir.
- Limonlu çay veya süt içilebilir
  Şekersiz ve tatlandırıcısız olarak!

[83] Hu,F.,et al., Frequent nut consumption and risk of coronary coronary heart disease in women:Prospective cohort study. Boston Medical Journal. 317 (1998):1341-45.

Enerji veren
YUMURTALI LEZZETLER

Yumurtanın Faydaları, Yumurta Pişirmede Dikkat Edilecek Noktalar

- Doğal olan yumurta, doyurucu ve tok tutucudur, çünkü glisemik indeksi sıfırdır! Bu nedenle, kilo vermek isteyenler için ideal bir temel besin maddesidir.
- Karbonhidrat içermez. Bu nedenle uzun süre tokluk hissi verir ve acıkmayız. Uzun süre tokluk hissimizin devam etmesi sonucu sağlıklı kilo verir, verdiğimiz kiloda kalır ve tabii ki gücümüzü kazanırız.
- Doğal (özgür olarak gezinen ve doğal yemle beslenen) tavukların yumurtası kan kolesterolünü yükseltmez. Aksine kolesterol derdine düşmeden ve sağlıklı bir hayat sürmek için her gün iki adet bütün doğal yumurta yenmelidir.
- Dikkat edilecek en kritik nokta, yumurtaların çok katı olarak haşlanmamış olmasıdır! Yumurtaları yağda kavurmadan, yakmadan, yani doğallıklarını bozmadan pişirmek gerekmektedir.
- Yumurta uzun süre haşlandığı zaman, sarısının etrafında gri-yeşil bir renk oluşmakta ve ağzımıza aldığımızda dağılıp un ufak olmaktadır. Bu durumdaki yumurtalar artık yumurta değildir ve hepimizin de bildiği gibi tadı tamamen değişmiştir. Aşırı pişirilme ve haşlanma sonucu, doğallığını kaybetmiş olan yumurta sarısı içinde bol miktarda trans yağ meydana gelmiştir. İşte, asıl sağlığa zararlı olan, doğal yumurtanın kendisi değil de kötü pişirilme sonucu ortaya çıkan trans yağlardır.
- Yumurtalar rafadan ya da kayısı kıvamında suda haşlanabilir, saf tereyağında pişirilebilir veya omlet olarak hazırlanabilir. Bu yollarla doğal bir şekilde tüketilen yumurta kan kolesterolünü yükseltmez.
- İşlem görmemiş olan bir yumurtanın içinde bulunan doğal vitamin, mineral, temel aminoasit ve Omega-3 düzeyleri eksilmemiş, bozulmamış ve yok olmamıştır. İnsan vücudu protein yapabilmek için yapıtaşı olan

aminoasitleri kullanır. Bazı aminoasitleri ise üretemez. Bu aminoasitleri gıdalarla ve yiyeceklerle almak zorunluluğu vardır. Sağlıklı bir organizma için yiyeceklerle mutlaka organizmaya girmesi gereken bu aminoasitlere, temel ya da esansiyel aminoasit demekteyiz. Bir tam yumurtada, olmazsa olmaz 9 temel aminoasit bulunmaktadır.

Yumurtadaki 9 Temel Aminoasidin İnsan Vücudu İçin Önemi

- Yumurta proteini, insan proteinlerine en yakın olan proteindir.
- Temel olan 9 aminoasidin tek kaynağı yumurtadır ve başka besinlerle vücudumuza giremezler. Lesitin temel bir aminoasit olarak yumurtada bulunan önemli yapıtaşlarından biridir. Sağlıklı bir cilt, tırnak ve saçlar için gerekli olan bir aminoasittir.
- Yumurtanın temel aminoasitlerinden biri de 'kolin'dir. Kolin, karaciğer yağlanmasını önleyen, sinir iletilerini (asetilkolin olarak) kolaylaştıran ve bütün sinir sisteminin sağlıklı bir şekilde çalışması için şart olan bir aminoasittir. Tam bir yumurtada birçok doğal vitamin ve mineral de bulunmaktadır. Bütün bir yumurtada bulunan değerli vitamin ve minerallerin vücuda girmesi için, yumurtanın doğal bir şekilde az pişmiş olarak (trans yağlar oluşturmadan) tüketilmesi gerekmektedir.
- Yumurtanın bağışıklık sistemini kuvvetlendirdiği de gösterilmiştir. Yumurtada bulunan temel aminoasitler bir proteinli hormon olan glukagon hormonunun salgılanmasını da sağlar.
- Glukagon hormonunun ve kuvvetli bir kahvaltıda bol protein yemenin faydalarını önceki bölümlerde açıklamıştık. Harvard Tıp Fakültesi Beslenme Bölümü'nde hazırlanan yeni beslenme önerilerinde de günde 2 yumurta tüketmenin sağlıklı olduğu bildirilmektedir.[84]

Taze Yumurta ile Bayat Yumurta Arasındaki Farklar

- Yumurta satın alırken öncelikle doğal yemle beslenen ve serbest dolaşan özgür tavukların doğal yumurtası olup olmadığını sorgulayın. Pazardan alıyorsanız, canlı tavuk satan (İstanbul'daki pazarlarda bile halen var) köylü pazarcıların yumurtalarını tercih edebilirsiniz. Ayrıca organik sertifikalı ürünlerin satıldığı Buğday Derneği bünyesindeki veya Ekolojik

[84] Willet W. et al. Eat, Drink and Be Healthy. Simon & Schuster Publish New York NY, 2001.

Üreticiler Derneği bünyesindeki pazarları tercih edebilirsiniz.

- Marketten alıyorsanız ambalajlarındaki etiketi okuyarak nasıl yetiştirildiği hakkında bilgi alabilirsiniz. Artık büyük marketlerin hemen hepsinde organik ürün reyonları bulunuyor. Oralardaki sertifikalı organik ürünleri tercih edebilirsiniz.
- Yumurta ışığa tutulduğu zaman parlaksa taze, eğer esmer, bulanık ve lekeli bir görünümde ise bayattır. Yumurta bayatladıkça hava boşluğu fazlalaşacağı için sallandıkça içi hareket eder, ses gelir. Taze yumurtada bu ses yoktur.
- Yumurta tuzlu suya atıldığında dibe çökerse taze, ortada olursa bayatlamaya başlamış, üste çıkarsa tamamen bayatlamış demektir.
- Taze yumurta ağır, bayat yumurta hafiftir. Çünkü yumurta bayatladıkça içindeki su buharlaşarak ağırlığını kaybeder.
- Yumurta kırıldığı zaman sarısı dağılmıyor, bütün ve canlı bir şekilde kalıyorsa, akı da parlak ve saydamsa büyük ihtimalle tazedir ama her ihtimale karşı kokusunu da kontrol etmek gerekir. Ancak sarısı dağılıyorsa ya da sarısının üzerinde garip lekeler varsa, akı bulanık bir renkteyse ve ağır kokuyorsa bayattır, bu durumdaki yumurta kesinlikle yenmemelidir!

BİBERİYELİ OMLET

Dört mevsim yapılabilir.

Malzeme

2 adet yumurta
1 tatlı kaşığı kuru biberiye (havanda ezilmiş)
Kristal kayatuzu, karabiber, pul biber, kimyon (ağız tadına göre)
1 tatlı kaşığı kadar tereyağı
Bir avuç içi kadar beyazpeynir

Hazırlama

1. Yumurtaları bir kâsenin içine kırın ve iyice çırpın.
2. Çelik bir omlet tavasını ocağın üstüne koyun, tereyağını içine atın ve orta ısıdaki ateşte eritin, göz göz olmaya başlayınca yumurtayı tavaya dökün ve ateşi kısın. Omletin üzerine birer tutam karabiber, pul biber, kimyon ve tuz sepin. En son biberiyeyi de serpiştirin.
3. Altı hafif pişmeye başlayınca iki yanından içe doğru katlayarak, omleti rulo haline getirin. İç kısmı fazla pişmeyecek şekilde biraz daha ocağın üstünde tutun, sonra ateşi söndürün ve omleti bir servis tabağına alıp servis edin.

MAYDANOZLU OMLET

Dört mevsim yapılabilir.

Malzeme

5 adet yumurta
1 büyük demet maydanoz
2 yemek kaşığı zeytinyağı
1 çay kaşığı karbonat
Kristal kayatuzu, karabiber (ağız tadına göre)

Hazırlama

1. Maydanozu ayıklayıp sirkeli suda bekletin ve durulayıp ince ince kıyın.
2. Yumurtaları geniş bir kâseye kırın, karabiber ve tuzla birlikte iyice çırpın. Karbonatı ekleyip karıştırın. Doğranmış maydanozu da ilave edin.
3. Omlet yapmaya uygun bir tavaya zeytinyağını koyun ve hafif ısıtın.
4. Hazırladığınız yumurtalı karışımı tavaya dökün. Altı pişince geniş bir spatula yardımıyla ters çevirin. Diğer yüzü de pişince ateşi söndürün. Omleti servis tabağına koyup servis edin.

Not:

- Omlet yaz ve sonbahar aylarında domates, salatalık; kış ve ilkbahar aylarında da salatalık turşusu veya biber turşusu ile servis edilebilir.
- Bu tarifi bizimle paylaşan Sayın Meriç Koloğlu'na teşekkür ederiz.

TEREYAĞINDA YUMURTA

Dört mevsim yapılabilir.

Malzeme

1 tatlı kaşığı tereyağı
2 adet yumurta
Kristal kayatuzu, kırmızıbiber (birer tutam)

Hazırlama

1. Kapaklı bir tavayı ocağın üstüne koyun, tereyağını içine atın ve orta ısıdaki ateşte eritin, göz göz olmaya başlayınca yumurtaları tavaya kırın ve ateşi kısın. Tuz ve kırmızıbiberi serpin. Yumurta akları beyazlaşınca ateşi söndürün ve tavanın kapağını kapatıp, kendi ısısı ile sarılarının kayısı kıvamına gelmesini bekleyin (1-2 dakika) ve servis edin.

Not:

- "Tereyağında yumurtayı ekmeksiz nasıl yeriz?" demeyin! Yanında beyazpeynir ve zeytinle deneyin...

ÇILBIR

Dört mevsim yapılabilir.

Malzeme

4 su bardağı su
2 yemek kaşığı elma sirkesi
4 adet yumurta
1-2 diş sarımsak (arzuya göre)
4-6 yemek kaşığı yoğurt
2 yemek kaşığı tereyağı
Kristal kayatuzu, kırmızıbiber (ağız tadına göre)

Hazırlama

1. Yayvan bir tencereye su ve tuz koyup kaynatın. Sirkeyi ilave edin.
2. Yumurtaları önce küçük bir kâseye kırın (ayrı olarak). Daha sonra kaynamakta olan sirkeli-tuzlu suyun içine birer birer yavaşça bırakın.
3. Yumurtaların akı, sarının etrafını sarıp beyaz renk alıncaya kadar pişirin (yumurta sarısının kayısı kıvamında kalmasına, çok pişmemesine dikkat edin). Daha sonra delikli bir kepçe yardımıyla yumurtaları sudan alıp, servis tabaklarına koyun.
4. Sarımsaklı seviyorsanız, havanda ezilmiş sarımsağı yoğurtla karıştırın ve yumurtaların üzerine birer kaşık yoğurt koyun.
5. Tereyağını küçük bir tavada eritin (kısık ateşte). Kırmızıbiberi koyun, hafif cızlayınca, yoğurtlu yumurtaların üzerlerine gezdirip servis edin.

Not:

- Sarımsak sevmiyorsanız, sade yoğurt kullanabilirsiniz.

SOĞANLI MIHLAMA

Dört mevsim yapılabilir.

Malzeme

4 adet kuru soğan (büyük boy)
2 yemek kaşığı tereyağı

1 çay bardağı su
4 adet yumurta
Kristal kayatuzu, karabiber, pul biber (ağız tadına göre)

Hazırlama

1. Soğanları soyun ve yarım daire şeklinde doğrayın.
2. Genişçe bir tavaya tereyağını koyun ve kısık ateşte eritin. Daha sonra soğanları ilave edin, tavanın kapağını kapatın ve kısık ateşte ara sıra karıştırarak kendi suyu ile pişirin (10 dakika kadar).
3. Soğanlar pişince 1 çay bardağı su ilave edin, bir taşım kaynamasını bekleyin. Tuz, karabiber ve pul biberi koyun. Yumurtalar için küçük havuzlar açın ve içlerine yumurtaları kırın. Tavanın kapağını kapatın.
4. Kısık ateşte yumurtaların akları beyazlaşıncaya kadar pişirin, ocaktan alın ve servis yapın.

YUMURTALI SALATA

Dört mevsim yapılabilir.

Malzeme

1 adet marul (küçük)
Yarım demet maydanoz
4-5 dal taze nane
4-5 dal yeşil soğan
2 adet yumurta
10-15 adet siyah zeytin
1 adet limonun suyu
2 yemek kaşığı sirke
3 yemek kaşığı zeytinyağı
1 tatlı kaşığı hardal
Kristal kayatuzu (ağız tadına göre)

Hazırlama

1. Soğanları temizleyin, marul, maydanoz ve naneyi ayıklayın, hepsini güzelce yıkayın. Yeşil soğanları ince ince doğrayın. Marul yapraklarını, elle iri iri parçalayın. Maydanoz ve naneleri de yaprak yaprak ayırıp marulun üzerine ilave edin. Bir salata kâsesinde hepsini güzelce harmanlayın.
2. Yumurtaları kayısı kıvamında haşlayın, soğutun ve dörde bölerek dilimleyip salatanın üzerine yerleştirin. Zeytinleri serpiştirin.

3. Zeytinyağı, limon ve sirkeyi ayrı bir yerde karıştın ve salatanın üzerine gezdirin. En üste hardalı serpiştirip servis edin.

ZEYTİNLİ YUMURTA

Yaz ve sonbaharda yapılabilir.

Malzeme

3 adet yumurta
150 gr iri siyah zeytin
2 adet tatlı sivribiber
1 yemek kaşığı zeytinyağı
Birkaç dal taze biberiye

Hazırlama

1. Biberleri yıkayın ve çekirdekleri ile birlikte ince halka şeklinde doğrayın.
2. Zeytinleri çekirdeklerini çıkararak, ikiye kesin. Taze biberiyeyi ayıklayıp, ince ince kıyın. Zeytinyağını tavada ısıtın (kısık ateşte) ve biberleri ekleyin. Biberler hafif sararmaya başlayınca, zeytin ve biberiyeyi ilave edin. Hepsini birlikte 2-3 dakika kadar pişirin. Daha sonra bu karışıma, dağılmayacak şekilde yumurtaları kırın (ayrı ayrı).
3. Kısık ateşte yumurtaların akları beyazlaşıncaya kadar pişirin, ocaktan alın (sarılarının fazla katılaşıp pişmemesine dikkat edin) ve servis yapın.

Not:

- Bu tarifi bizimle paylaşan Sayın Meriç Koloğlu'na teşekkür ederiz.

PASTIRMALI YUMURTA

Yaz ve sonbaharda yapılabilir.

Malzeme

4 adet yumurta
2 adet kuru soğan
2 adet domates
100 gr pastırma
1 çay bardağı su
1 yemek kaşığı üzüm sirkesi
1 yemek kaşığı tereyağı
Kristal kayatuzu, karabiber (ağız tadına göre)

Hazırlama

1. Soğanları soyun ve piyazlık şekilde ince ince doğrayın. Domatesleri de soyup, küp şeklinde doğrayın.
2. Pastırma dilimlerini üç-dört parçaya bölün (arzunuza göre çemenleri ile birlikte veya çemenlerini temizleyerek).
3. Genişçe bir tavaya tereyağını koyun ve kısık ateşte eritin, üzerine soğanları ve pastırmaları koyup 2-3 dakika soteleyin. Üzerlerine domatesleri ilave edip, hepsini birlikte 1-2 dakika daha soteleyin ve bir çay bardağı su ile sirkeyi karıştırıp tavaya ilave edin, tavanın kapağını kapatıp kısık ateşte kaynamaya bırakın. Kaynamaya başlayınca 3-5 dakika kadar pişirin.
4. Daha sonra tavadaki malzemelerin üzerine tuz ve karabiber serpip, ortalarına dört tane küçük havuz açın. Bu havuzcuklara yumurtaları kırın ve tavanın kapağını kapatıp 2-3 dakika daha pişirin (yumurtaların akları beyazlaşıncaya kadar) ve tavayı ateşten alıp pastırmalı yumurtaları servis edin.

Not:

- Bu tarifi arzu ederseniz domates koymadan da yapabilirsiniz.
- Pastırma yerine ev sucuğu ile de pişirebilirsiniz.

KIYMALI MIHLAMA

Yaz ve sonbaharda yapılabilir.

Malzeme

4 adet yumurta
4 adet sivribiber
2 adet domates
2 adet kuru soğan
200 gr kıyma (kuzu veya dana)
2 yemek kaşığı tereyağı
Kristal kayatuzu, kırmızıbiber, karabiber, kimyon (ağız tadına göre)
1 çay bardağı su

Hazırlama

1. Soğanları ve domatesleri soyup küçük küp şeklinde doğrayın. Biberleri de yıkayıp, küçük küçük doğrayın.
2. Genişçe bir tavaya tereyağını koyun ve kısık ateşte eritin. Üzerine kıymayı, tuzu, karabiberi, kırmızıbiberi ve kimyonu koyup, rengi değişene kadar kavurun (3-5 dakika).

3. Daha sonra doğranmış soğan, domates ve biberi kıymaya katın, sebzeler suyunu salıp çekene kadar pişirin.
4. Kıyma ve sebzeler pişince tavaya 1 çay bardağı suyu ilave edin, bir taşım kaynamasını bekleyin. Ardından yumurtalar için küçük havuzlar açın ve içlerine yumurtaları kırın. Tavanın kapağını kapatın.
5. Kısık ateşte yumurtaların akları beyazlaşıncaya kadar pişirin, ocaktan alın ve servis yapın.

YUMURTALI TİRİT

Yaz ve sonbaharda yapılabilir.

Malzeme

500 gr kıyma (kuzu veya dana)
1 demet yeşil soğan
1 demet maydanoz
Yarım demet dereotu
4 adet sivribiber
4 adet yumurta
1 yemek kaşığı domates salçası
2 yemek kaşığı tereyağı
Kristal kayatuzu, karabiber, kırmızıbiber, kimyon
1 su bardağı su

Hazırlama

1. Yeşil soğanları temizleyin, yıkayın ve ince ince doğrayın. Maydanoz ve dereotunu da yıkayıp ince ince doğrayın. Biberleri yıkayın, temizleyin ve küçük küçük doğrayın.
2. Tereyağını yayvan bir tencereye koyun, kısık ateşte eritin. Üzerine kıyma, salça, tuz, karabiber, pul biber ve kimyonu koyup karıştırın ve rengi değişene kısık ateşte pişirin (5-10 dakika kadar).
3. Daha sonra doğradığınız yeşil soğan, maydanoz, dereotu ve biberi kıymanın üzerine ilave edin. Suyu da koyun ve tencerenin kapağını kapatıp yine kısık ateşte pişirin (kıyma pişip sebzeler hafif yumuşayana kadar).
4. Ardından tencerede yumurtalar için küçük havuzlar açıp, içlerine yumurtaları kırın. Tencerenin kapağını tekrar kapatın. Kısık ateşte yumurtaların akları beyazlaşıncaya kadar pişirin, ocaktan alın ve servis yapın.

MENEMEN

Yaz ve sonbaharda yapılabilir.

Malzeme

4 adet yumurta
6 adet sivribiber
3 adet domates
Yarım çay bardağı sızma zeytinyağı
Kristal kayatuzu, karabiber, pul biber (ağız tadına göre)

Hazırlama

1. Domates ve biberleri yıkayın. Domatesleri soyun, biberleri temizleyin ve küçük küp şeklinde doğrayın.
2. Doğradığınız malzemeleri bir tavaya koyun, üzerine zeytinyağını ilave edin, tavanın kapağını kapatın ve kısık ateşte, arada karıştırarak pişirin (domatesler suyunu salıp az miktar çekene kadar). Ardından tuz, karabiber, pul biberi serpin ve yumurtalar için küçük havuzlar açıp içlerine yumurtaları kırın. Tavanın kapağını tekrar kapatın.
3. Kısık ateşte yumurtaların akları beyazlaşıncaya kadar pişirin, ocaktan alın ve servis yapın.

FIRINDA DOMATESLİ YUMURTA

Yaz ve sonbaharda yapılabilir.

Malzeme

4 adet domates (orta boy, sert)
4 adet yumurta
2 adet sivribiber
4 çay kaşığı tereyağı
1 tatlı kaşığı eski kaşar (rendelenmiş)
Kristal kayatuzu, karabiber, pul biber (ağız tadına göre)

Hazırlama

1. Domates ve biberleri yıkayın. Domateslerin üst kısımlarını kesin. Kaşık yardımıyla içlerini oyun.
2. Biberleri temizleyin ve küçük küp şeklinde doğrayın. Domates içlerini de küçük küçük doğrayın, biberle karıştırın. Bu karışımdan bir iki yemek kaşığı kadar domateslerin içlerine paylaştırın (domateslerin yarısını

geçmeyecek şekilde). Üzerlerine birer çay kaşığı tereyağı koyup, yumurtaları kırın. Tuz, karabiber ve pul biberi serpin. Her bir domatesin üzerine 1 tatlı kaşığı rendelenmiş eski kaşarı koyun.

3. Önceden 150 derecede ısıttığız fırında, kaşar eriyip yumurtalar kayısı kıvamında kalacak şekilde pişirin ve servis edin.

YUMURTALI KURU FASULYE PİYAZI

Yaz ve sonbaharda yapılabilir.

Malzeme

1 su bardağı kuru fasulye
1 adet kuru soğan (mor soğan)
Yarım demet maydanoz
5-6 dal taze fesleğen
1 adet kırmızıbiber
1 adet yeşil biber
1 adet domates
1 adet marul
10-15 adet zeytin (siyah veya yeşil)
3 adet yumurta (kayısı kıvamında haşlanmış)
1 yemek kaşığı hardal
1 limonun suyu
Yarım çay bardağı sızma zeytinyağı
Kristal kayatuzu, karabiber, pul biber (ağız tadına göre)

Hazırlama

1. Fasulyeleri bir gece önceden yıkayın ve tencereye koyup, üzerini örtecek miktarda sıcak su ile ıslatın. Ertesi sabah tekrar fasulyelerin üzerini örtecek miktarda su ilave ederek, kısık ateşte pişirin (suyunu iyice çekip, yumuşayana kadar).
2. Ayrı bir kapta yumurtaları kayısı kıvamında haşlayın ve sudan çıkarıp soğumaya bırakın.
3. Fasulye pişerken tüm sebzeleri güzelce yıkayın. Soğanı soyup piyazlık şekilde doğrayın. Domatesi soyup küp şeklinde doğrayın. Biberleri jülyen şeklinde (kibrit çöpü biçiminde) doğrayın. Maydanoz ve fesleğeni ince doğrayın. Marulu yaprak yaprak ayırın.
4. Pişmiş fasulyeleri geniş bir salata kâsesine koyun. Doğradığınız bütün malzemeleri ve zeytinleri üzerine ilave edin, hepsini birlikte harmanlayın.

5. Ayrı bir kâsede hardal, limon suyu, zeytinyağı, karabiber, tuz ve pul biberi karıştırıp sosu hazırlayın ve piyazın üzerine döküp karıştırın.
6. Yumurtaları dilimleyin. Marul yapraklarını servis tabaklarına yerleştirip, içine hazırladığınız piyazı koyun, yumurta dilimlerini üzerine yerleştirip servis edin.

ISPANAKLI YUMURTA

Yaz, sonbahar ve kış mevsimlerinde yapılabilir.

Malzeme

500 gr ıspanak
2 adet kuru soğan
Yarım çay bardağı sızma zeytinyağı
4 adet yumurta
Kristal kayatuzu, karabiber, pul biber (ağız tadına göre)

Hazırlama

1. Ispanakları ayıklayın ve yıkayın. Elle iri iri kopararak parçalayın.
2. Soğanların kabuğunu soyup küçük küp şeklinde doğrayın.
3. Doğranmış ıspanak ve soğanı yayvan bir tencereye koyun, Üzerine zeytinyağını ilave edin, tencerenin kapağını kapatıp, kısık ateşte kendi suyu ile pişirin (ıspanaklar hafif yumuşayana kadar).
4. Daha sonra tuz, karabiber ve pul biberi serpin ve yumurtalar için küçük havuzlar açıp, içlerine yumurtaları kırın. Tencerenin kapağını tekrar kapatın. Kısık ateşte yumurtaların akları beyazlaşıncaya kadar pişirin, ocaktan alın ve servis yapın.

Not:

- Arzu ederseniz ıspanakları pişirirken pastırma da ilave edebilirsiniz.
- Ayrıca bu tarifi ilkbahar mevsiminde ışgın, kuşkonmaz, hodan veya yabani semizotu (pirpirim) ile de yapabilirsiniz.

Vitamin-mineral-karbonhidrat kaynağı
SALATALAR VE MEZELER

- Salatalar hem vitamin ve mineral kaynağı hem de sağlıklı karbonhidrat, protein ve yağ kaynağıdırlar.
- Salatada kullanacağınız tüm yeşillikleri 5-10 dakika sirkeli suda bekletip, durulayın ve ondan sonra kullanın. Ancak yapay asit içeren fabrikasyon sirkeler yeşilliklerin kararmasına sebep olabilir. Bu sebeple sirke alırken tamamen doğal fermantasyon olup olmadığını sorgulayın veya sirkeyi evinizde yapın. Yeşillikleri yıkama kabına iki üç yemek kaşığı doğal sirke (geleneksel usûl) koymanız yeterli olacaktır.
- Salata veya yemek yaparken soyduğunuz, organik veya tamamen doğal olduğundan emin olduğunuz domates kabuklarını sakın atmayın! Özellikle yaz aylarında çokça tükettiğimiz domatesin kabuklarını 2-3 gün boyunca buzdolabında muhafaza edebilir ve daha sonra küçük bir tava veya tencerede kısık ateşte pişirip, zeytinyağı ilave ederek, bol likopen içeren domates sosu elde edebilirsiniz. Bu sosa arzu ederseniz sarımsak da ilave ederek, sebze ve et yemeklerinizde kullanabilirsiniz. Ayrıca domates çekirdeklerini de süzüp atarak ziyan etmeyin ve onların içerdiği değerli maddelerden mahrum olmayın. Yani domatesi çekirdeği ile beraber yiyin.
- Salata veya yemek yaparken kullandığınız, organik ve doğal olduğundan emin olduğunuz limonların kabuklarını da sakın atmayın! Limonun suyunu sıkmadan önce rendeleyeceğiniz kabukları ister çayda, isterseniz salatada veya yemeklerinizde kullanabilirsiniz. Limonun suyunu sıktıktan sonra kalan posalı kısmı da, sürahideki suyun içine atıp hafif limonata gibi değerlendirebilirsiniz. Ya da limonlu çay seviyorsanız, çaydanlığınız porselen demlik kısmına koyup, limonlu ve limon kokulu çay içebilirsiniz. Ancak porselen olmayan demliklerde bu yöntemi uygulamayın!
- Salata yaparken, özellikle serada üretilen hormonlu salatalıklar çıktıktan sonra yapılan yanlışlardan biri de salatalıkların kabuklarını soymak! En değerli vitamin ve minerallerin bulunduğu bu kısımlardan, vücudunuzu ve cildinizi mahrum etmeyin. Ancak salatalık alırken tarlada

organik veya doğal olarak yetişmiş, herhangi bir tarım ilacına maruz kalmamış, yerli tohumlardan yetiştirilmiş, rengi mat, açık ve koyu yeşil karışımlı, dışı pütürlü, içi çekirdekli ve bütün olmasına dikkat edin. Salatalığı doğal mevsiminde tüketin. Hepsi bir boyda, parlak ve aynı renkteyse, içleri çekirdeksiz ve salatalık kokusu barındırmıyorsa, kestiğiniz zaman ortalarında delik gibi garip bir boşluk varsa o salatalıklara şüpheyle bakabilirsiniz!

- Biberin en kıymetli yeri de, yeni biber yetiştirebileceğimiz tohumlarıdır (aslında bütün tohumlar ve çekirdekler besin değeri olarak son derece kıymetlidir). Onları da salatalarınızın süsü gibi değerlendirebilirsiniz. Tabii yerli, doğal tohumlardan ve ilaçsız olarak yetiştirildiğine emin olduğunuz tohumları...
- Anadolu'da yetişen ve yenilebilir özellikte olan yabani bitkilerin büyük bir yüzdesi salata yapmaya elverişlidir. Çiğ veya haşlama olarak salatada kullanılabilirler. Çiğ karışık ot salatası yapmak istiyorsanız kullanacağınız yabani bitkilerin pişirmeden de yenebilir olmasına dikkat edin! Örneğin turp otu, şevketibostan veya hodan, haşlamadan yenmez. Salatada yer alacak yabani bitkilerin cins ve miktarlarını kendi inisiyatifinize bağlı olarak ayarlayabilirsiniz.
- Ot salatalarını yapmadan önce, kullanacağınız otları da mutlaka sirkeli suda bekletin. Salatayı hazırlarken de ekşi olarak limon veya sirke koyun.
- Salatalarda bol sızma zeytinyağı kullanılmalıdır, kısıtlama yapılmamalıdır. Çünkü beta-karoten ve likopen gibi vücut için çok gerekli olan maddelerin düşük yağlı salatalarda kana hiç geçmediği gösterilmiştir.[85]
- Özellikle yoğurt kullanarak, çiğden yapılan ot salatalarında sızma zeytinyağı yerine soğuk sıkım yöntemiyle üretilmiş ketentohumu veya üzüm çekirdeği yağı kullanabilirsiniz. Ketentohumu yağının Omega-3 oranı yüksektir. Üzüm çekirdeği yağının da güçlü antioksidan etkileri vardır. Ancak ketentohumu ve üzüm çekirdeği gibi tohum yağları salataya veya cacığa koyulduktan sonra 15 dakika içinde tüketilmelidir. Çünkü çok çabuk okside olurlar yani bozulurlar.
- Doğal sirke (geleneksel usûl), mide hazmını ve midenin boşalmasını yavaşlatır. Bu nedenle son derece faydalıdır. Elma sirkesinin asiditesi, insan vücudu asiditesine en uygun olanıdır, bu sebeple özellikle salatalarda mutlaka tercih edilmelidir.

[85] Melody J Brown., et.al., Carotenoid bioavailability is higher from salads ingested with full-fat tahn with fat reduced salad dressings as measured withelectrochemical detection. Am J Clin Nutr 2004;80:396-403.

TAZE ENGİNAR SALATASI

İlkbaharda yapılabilir.

Malzeme

4 adet taze enginar (körpe, kılçıksız olanlardan)
1 limonun suyu (enginarları temizlerken kullanmak için)
2 adet havuç
Yarım demet maydanoz
1 limonun suyu (salata için)
Yarım çay bardağı sızma zeytinyağı
Kristal kayatuzu

Hazırlama

1. Enginarları büyük yapraklarından ve içindeki tüylerinden temizleyip, limon suyu ile ovun (kararmaması için). Havuçların dış kısmını kazıyın. Maydanozu temizleyip, yıkayın.
2. Temizlediğiniz enginarları ve havuçları rendenin iri tarafı ile rendeleyin. Maydanozları ince ince doğrayın.
3. Tüm malzemeleri salata kâsesine alıp harmanlayın. Zeytinyağı, limon suyu ve tuzu ilave edip karıştırın ve servis edin.

EBEGÜMECİ SALATASI[86]

İlkbaharda yapılabilir.

Malzeme

1 demet ebegümeci
1 adet kuru soğan (mor soğan)
10-15 adet siyah zeytin
2 yemek kaşığı elma sirkesi
3 yemek kaşığı sızma zeytinyağı
Kristal kayatuzu, pul biber (ağız tadına göre)

Hazırlama

1. Ebegümeci yapraklarının saplarını koparın. Tuzlu sirkeli bol suda en az yarım saat bekletin, durulayın. Elle kopararak parçalayın. Soğanı soyup, piyazlık şekilde doğrayın.

---

[86] Gökçen Adar, *Ot*, Hayykitap, İstanbul, 2009.

2. Ebegümeci ve soğanları genişçe bir salata kâsesine alın, üzerine tuzunu serpin ve sertliğini gidermek için mıncıklayarak karıştırın.
3. Üzerine zeytinleri ilave edin, pul biber serpiştirin. Sirke ve zeytinyağı gezdirin. Tüm malzemeyi karıştırın ve servis edin.

Not:

- Aynı uygulamayı radika, hindiba, ısırgan otu, karalahana, kuzukulağı ve yabani semizotu için de yapabilirsiniz.

YOĞURTLU SEMİZOTU SALATASI

İlkbaharda yapılabilir.

Malzeme

500 gr yabani semizotu (pirpirim)
2 su bardağı süzme yoğurt
1 limonun suyu
Yarım çay bardağı sızma zeytinyağı
Kristal kayatuzu, pul biber (ağız tadına göre)

Hazırlama

1. Semizotlarını güzelce temizleyin, sirkeli suda bekletin ve durulayın (küçük siyah tohumları varsa atmayın).
2. Semizotu yapraklarını, dallarından yaprak yaprak ayırın. Dal kısımlarını da ince ince doğrayın ve bir salata kâsesine koyun.
3. Ayrı bir kâsede yoğurt, limon suyu, zeytinyağı ve tuzu karıştırıp çırpın ve semizotlarının üzerine ilave edip karıştırın. Arzu edilirse üzerine pul biber serpip servis edin.

Not:

- Aynı uygulamayı ıspanakla da yapabilirsiniz.

CACIK

İlkbahar, yaz ve sonbaharda yapılabilir.

Malzeme

4 su bardağı yoğurt
2 adet salatalık
2-3 diş sarımsak (havanda ezilmiş)

Yarım çay bardağı sızma zeytinyağı ya da ketentohumu yağı
Yarım demet dereotu (yıkanıp, ince doğranmış)
Kristal kayatuzu (ağız tadına göre)

Hazırlama

1. Salatalıkları yıkayın ve kabukları ile birlikte çenterek küçük parçalar halinde bir kaba doğrayın. Üzerine bir tutam tuz serpip bir kenarda bırakın.
2. Ayrı bir cam kapta kaymağı alınmış yoğurdu iyice çırpın (eğer yoğurt çok katı kıvamlıysa 1-2 su bardağı kadar su ilave edin), sarımsaklı seviyorsanız ezilmiş sarımsak da ekleyin. Daha sonra doğranmış salatalıkları yoğurda katıp karıştırın. Üstüne zeytinyağı ya da ketentohumu yağı gezdirin, doğranmış dereotu ile süsleyin ve servis edin.

Not:

- Yoğurdun çok ekşi olmamasına dikkat edin!

ÇOBAN SALATASI

Yaz ve sonbaharda yapılabilir.

Malzeme

3-4 adet domates (orta boy, olgun)
3 adet sivribiber (tatlı veya acılı)
2 adet salatalık
1 adet kuru soğan
Yarım demet maydanoz
4-5 dal taze nane
8-10 adet zeytin
Yarım çay bardağı sızma zeytinyağı
1 limonun suyu
1 yemek kaşığı elma sirkesi
Kristal kayatuzu (ağız tadına göre)

Hazırlama

1. Domatesleri, biberleri, salatalıkları, maydanoz, taze nane ve limonu güzelce yıkayın. Domatesleri soyun ve küp şeklinde doğrayın. Biberleri saplarından temizleyip ince ince doğrayın (çekirdeklerini atmayın, onları da salataya koyun). Salatalıkları soymadan uzunlamasına dörde bölün ve küçük küçük doğrayın. Soğanı soyup, küçük küp şeklinde doğrayın. May-

danozları ince ince doğrayın. Naneyi, dallarından yaprak yaprak ayırın.
2. Doğradığınız tüm malzemeleri büyük bir salata kâsesinde harmanlayın.
3. Zeytinyağı, limon suyu, sirke ve tuzu ayrı bir kâsede karıştırıp sosu hazırlayın ve doğradığınız salata malzemelerinin üzerine gezdirip salatayı tekrar harmanlayın. Zeytin ve nane yaprakları ile süsleyip, servis edin.

ROKA VE TERE BULUŞMASI

Yaz ve sonbaharda yapılabilir.

Malzeme

1 demet roka
1 demet tere
2 adet domates
10-15 adet siyah zeytin
1 limonun suyu
2 yemek kaşığı üzüm sirkesi
Yarım çay bardağı sızma zeytinyağı
Kristal kayatuzu, pul biber (birer tutam)

Hazırlama

1. Roka ve terelerin kök kısımlarını temizleyip iyice yıkayın. Sapları ile birlikte, elle iri iri kopararak parçalayın ve bir salata tabağının ortasına yerleştirin. Domatesleri de yıkayın, ortadan ikiye bölüp dilimleyin, roka ve terenin kenar kısımlarına yerleştirin.
2. Doğradığınız malzemelerin üzerlerine zeytinleri serpiştirin.
3. Bir kâsede limon suyu, sirke, zeytinyağı ve tuzu çırpıp sos hazırlayın ve salatanın üzerine gezdirin. En üste pul biber serpiştirip servis edin.

Not:

- Kış ve ilkbaharda domatessiz olarak da yapabilirsiniz.

PEYNİRLİ CEVİZLİ DOMATES

Yaz ve sonbaharda yapılabilir.

Malzeme

4 adet domates
250 gr deri tulumu (İzmir tulumu da olabilir)
1 çay bardağı ceviz içi (havanda ince ezilmiş)

1 tatlı kaşığı pul biber
2 tatlı kaşığı kekik
Yarım limonun suyu
Yarım çay bardağı sızma zeytinyağı
Yarım demet taze fesleğen

Hazırlama

1. Domatesleri yıkayıp soyun. Halka şeklinde dilimleyin ve dilimleri yan yana servis tabağına döşeyin. Zeytinyağı ve limon suyunu karıştırın. Ayrı bir kapta da kekik ve pul biberi karıştırın.
2. Domateslerin üzerlerine önce bir yemek kaşığı limonlu zeytinyağı gezdirin, sonra da bir tatlı kaşığı kekik ve pul biber karışımı serpin ve ince dilimlenmiş deri tulumu ile kaplayın (domates görünmeyecek şekilde), sonra da üzerine ceviz serpin. Daha sonra peynirli cevizli kısmın üzerine domates dilimi koyup, aynı işlemleri tekrar edin. Domatesli peynirli katlar oluşturun (2-3 kat). Fesleğenleri yıkayın, ince ince doğrayın ve peynirli cevizli domates katlarının en üstüne serpip, servis edin.

ACILI EZME

Yaz ve sonbaharda yapılabilir.

Malzeme

2 adet kuru soğan
2 adet yeşil biber
2 adet domates
4-5 dal tutam maydanoz
4-5 dal dereotu
4-5 dal taze nane
1 tatlı kaşığı acı biber salçası
1 tatlı kaşığı kekik
Kristal kayatuzu, pul biber (ağız tadına göre)
Yarım limonun suyu
Yarım çay bardağı sızma zeytinyağı
Yarım çay bardağı ceviz içi (havanda ince ezilmiş)

Hazırlama

1. Soğanları temizleyin ve çok küçük küp şeklinde doğrayın. Biberleri yıkayın ve çok ince doğrayın. Domatesi soyup çok küçük küp şeklinde doğ-

rayın. Nane, maydanoz ve dereotunu yıkayıp, çok ince doğrayın.

2. Doğradığınız tüm malzemeleri bir salata kâsesinde, mıncıklayıp ezerek harmanlayın. Üzerine limon suyu, zeytinyağı, salça, tuz, pul biber, kekik ve cevizi ilave edip iyice karıştırın ve servis edin.

SİRKELİ BİBER

Yaz ve sonbaharda yapılabilir.

Malzeme

1 kg yeşil ve kırmızıbiber
Yarım çay bardağı elma sirkesi
2 yemek kaşığı sızma zeytinyağı
Kristal kayatuzu (ağız tadına göre)

Hazırlama

1. Biberleri bir közlemecin üzerinde koyun ve kısık ateşte, çevirerek közleyin (yanmamasına dikkat ederek). Biberler sıcakken, saplarından tutup bir bıçak yardımıyla kabuklarını soyun. Daha sonra sap kısımlarını kesin ve kabuğunu soyduğunuz her biberi uzunlamasına dilimleyin.
2. Dilimlenmiş biberleri servis tabağına yerleştirin. Üzerlerine sirkeyi dökün, zeytinyağını gezdirin, tuzunu serpin ve servis edin.

EKŞİMİKLİ PİYAZ

Yaz ve sonbaharda yapılabilir.

Malzeme

2 su bardağı ekşimik
1 çay bardağı ceviz içi (havanda irice ezilmiş)
2 adet salatalık
2 adet domates
2 adet sivribiber (tatlı veya acılı)
5-6 dal taze soğan
Yarım demet taze reyhan
Yarım demet maydanoz
Yarım demet taze nane
Yarım çay bardağı sızma zeytinyağı
Yarım limonun suyu
Kristal kayatuzu (ağız tadına göre)

Hazırlama

1. Domates, biber, salatalık, soğan, maydanoz, nane ve reyhanı güzelce yıkayıp temizleyin. Daha sonra hepsini küçük küçük doğrayın.
2. Ekşimiği geniş bir kâseye koyun. İçine doğradığınız malzemelerin tümünü ve cevizi koyup güzelce harmanlayın. Zeytinyağı, limon suyu ve tuzu ilave edip karıştırın ve servis edin.

YOĞURTLU PATLICAN SALATASI

Yaz ve sonbaharda yapılabilir.

Malzeme

4 adet bostan patlıcanı (orta boy)
1 limonun suyu
Yarım çay bardağı sızma zeytinyağı
Kristal kayatuzu (ağız tadına göre)
1 su bardağı süzme yoğurt
2-3 diş sarımsak (havanda ezilmiş)
4-5 dal maydanoz (yıkanıp, ince doğranmış)

Hazırlama

1. Patlıcanları bir közlemecin üstüne koyun ve orta ısıdaki ateşte, yanmamasına dikkat ederek, çevirerek közleyin (içleri yumuşayıncaya kadar). Patlıcanlar sıcakken, sapından tutup bir bıçak yardımıyla kabuklarını soyun. Sonra da sap kısmını kesin ve kabuğunu soyduğunuz her patlıcanı bir kâsenin içine koyun.
2. Daha sonra patlıcanların üzerine süzme yoğurt, limon suyu, zeytinyağı ve tuz ilave edip, çatalla karıştırarak iyice ezin. Sarımsaklı seviyorsanız, ezilmiş sarımsak ilave edin. Patlıcanlar püre haline gelince servis tabağına alın. Soğuyunca doğranmış maydanozla süsleyip servis edin.

Not:

- Közleme işlemini arzu ederseniz fırında da yapabilirsiniz.

DOMETES VE BİBERLİ PATLICAN SALATASI

Yaz ve sonbaharda yapılabilir.

Malzeme

3 adet patlıcan

3 adet çarliston biber
3 adet kırmızıbiber
2 adet domates
1 adet kuru soğan (mor soğan)
Yarım demet maydanoz
Yarım limonun suyu
Yarım çay bardağı sızma zeytinyağı
2 yemek kaşığı sirke
Kristal kayatuzu (ağız tadına göre)

Hazırlama

1. Patlıcan ve biberleri bir közlemecin üstüne koyun ve orta ısıdaki ateşte, yanmamasına dikkat ederek, çevirerek közleyin. Patlıcan ve biberler sıcakken, saplarından tutup bir bıçak yardımıyla kabuklarını soyun. Sonra da sap kısımlarını kesin ve kabuğunu soyduğunuz her patlıcan ve biberi küp şeklinde doğrayıp bir salata kâsesinin içine koyun.
2. Domatesleri yıkayın, kabuklarını soyun ve küçük küpler şeklinde doğrayın. Soğanı soyup, küçük küp şeklinde doğrayın. Maydanozları yıkayıp ince ince doğrayın. Doğradığınız domates, soğan ve maydanozu patlıcana ilave edin ve hepsini birlikte harmanlayın. Tuz, limon suyu, sirke ve zeytinyağını ayrı bir kâsede karıştırıp sos olarak hazırlayın, salatanın üzerine gezdirip servis edin.

Not:

- Közleme işlemini arzu ederseniz fırında da yapabilirsiniz.

YOĞURTLU ÇİĞ KABAK SALATASI

Yaz ve sonbaharda yapılabilir.

Malzeme

2 adet taze kabak (dolmalık kabak)
1 su bardağı süzme yoğurt
Yarım limonun suyu
Yarım demet dereotu
2-3 yemek kaşığı sızma zeytinyağı
Kristal kayatuzu (ağız tadına göre)

Hazırlama

1. Kabakları güzelce yıkayın, lekeli kısımları varsa bıçak veya soyacak yar-

dımıyla çok ince bir şekilde temizleyin ve rendenin iri tarafıyla bir salata kâsesine rendeleyin. Üzerine limon suyunu döküp harmanlayın.
2. Sonra tuzu, yoğurdu ve zeytinyağını ilave edip iyice karıştırın. Dereotunu yıkayıp ince ince doğrayın ve salatanın üzerine serpip servis edin.

CEVİZLİ KISIR

Yaz ve sonbaharda yapılabilir.

Malzeme

1 su bardağı esmer ince bulgur
1 çay bardağı ceviz içi (havanda irice ezilmiş)
5-6 yaprak marul
5-6 dal maydanoz
5-6 dal taze nane
2-3 dal yeşil soğan
1 adet kuru soğan (mor soğan)
1 adet domates
1 adet salatalık
1 tatlı kaşığı domates salçası
Yarım limonun suyu
2 yemek kaşığı üzüm sirkesi
2-3 yemek kaşığı sızma zeytinyağı
Kristal kayatuzu, karabiber, pul biber, kimyon (ağız tadına göre)

Hazırlama

1. Maydanoz, nane ve taze soğanları yıkayıp, hepsini ince ince doğrayın.
2. Kuru soğan ve domatesleri soyup, küçük küp şeklinde doğrayın.
3. Bulguru bir süzgece koyup yıkayın. Cam bir kâseye alıp bir çay bardağı kadar sıcak su ile ıslatın. 5 dakika kadar suyu çekmesi için bekleyin.
4. Daha sonra ıslanmış bulguru bir tepsiye koyun. Salça, tuz, kimyon, pul biber ve karabiberi ekleyip 3 dakika kadar yoğurun.
5. Doğradığınız soğanları, nane ve maydanozu, irice ezilmiş cevizi, zeytinyağı, limon suyu ve sirkeyi bulgura ilave edin, iyice karıştırın.
6. Servis tabağına marul yapraklarını yayın, üzerine cevizli kısırı koyun. Dilerseniz dövülmemiş ceviz içi ile süsleyerek servis yapın.

Not:

- Bu tarifi diğer mevsimlerde domates ve salatalık koymadan yapabilirsiniz.

CEVİZLİ KEREVİZ SALATASI

Sonbahar ve kış mevsimlerinde yapılabilir.

Malzeme

2 adet orta boy kereviz
1 çay bardağı ceviz içi (havanda irice ezilmiş)
200 gr süzme yoğurt
3-4 dal kereviz yaprağı
Yarım demet maydanoz
1 limonun suyu
3 yemek kaşığı sızma zeytinyağı
Kristal kayatuzu (ağız tadına göre)

Hazırlama

1. Kerevizleri soyun, yıkayın ve rendeleyin. Kararmaması için hemen limon suyu ile ovun. Maydanoz ve kereviz yapraklarını yıkayıp, ayrı olarak ince ince doğrayın.
2. Cam bir kâsede süzme yoğurt, tuz ve zeytinyağını iyice karıştırın, kereviz sapları ve yarım çay bardağı cevizle birlikte kerevizlerin üzerine ilave edin, hepsini birlikte iyice karıştırın. Salatayı doğranmış maydanoz ve kalan cevizle süsleyip servis edin.

BROKOLİ SALATASI

Sonbahar ve kış mevsimlerinde yapılabilir.

Malzeme

500 gr brokoli
2-3 adet kırmızıbiber (közlenmiş)
4-5 dal yeşil soğan
10-15 adet yeşil zeytin
1 limonun suyu
Yarım çay bardağı sızma zeytinyağı
Kristal kayatuzu, pul biber (ağız tadına göre)

Hazırlama

1. Brokolileri yıkayın. Küçük parçalara ayırarak tencereye atın. Üzerlerine yarım çay bardağı kadar su ilave edip kısık ateşte haşlayın.
2. Bu arada soğanları temizleyin ve ince ince doğrayın. Közlenmiş ve ka-

buğu soyulmuş biberi de küçük küp şeklinde doğrayın (kırmızıbiberin olmadığı zamanlarda kırmızıbiber koymadan da yapabilirsiniz). Brokoliler; yumuşayınca ateşten alın, servis kâsesine boşaltın. Üzerine doğranmış biber, yeşil soğanı ve zeytini ilave edip, harmanlayın. Limon suyu, zeytinyağı, tuz ve pul biber koyup, karıştırın ve servis edin.

PIRASALI ISIRGAN SALATASI

Sonbahar ve kış mevsimlerinde yapılabilir.

Malzeme

1 demet taze ısırgan otu
4 adet pırasa
1 yemek kaşığı domates salçası
1 limonun suyu
Yarım çay bardağı sızma zeytinyağı
Kristal kayatuzu, pul biber (ağız tadına göre)

Hazırlama

1. Isırganları ayıklayıp yıkayın ve ince ince doğrayın. Pırasaların beyaz kısımlarını dörde bölün ve ince ince kıyın (yeşil kısımlarını salataya koymayın). Doğradığınız pırasa ve ısırganları bir salata kâsesinde mıncıklayarak harmanlayın. Daha sonra salça, limon suyu, zeytinyağı ve tuzu karıştırıp, salatanın üzerine gezdirin ve karıştırın. En üste pul biber serpip, servis edin.

SİYAH TURP SALATASI

Sonbahar ve kış mevsimlerinde yapılabilir.

Malzeme

4 adet siyah turp (orta boy)
1 demet maydanoz
15-20 adet siyah zeytin
Yarım çay bardağı sızma zeytinyağı
Yarım çay bardağı elma sirkesi
Kristal kayatuzu (ağız tadına göre)

Hazırlama

1. Turpları yıkayın ve köklü, lekeli kısımlarını alacalı bir şekilde soyup rendenin iri tarafı ile rendeleyin. Maydanozları yıkayıp ince ince doğrayın

ve turpların üzerine ilave edip, geniş bir salata kâsesinde harmanlayın.
2. Zeytinyağı, sirke ve tuzu koyup güzelce karıştırın. Üzerini zeytinlerle süsleyip servis edin.

Not:

- Arzu ederseniz siyah turp yerine kırmızı veya beyaz turpla da aynı tarifi uygulayabilirsiniz.

MARUL, TURP VE HAVUÇ SALATASI

Sonbahar ve kış mevsimlerinde yapılabilir.

Malzeme

1 adet kırmızıturp
1 adet havuç
1 adet küçük marul
1 adet kuru soğan (mor soğan)
2-3 adet ay turpu
Yarım demet maydanoz
1 limonun suyu
1-2 yemek kaşığı elma sirkesi
2-3 yemek kaşığı sızma zeytinyağı
8-10 adet siyah zeytin
Kristal kayatuzu (ağız tadına göre)

Hazırlama

1. Kabuklarını ince şekilde kazıdığınız turp ve havucu yıkayıp, rendeleyin.
2. Marul ve maydanozu yıkayın ve ince ince doğrayın. Soğanı da piyazlık şekilde ince doğrayın.
3. Tüm malzemeleri geniş bir salata kâsesinde karıştırın. Limon suyu, sirke, zeytinyağı ve tuzu karıştırıp üzerlerine dökün. Ay turpunu küçük dilimlere ayrılarak salatanın üzerini süsleyin, zeytinleri serpiştirin ve servis edin.

KIRMIZILAHANA SALATASI

Sonbahar ve kış mevsimlerinde yapılabilir.

Malzeme

1 adet kırmızılahana (küçük boy)
2-3 diş sarımsak

Yarım çay bardağı üzüm sirkesi
Yarım çay bardağı sızma zeytinyağı
Kristal kayatuzu
4-5 dal maydanoz (yıkanıp ince doğranmış)

Hazırlama

1. Lahanayı boylamasına ikiye bölüp kalın kısımlarını çıkarın. Daha sonra ince ince doğrayın ya da rendenin iri tarafı ile rendeleyin. Üzerine tuz serpip elinizle mıncıklayarak ovun. Sirkeyi, zeytinyağını ve ezilmiş sarımsağı ekleyip karıştırın.
2. Hazırladığınız salatayı, kapaklı bir cam kavanoza doldurup buzdolabında birkaç saat dinlendirin ve istediğiniz zaman üzerini maydanozla süsleyip servis edin.

Not:

- Bu salatayı diğer salataların yanında garnitür olarak da kullanabilirsiniz.
- Ayrıca, süzme yoğurtla karıştırarak da servis yapabilirsiniz.

MAYDANOZ SALATASI

Dört mevsim yapılabilir.

Malzeme

1 demet maydanoz
2 adet kuru soğan (mor soğan)
1 limonun suyu
1 tatlı kaşığı sumak
3 yemek kaşığı sızma zeytinyağı
Kristal kayatuzu, pul biber (ağız tadına göre)

Hazırlama

1. Maydanozları temizleyip, yıkayın ve ince ince doğrayın. Soğanları da temizleyip, piyazlık şekilde doğrayın. Turp yapraklarını temizleyip, yıkayın ve onları da ince ince doğrayın. Turpları da temizleyip ince halkalar biçiminde doğrayın.
2. Doğradığınız tüm malzemeleri bir servis tabağında harmanlayın. Üzerine sumak, tuz, pul biber, limon suyu ve zeytinyağını ekleyip iyice karıştırın ve servis edin. Salatanın üzerini yaz ve sonbaharda domates dilimleri ile süsleyebilirsiniz.

DEREOTLU PEYNİR EZMESİ

Dört mevsim yapılabilir.

Malzeme

250 gr beyazpeynir
1 tatlı kaşığı çörekotu
1 demet dereotu
3 yemek kaşığı zeytinyağı
Kristal kayatuzu, pul biber (ağız tadına göre)
2 adet salatalık (havuç da olabilir)

Hazırlama

1. Dereotunu yıkayıp ince ince doğrayın. Beyazpeyniri, çukur bir kâsede çatalla ezin. Üzerine zeytinyağı, çörekotu, tuz, pul biber, doğranmış dereotunu ilave edip karıştırın.
2. Hazırladığınız ezmeyi kayık şeklinde bir servis tabağının orta kısmına koyun, salatalık dilimlerini de kenar kısımlara yerleştirin ve servis edin.

Not:

- Beyazpeynir yerine süzme yoğurt veya süt ekşimiği de kullanabilirsiniz.
- Sarımsaklı seviyorsanız içine 2-3 diş havanda ezilmiş sarımsak koyabilirsiniz. Ezmenin yanında ilkbahar, yaz ve sonbahar aylarında salatalık, kış aylarında ise havuç tüketebilirsiniz.

ZEYTİN PİYAZI

Dört mevsim yapılabilir.

Malzeme

250 gr yeşil zeytin (çizik veya kırma)
100 gr ceviz içi (havanda ince ezilmiş)
5-6 dal yeşil soğan
Yarım demet maydanoz
Yarım çay bardağı sızma zeytinyağı
1 limonun suyu
Kristal kayatuzu, pul biber

Hazırlama

1. Çekirdeğini çıkardığınız zeytinleri küçük küp şeklinde doğrayın. Soğanları

temizleyip ince ince doğrayın. Maydanozları da yıkayıp ince ince doğrayın.
2. Doğradığınız malzemeleri salata servis tabağına alın. Üzerine ince ezilmiş ceviz içi, tuz, pul biber, limon suyu ve zeytinyağını ekleyip karıştırın ve servis edin.

Not:

- Arzu ederseniz az miktarda 'saf nar ekşisi' de ilave edebilirsiniz. Ancak eğer hazır nar ekşisi alıp kullanıyorsanız piyasada yaygın olarak bulunan 'nar sosu' veya 'nar ekşili sos' diye adlandırılan katkı maddeleri ile üretilmiş 'yapay nar ekşilerinden' kesinlikle kullanmayın!

HAYDARİ

Dört mevsim yapılabilir.

Malzeme

2 su bardağı süzme yoğurt
Yarım demet dereotu (yıkanıp ince doğranmış)
Yarım çay bardağı sızma zeytinyağı
2-3 diş sarımsak (havanda ezilmiş)
1 yemek kaşığı kuru nane
Kristal kayatuzu (ağız tadına göre)

Hazırlama

1. Yoğurdu cam bir kâseye boşaltın. İçine zeytinyağı ve tuz ilave edip iyice çırpın. Daha sonra doğranmış dereotu, kuru nane ve ezilmiş sarımsağı da ilave edip, karıştırın. Servis tabağına alıp, buzdolabında bir saat kadar dinlendirin ve servis edin.

Not:

- Bu tarifi arzu ederseniz sarımsaksız da yapabilirsiniz.

BUĞDAY SALATASI

Dört mevsim yapılabilir.

Malzeme

1 su bardağı dövme buğday
Yarım demet yeşil soğan
Yarım demet maydanoz

Yarım demet taze nane
1 limonun suyu
Yarım çay bardağı sızma zeytinyağı
Pul biber, karabiber, kimyon, kristal kayatuzu (ağız tadına göre)

Hazırlama

1. Buğdayı bir gece önceden yıkayın, tencereye koyun, üzerini geçecek miktarda sıcak su ile ıslatın. Tencerenin kapağını kapatıp bırakın.
2. Ertesi sabah şişmiş olan buğdayları kısık ateşte pişirin (pişme sırasında gerekirse su ilave edin, ancak buğday sulu kalmayacak şekilde su ilave etmeye dikkat edin). Suyunu çekip yumuşadıktan sonra ateşi söndürün ve buğdayı tencerede soğutun.
3. Bu arada soğan, maydanoz ve naneyi yıkayın, hepsini ince ince doğrayın.
4. Buğdayı geniş bir salata kâsesine boşaltın. Kırmızı pul biber, kimyon, karabiber ve tuz ekleyip harmanlayın. Daha sonra doğranmış soğan, maydanoz ve naneyi ilave edin. Zeytinyağı, limon suyu ve sirkeyi koyup iyice karıştırın ve servis yapın.

Not:

- Aynı tarif iri bulgur ile de hazırlanabilir. Ancak bulgur kaynatılmaz, buğday iyice yumuşayana kadar kaynatılır.

YEŞİL MERCİMEK SALATASI

Dört mevsim yapılabilir.

Malzeme

1 su bardağı yeşil mercimek
1 adet kuru soğan (yarım demet yeşil soğan da olabilir)
1 tatlı kaşığı bütün ketentohumu (susam da olabilir)
Yarım demet taze maydanoz
Pul biber, karabiber, kimyon, kristal kayatuzu (ağız tadına göre)
1 limonun suyu
Yarım çay bardağı sızma zeytinyağı
10-15 adet yeşil veya siyah zeytin

Hazırlama

1. Mercimeği yıkayın ve 1-2 saat kadar ılık suda bekletin. Daha sonra suyunu süzmeden, kısık ateşte yumuşayıncaya kadar kaynatın. Pişmeden

suyu biterse azar azar (piştikten sonra sulu kalmayacak şekilde) su ilave edin. Ancak çok fazla yumuşamamasına dikkat edin! Mercimek piştikten sonra ateşten alın ve soğumasını bekleyin.
2. Bu arada soğan ve maydanozu temizleyip yıkayın ve ince ince doğrayın. Çekirdeğini çıkardığınız zeytinleri ikiye üçe bölün. Mercimek soğuduktan sonra, doğranmış soğan, maydanoz ve zeytin, limon suyu, zeytinyağı, ketentohumunu, tuz, karabiber, pul biber ve kimyon ekleyin, servis edin. Servis sırasında arzuya göre yaş veya kuru nane de eklenebilir.

HİBEŞ

Dört mevsim yapılabilir.

Malzeme

1 su bardağı tahin
2 limonun suyu
Yarım çay bardağı sızma zeytinyağı
1-2 diş sarımsak
Kristal kayatuzu, kimyon, pul biber (ağız tadına göre)
10 adet yeşil zeytin

Hazırlama

1. Bir salata kâsesine tahin, kimyon, pul biber ve tuzu koyup karıştırın. Üzerine azar azar limon suyu ve zeytinyağını ilave edin. Sarımsağı da havanda ezip tahinli karışına ekleyin. Üzerini yeşil zeytin taneleri ile süsleyip servis edin.

Not:

- Arzu ederseniz sarımsaksız da yapabilirsiniz.

HARDAL SOSU

Dört mevsim yapılabilir.

Malzeme

1 yemek kaşığı hardal (öğütülmüş)
Yarım çay bardağı sızma zeytinyağı
2 yemek kaşığı limon suyu
Kristal kayatuzu (bir tutam)

Hazırlama

1. Cam bir kâseye hardalı koyun. Çırpma teliyle karıştırarak, zeytinyağını ince bir şekilde hardalın içine akıtın. Koyulaşınca limon suyunu ilave ederek akıcı kıvama getirin. Tuzunu ilave edip bir kez daha karıştırın ve servis edin.

Not:

- Et yemeklerinde ve salatalarda kullanabilirsiniz.

YEŞİL SOĞANLI YOĞURT SOSU

Dört mevsim yapılabilir.

Malzeme

1 çorba kâsesi süzme yoğurt
3 yemek kaşığı sızma zeytinyağı
Kristal kayatuzu (ağız tadına göre)
2-3 dal yeşil soğan (temizlenip ince doğranmış)
4-5 dal dereotu (yıkanıp ince doğranmış)
4-5 dal maydanoz (yıkanıp ince doğranmış)
4-5 dal taze nane (yıkanıp ince doğranmış)

Hazırlama

1. Yoğurdu geniş bir kâseye koyun. Üzerine tuz ve zeytinyağını ilave edip, çırpma teliyle iyice çırpın. Daha sonra doğranmış yeşil soğanı, maydanozu, naneyi ve dereotunu ilave edip karıştırın ve servis edin.

Not:

- Bu sosu ızgara et yemeklerinizin veya yeşil salatalarınızın yanında servis edebilirsiniz.

Mideyi ve bağırsakları rahatlatan **ÇORBALAR**

Çorbanın Faydaları ve Hazırlarken Dikkat Edilecek Noktalar

- Yumuşatıcı özelliği ile midenin cilası gibidir, hazmı kolaylaştırıcı etkisi vardır.
- Vitaminlerinin kaybolmaması için kısık veya orta ateşte pişirilmesi gerekir. Çok harlı ateş kullanılmamalıdır.
- Pürüzsüz olsun diye blenderden veya mutfak robotundan geçirmek de yanlış bir uygulamadır çünkü bu şekilde çorbadaki sebzelerin veya etin kimyası bozulmakta, besin değeri düşmektedir.
- En sağlıklısı çorba malzemelerini cinsine göre bütün kullanmak, rendelemek veya minik minik doğramaktır. Eğer mutlaka süzülmesi gerekiyorsa kevgir kullanılabilir. Ancak sıcak çorba için kesinlikle plastik veya küf tutmuş tel kevgir kullanılmamalıdır. Çelik veya renkli boya kullanılmamış emaye süzgeçler tercih edilebilir.
- Mercimek, kuru fasulye, buğday, bulgur gibi tahıl ve bakliyatlar da kendi şekliyle pişirilmeli ve kıvamında servis edilmelidir.
- Çorba hazırlarken yapılan en büyük yanlışlardan biri daha var ki, o da sıklıkla uygulanan, önce soğanı yağda pembeleştirmek ya da un ve yağı kavurarak (unlu terbiyeler hazırlayarak) kıvam artırmaya çalışmaktır. Bu gibi yöntemler, çorbadaki malzemeler glisemik indeksi düşük ve sağlıklı yiyecekler olsa da, çorba piştikten sonra bütününde glisemik indeksin yükselmesine sebep olmakta ve dolayısıyla çorbayı sağlıksız hale getirmektedir.
- Karatay Mutfağı'nda çorbalara lezzet katmak için unsuz olarak sütlü, yoğurtlu, limonlu ya da sirkeli terbiyeler tercih edilebilir.
- Un, sadece geleneksel bir çorbamız olan tarhanada serbest. Çünkü tarhana hem geleneksel bir çorbamızdır hem de ilave edilen diğer malzemeler ve baharatlar, glisemik indeks değerini dengelemektedir.
- Çorbaların hem lezzetini hem de besin değerini artırmak için et suyu, kemik suyu veya tavuk suyu da kullanılabilir. Ancak hazır et-tavuk suyu

tabletlerinden (her türlü fabrikasyon gıdada olduğu gibi) kesinlikle uzak durulmalıdır! Etli bir yemek hazırlarken suyunu o günkü çorbada değerlendirebilir veya özel olarak hazırlayacağınız et, kemik, tavuk sularını buzdolabında muhafaza ederek, ihtiyaç duyulan zamanlarda kullanabilirsiniz.

- Hazır çorba tozları da içerdikleri katkı maddeleri dolayısıyla mutfağımıza ve midemize hiç girmeyecek, yasaklar listesindedir.
- Çorbalarınızda tereyağını ve soğuk sıkım sızma zeytinyağını rahatlıkla kullanabilirsiniz. Eğer yanlışlıkla yağı fazla kaçırırsanız, bir marul yaprağını birkaç kez tencerenin içine sokup çıkartın. Fazla yağlar marul yaprağının üstünde toplanacaktır.
- Karatay Diyeti'nde nişastalı olduğu için nohut yemeği önerilmiyor. Ancak çorbalarda kıvam için un yerine az miktarda kullanılabilir.

SÜTLÜ TERBİYE

Yumurta sarısı ve süt ile hazırlanır. Tarifimiz 4-5 kişilik çorba içindir, malzemeler kişi sayısına göre artırılabilir.

Malzeme

1 yumurtanın sarısı
1 su bardağı süt

Hazırlama

1. Yumurta sarısını cam bir kâseye alın ve iyice çırpın. Daha önceden kaynatılıp soğutulmuş sütü ilave edip karıştırın. Çorba suyundan 1 kepçe kadar alıp bu karışıma ekleyin ve karıştırarak hafif ılık hale gelmesini sağlayın.
2. Çorba pişip kaynadıktan sonra ocağı söndürün ve hazırladığınız terbiyeyi çorbayı karıştırarak ilave edin.

Not:

- Eğer terbiye eklendikten sonra çorba kaynatılırsa, halk arasında 'kesilme' denen olay gerçekleşerek, görüntüsü ve lezzeti bozulabilir.

LİMONLU TERBİYE

Yumurta sarısı ve limonun suyu ile hazırlanır. Tarifimiz 4-5 kişilik çorba içindir, malzemeler kişi sayısına göre artırılabilir. Ayrıca çok ekşi sevenler daha sonradan çorbaya limon suyu ilave edebilir.

Malzeme
1 yumurtanın sarısı
Yarım limonun suyu

Hazırlama
1. Hazırlanması aynen sütlü terbiyedeki gibidir, ancak yumurta sarısına süt yerine taze sıkılmış ve süzülmüş limon suyu eklenir.
2. Terbiyenin çorbaya eklenmesi de aynen sütlü terbiyedeki gibidir.

YOĞURTLU TERBİYE

Yoğurt, yumurta sarısı ve limon suyu ile hazırlanır. Tarifimiz 4-5 kişilik çorba içindir, malzemeler kişi sayısına göre artırılabilir.

Malzeme
1 yumurtanın sarısı
1 çay bardağı yoğurt
Yarım limonun suyu

Hazırlama
1. Hazırlanması aynen sütlü terbiyedeki gibidir, ancak yumurta sarısına süt yerine, yoğurt ve taze sıkılıp süzülmüş limon suyu eklenir.
2. Terbiyenin çorbaya eklenmesi de aynen sütlü terbiyedeki gibidir. Ancak yoğurtlu terbiyeyi uygularken yoğurdun kesilmemesi için tuzu en son koymak gerekir.

SİRKELİ-SARIMSAKLI TERBİYE

Sirke ve ezilmiş sarımsakla hazırlanır. Tarifimiz 4-5 kişilik çorba içindir, malzemeler kişi sayısına göre artırılabilir.

Malzeme
2-3 diş sarımsak
1/3 çay bardağı sirke

Hazırlama
1. Sarımsakları soyun. Havanda ezin veya rendenin ince tarafıyla rendeleyin. Sirkeyi, sarımsakla karıştırın.
2. Terbiyeyi, kaynamakta olan çorbaya ilave edin. Bir taşım kaynatın ve ocağı söndürün.

ET SUYUNUN ÇIKARILMASI

Malzeme
1 kg süt dana veya kuzu eti
3 litre su
2 adet kuru soğan
2-3 dal kereviz sapı
Yarım demet maydanoz
1 çay kaşığı tane karabiber
1 çay kaşığı tane yenibahar
1 çay kaşığı hardal tohumu
2-3 adet defneyaprağı
Yarım çay bardağı sirke
Kristal kayatuzu (ağız tadına göre)

Hazırlama

1. Etleri yıkayıp tencereye koyun, 3 litre suyu ilave edin. Tencereyi orta ısıdaki ocağa koyun ve kaynamaya bırakın. Üzerinde köpükler oluşunca, bir kaşık yardımıyla köpükleri alın.
2. Soğanı soyun, maydanozları ve kereviz saplarını yıkayın. Daha sonra hepsini büyük parçalar halinde doğrayarak tencereye ilave edin.
3. Yenibahar, karabiber, hardal tohumu, defneyaprağı ve sirkeyi de ekleyin. Kısık ateşte 1-1,5 saat kadar hepsini birlikte kaynatın, ocağı kapatın ve biraz soğumasını bekleyin. Ilık bir ısıya geldikten sonra çelik veya emaye bir süzgeçten süzerek, cam kavanozlara doldurun. İyice soğuduktan sonra da buzdolabına koyarak muhafaza edin.
4. Haşladınız eti o günkü çorba veya yemeklerinizde değerlendirebilirsiniz.

Not:

- Elde edilen bu et suyunu çorbalarda, zeytinyağlı yemeklerde, pilav ve dolmalarda kullanabilirsiniz. Et ile yapılan et suları, kemik ile yapılana göre daha lezzetli olur. Ancak kemik suyunu daha ucuza mal edebilirsiniz.

KEMİK SUYUNUN ÇIKARILMASI

Malzeme
2 kg süt dana veya kuzu kemiği
4 litre su

2 adet kuru soğan
1 adet havuç
1 adet kereviz
4-5 dal kereviz sapı
1 demet maydanoz
1 çay kaşığı tane karabiber
1 çay kaşığı tane yenibahar
1 çay kaşığı hardal tohumu
2-3 adet defneyaprağı
Yarım çay bardağı sirke (üzüm veya elma sirkesi olabilir)
Kristal kayatuzu (ağız tadına göre)

Hazırlama

1. Kemikleri yıkayın ve tencereye koyun, 4 litre suyu ilave edin. Tencereyi orta ısıdaki ocağa koyun ve kaynamaya bırakın. Üzerinde köpükler oluşunca, bir kaşık yardımıyla köpükleri alın.
2. Soğanı soyun, havucu yıkayın, kerevizin dış kısmını temizleyin, maydanozları ve kereviz saplarını yıkayın. Daha sonra hepsini büyük parçalar halinde doğrayarak tencereye ilave edin. Yenibahar, karabiber, hardal tohumu, defneyaprağı ve sirkeyi de ekleyin. Kısık ateşte 1-1,5 saat kadar hepsini birlikte kaynatın, daha sonra ocağı kapatın ve biraz soğumasını bekleyin.
3. Ilık bir ısıya geldikten sonra çelik veya emaye bir süzgeçten süzerek cam kavanozlara doldurun. İyice soğuduktan sonra da buzdolabına koyarak muhafaza edin.

TAVUK SUYUNUN ÇIKARILMASI

Malzeme

1 adet köy tavuğu veya organik tavuk (bütün)
3 litre su
2 adet kuru soğan
1 çay kaşığı tane karabiber
1 çay kaşığı tane yenibahar
1 çay kaşığı hardal tohumu
2-3 adet defneyaprağı
Yarım çay bardağı sirke
Kristal kayatuzu (ağız tadına göre)

Hazırlama

1. Doğal tavukların derilerinde tüyler olabileceğinden, tüyleri tütsüleyin ve tavuğu tuzla ovarak iyice temizleyin. Ardından bol suyla yıkayın ve bir tencereye koyun. Üzerine suyunu ilave edip, orta ısıdaki ocakta kaynamaya bırakın. Köpükler oluşunca, bir kaşık yardımıyla köpükleri alın.
2. Daha sonra soğanı soyup, iri iri doğrayın ve tencereye ilave edin.
3. Yenibahar, karabiber, hardal tohumu ve defneyaprağını da ekleyin.
4. Kaynamaya başlayınca ocağı kısıp, tavuk iyice pişene kadar (1-1,5 saat kadar) hepsini birlikte kaynatın, ocağı kapatın ve biraz soğumasını bekleyin. Ilık bir ısıya geldikten sonra, istediğiniz bir yemekte kullanmak üzere tavuğu tenceren alın. Suyunu çelik veya emaye bir süzgeçten süzerek, cam kavanozlara doldurun. İyice soğuduktan sonra da buzdolabına koyarak muhafaza edin.
5. Elde edilen bu tavuk suyunu da çorbalarda, zeytinyağlı yemeklerde, pilav ve dolamalarda kullanabilirsiniz.

ANNEANNEMİN TARHANA ÇORBASI

Dört mevsim yapılabilir.

Malzeme

5 su bardağı su
2 yemek kaşığı un
1 çay kaşığı karabiber
1 çay kaşığı tatlı kırmızıbiber
1 çay kaşığı yenibahar
1 çay kaşığı çörekotu
1 çay kaşığı zencefil
1-2 adet çarliston biber
7-8 yemek kaşığı yoğurt
Kristal kayatuzu (ağız tadına göre)

Hazırlama

1. Bir cam kâsede unu, tuzu, karabiberi, kırmızıbiberi, yenibaharı, çörekotunu ve zencefili karıştırıp 1 çay bardağı su ile sıvı bir kıvama getirin.
2. Çarliston biberleri yıkayıp, çekirdeklerini çıkardıktan sonra küçük parçalar halinde doğrayın.
3. 5 su bardağı suyu bir tencereye koyup, içine unlu karışımı ve doğranmış biberi ilave edin. Tencereyi orta ısıdaki ocağın üstüne koyun. Topaklan-

masını önlemek için, kaynayana kadar devamlı karıştırın. Kaynamaya başlayınca ocağı söndürün. Çorbayı kâselere dökün, her kâseye 1-2 yemek kaşığı yoğurt koyun ve servis edin.

Not:

- Arzunuza göre yoğurt yerine ekşimik veya ezilmiş beyazpeynir de kullanabilirsiniz.
- *Bu çorba rahmetli anneannemin bize mirasıdır. Kendisi 50'li yaşlarından sonra yemek borusunda ortaya çıkan bir rahatsızlıktan sonucu yutkunma güçlüğü çektiği son günlerine kadar yani 81 yaşına kadar bu çorba ile dinç, hareketli ve verimli (gençlere taş çıkartacak cinsten) bir ömür sürmüştür. Hiçbir zaman hastalığını ciddiye almamış ve son günlerine kadar çorbasını kendi yapabilecek enerji ile yaşamıştır. Biz bu çorbayı yapacağımız zaman halen "anneannemin tarhana çorbası" der, sanki yanımızda bize malzemeleri sayıyormuş gibi onun neşeli hatıraları ile yaparız. (N. Doğan)*

TARHANA ÇORBASI

Dört mevsim yapılabilir.

Malzeme

Kişi başına 1-2 yemek kaşığı tarhana
1 yemek kaşığı tarhana için 1 su bardağı su veya et suyu
1 çay kaşığı kırmızıbiber
1 tatlı kaşığı kuru nane

Hazırlama

1. Her 1 yemek kaşığı tarhana için, bir su bardağı su veya et suyunu tencereye koyun ve tarhanayı eritin, orta ısıdaki ateşte pişirin.
2. Bir tavada tereyağını eritin, kırmızıbiber ve kuru naneyi ilave edin, hafif cızlayınca çorbanın üzerine dökün ve servis edin.

Not:

- Ev tarhanasının tarifini 'Evde Yapılabilecek Hakiki Doğal Ürünler' bölümünde bulabilirsiniz.
- Tarhana çorbanızı yaparken arzu ederseniz kıyma veya peynir ekleyebilirsiniz.
- Acılı severseniz, biber salçası da ilave edebilirsiniz.

BUĞDAY ÇORBASI

Elazığ Yöresi

Dört mevsim yapılabilir.

Malzeme

1 çay bardağı dövme buğday
200 gr süzme yoğurt
1 adet yumurta sarısı
Yarım çay bardağı süt
1 yemek kaşığı tereyağı (tepeleme)
Kekik, kuru nane, pul biber (birer tutam)
Kristal kayatuzu, karabiber (ağız tadına göre)

Hazırlama

1. Buğdayı yıkayın ve üzerini örtecek miktarda sıcak su ile geceden ıslatın. Ertesi sabah 1-1,5 saat süre ile pişirin. Pişirirken suyu eksildikçe sıcak su ilave edin. Buğday pişince tencereyi ateşten alıp soğumaya bırakın.
2. Diğer taraftan süzme yoğurdu uygun bir tencereye koyun, üzerine 1 su bardağı kadar su ilave edin. İçine yumurta sarısını ve sütü koyun, iyice karıştırın. Pütürsüz hale getirince ocağın altını kısık olarak açın, yoğurt karışımınız yavaş yavaş ısınsın. Biraz ısındıktan sonra daha önce pişirdiğiniz buğday ile buluşturun ve karıştırmaya devam edin. Tuz ve karabiberi serpin, ocağın altını kapatın. Küçük bir tavaya tereyağını koyup kısık ateşte biraz ısıtın. Üzerine pul biber, kuru nane ve kekiği koyun, hafif cızladıktan sonra çorbanın üzerine dökün. Sıcak veya ılık servis yapabilirsiniz.

SOĞUK BUĞDAY ÇORBASI

Elazığ Yöresi

Yaz aylarında yapılabilir.

Malzeme

1 su bardağı dövme buğday
1,5 lt su
500 gr süzme yoğurt
1 adet yumurta
Yarım çay bardağı zeytinyağı
Pul biber, nane, kekik, reyhan (birer tutam)
Kristal kayatuzu

Hazırlama

1. Buğdayı yıkayıp düdüklü bir tencereye koyun, üzerine 1,5 litre su ilave edin ve kapağını kapatıp kısık ateşte 2 saat kadar pişirin.
2. Tencereyi buharı boşalana kadar dinlendirip kapağını açın.
3. Süzme yoğurdu bir kâseye boşaltın ve üzerine bir miktar pişmiş buğday suyundan ilave edip yoğurdu hafif sıvı bir kıvama getirin (ayran kıvamında olmasın).
4. İnceltilen yoğurda yumurtayı ilave edin ve iyice çırpın.
5. Hazırladığınız terbiyeyi tenceredeki buğdaya ilave edip, ocağı orta ısıda açın ve tel çırpıcıyla çırparak (çorbanın, yoğurt çorbasındaki gibi bir kıvam almaması için sürekli çırpmak gerekir) bir arada pişirin (10 dakika kadar) ve ocağı söndürün.
6. Çorbayı 15 dakika dinlendirin. Daha sonra tuzunu ilave edip bir kere daha çırpın.
7. Ayrı bir tavada, kısık ateşte zeytinyağını ısıtın, üzerine pul biber, nane, kekik ve kuru reyhanı koyun, hafif cızlayınca çorbaya ilave edin.
8. Çorbayı önce soğumaya bırakın, daha sonra buzdolabına kaldırın.
9. İyice soğuduktan sonra, büyük bir cam kâse içinde, üzerine buz kalıpları ekleyerek servis yapın.

Not:

- Bu çorba, özellikle yaz aylarının sıcak günleri için idealdir. Eğer sevdiğinizden daha kıvamlıysa sulandırabilir ya da süzme yoğurttan ayran yapıp inceltebilirsiniz. Bazı yörelerde bu çorbayı sarımsaklı yaparlar. Sarımsak da yakışmaktadır.
- Bu tarifi bizimle paylaşan Sayın Elif Ayla'ya teşekkür ederiz.

YOĞURTLU YARMA ÇORBASI

Tokat Yöresi

Dört mevsim yapılabilir.

Malzeme

1 su bardağı yarma (buğday kırığı)
Yarım çay bardağı kuru fasulye
Kristal kayatuzu (ağız tadına göre)
1 kg yoğurt
2 yemek kaşığı tereyağı
1 yemek kaşığı kuru nane (yarım demet ince doğranmış taze nane de olabilir)

Hazırlama

1. Yarma ve kuru fasulyeyi akşamdan ayıklayıp yıkayın ve bir tencerede üzerini öretecek miktarda ılık su ile ıslatın. Ertesi gün, suyunu süzmeden tencereyi kısık ateşe koyup, ıslattığınız yarma, nohut ve kuru fasulyeyi haşlayın. Haşlama sırasında gerekirse su ilave edin.
2. Malzemeler piştikten sonra ocağı kapatın ve çorbayı 10-15 dakika dinlendirdin. Bu arada yoğurdu ayran kıvamına gelene kadar iyice çırpın ve yavaş yavaş karıştırarak ılık çorba tenceresine dökün. Tuzu ilave edip karıştırın.
3. Bir tavaya tereyağını koyun, kısık ateşte eritin. Naneyi koyun ve cızlayınca çorbanın üzerine gezdirin ve servis edin.

TOPÇATA ÇORBASI

Rumeli Yöresi

Dört mevsim yapılabilir.

Malzeme

6 su bardağı su
200 gr kıyma
Yarım çay kaşığı kimyon
Yarım çay kaşığı karabiber
Yarım çay kaşığı pul biber
Yarım çay kaşığı kristal kayatuzu
Yarım kâse kadar ince bulgur
Yarım çay bardağı iri bulgur
1 yumurtanın sarısı
1 su bardağı yoğurt
1 limonun suyu
6-7 dal maydanoz

Hazırlama

1. Kıymayı, kimyon, karabiber, pul biber ve tuz ile yoğurun, fındık büyüklüğünde parçalara ayırın ve avuç içinizde yuvarlayarak şekil verin.
2. İnce bulguru büyük bir tabağa boşaltın ve hazırladığınız köftecikleri ince bulgura bulayın (birbirlerine yapışmalarını önlemek için).
3. Suyu bir tencereye dökün ve orta ısıdaki ocağın üstüne koyun. Kaynamaya başlayınca minik köftecikleri içine atın ve 10-15 dakika kısık ateşte pişirin. Daha sonra yarım çay bardağı iri bulguru ilave edin ve 5 dakika

kadar daha pişirin.

4. Bu arada ayrı bir kapta yoğurt, limon suyu ve yumurta sarısını iyice çırpın. Maydanozları yıkayıp, ince ince doğrayın.
5. Köftecikler pişip bulgur şiştikten sonra ocağı söndürün. 2-3 dakika bekleyin ve çorbayı karıştırarak yoğurtlu terbiyeyi ilave edin (çorbayı kestirmemek için terbiyeyi yavaş yavaş dökün). En üste doğranmış maydanozları serpin ve çorbayı kâselere boşaltarak servis edin.

DOMATES ÇORBASI

Dört mevsim yapılabilir.

Malzeme

4 bardağı su veya et suyu
5-6 adet domates (olgun büyük boy)
1 adet kuru soğan
Yarım çay bardağı sızma zeytinyağı
Kristal kayatuzu, karabiber (ağız tadına göre)
Yarım demet taze fesleğen veya nane
100 gr kadar eski kaşar (rendelenmiş)

Hazırlama

1. Domatesleri yıkayıp rendeleyin ve tencereye koyun. Soğanı soyup ince küp şeklinde doğrayın ve domatesin üzerine ilave edin. Zeytinyağını da koyup, kısık ateşte 10 dakika kadar pişirin.
2. Daha sonra su veya et suyunu koyun ve ocağı orta ısıda açın. Kaynamaya başlayınca ağız tadınıza göre tuzunu ve karabiberini ilave edin, ateşi söndürün. Fesleğen veya nane dallarını ince ince doğrayın ve çorbanın üzerine serpin. Eski kaşarı rendeleyin.
3. Çorbayı kâselere koyup, üzerini rendelenmiş eski kaşarla süsleyin ve servis edin.

Not:

- Arzu ederseniz bu tarife yarım çay bardağı bulgur da ilave edebilirsiniz
- Kış ve ilkbahar mevsimlerinde domates yerine ev yapımı domates salçası kullanabilirsiniz.

KIRMIZI MERCİMEK ÇORBASI

Dört mevsim yapılabilir.

Malzeme

2 su bardağı kırmızı mercimek
6-7 su bardağı su veya et suyu
1 adet orta boy soğan
1 yemek kaşığı biber salçası
2 yemek kaşığı tereyağı
1 çay kaşığı pul biber
1 yemek kaşığı kuru nane
Kristal kayatuzu (ağız tadına göre)

Hazırlama

1. Mercimeği yıkayın, tencereye koyun. Soğanı soyup ince ince doğrandıktan sonra tencereye ilave edin. Suyunu koyun ve orta ısıdaki ateşte kaynamaya bırakın. Kaynamaya başlayınca salçayı ekleyin ve 30-40 dakika kadar kısık ateşte pişirin.
2. Tereyağını tavada (kısık ateşte) eritin, pul biber ve naneyi koyup, hafif cızlayınca çorbaya ilave edin ve bir taşım kaynatın.
3. Ağız tadınıza göre tuzunu koyun ve sıcak olarak servis yapın.

Not:

- Bu çorba aynı şekilde yeşil mercimekle de yapılabilir.

PAÇA ÇORBASI

Dört mevsim yapılabilir.

Malzeme

4 adet kuzu veya keçi paçası
1 çay bardağı üzüm sirkesi
6 su bardağı su
1 yumurta sarısı
1 limonun suyu
Kristal kayatuzu, karabiber (ağız tadına göre)

Hazırlama

1. Paçaların tüylerini tütsüleyin ve daha sonra bıçakla kazıyın. Tırnakla-

rının arasındaki kıl keselerini tuzla ovarak yıkayın ve bir kaba koyup üzerine sirkeyi dökün. 15 dakika kadar sirkede tutun.

2. Daha sonra paçaları düdüklü tencereye koyun, üzerine suyu ilave edip kapağını kapayın. Orta ısıdaki ateşte kaynamaya bırakın, kuvvetli buhar çıktıktan sonra ateşi kısın ve 1 saat kadar kısık ateşte pişirin.
3. Daha sonra tencereyi ocaktan alıp soğumaya bırakın. Soğuduktan sonra kapağını açıp paçaları çıkarın ve etlerini kemiklerinden ayıklayıp küçük parçalara bölerek başka bir tencereye koyun. Paça suyunu süzerek etlerin üzerine ilave edin. Ağız tadınıza göre tuzunu ekleyin. Ocağı orta ısıda açıp çorbayı bir taşım kaynatın ve ocağı kapatın.
4. Cam bir kâsede yumurta sarısı ve limon suyunu çırparak terbiyeyi hazırlayın. Karıştırarak (yavaş yavaş) çorbaya ilave edin.
5. Daha sonra çorbayı kâselere koyun ve üzerine karabiber serperek servis edin.

KELLE PAÇA ÇORBASI

Dört mevsim yapılabilir.

Malzeme

1 adet temizlenmiş kuzu kelle (tüyleri tütsülenmiş)
2 adet temizlenmiş kuzu paçası (tüyleri tütsülenmiş)
2 adet kuzu incik
5-6 diş sarımsak (arzuya göre)
Yarım çay bardağı üzüm sirkesi
Pul biber, karabiber, kristal kayatuzu (ağız tadına göre)

Hazırlama

1. Tüyleri tütsülenmiş kelle ve paçaları bir tencereye koyun. Biraz su ilave edip bir taşım kaynatın ve suyunu süzün.
2. Daha sonra üzerini geçecek kadar (bir karış ölçüsünde) temiz sıcak su koyun ve orta ısıdaki ateşte 1 saat kadar kaynatın. Ara sıra kontrol ederek üzerinde oluşan köpükleri temizleyin. Daha sonra incikleri ilave edin, gerekirse tekrar sıcak su ekleyin ve hepsini birlikte kısık ateşte pişirin.
3. İyice pişince kellenin, paçaların ve inciklerin etlerini kemiklerinden ayıklayın. Ayıklanmış et parçalarını tekrar tencerenin içine koyun, üzerine tuz, sirke, karabiber, pul biber ve arzuya göre ezilmiş sarımsağı ilave edip, bir taşım kaynatın. Sıcak olarak servis yapın.

TAVUK ÇORBASI

Dört mevsim yapılabilir.

Malzeme

1 adet köy tavuğu (bütün)
2,5-3 litre su
2 adet kuru soğan
5'er adet tane karabiber ve yenibahar
2-3 yemek kaşığı beyaz üzüm sirkesi
1 yumurtanın sarısı
Yarım limonun suyu
Kristal kayatuzu, karabiber (ağız tadına göre)
4-5 dal maydanoz

Hazırlama

1. Doğal tavukların derilerinde tüyler olabileceğinden, tüyleri tütsüleyin ve daha sonra bir miktar tuzla ovarak iyice temizleyin. Ardından bol suyla yıkayın ve bir tencereye koyun. Üzerine suyu ilave edip, orta ısıdaki ocakta kaynamaya bırakın. Köpükler oluşunca bir kaşık yardımıyla köpükleri alın.
2. Bu arada soğanların kabuklarını temizleyip küçük küp şeklinde doğrayın ve tencereye ilave edin. Sirkeyi, yenibahar ve karabiber tanelerini de ekleyin. Kaynamaya başlayınca ateşi kısıp, tavuk iyice pişene kadar (1-1,5 saat kadar) hepsini birlikte kaynatın. Daha sonra ocağı kapatın ve biraz soğumasını bekleyin. Ilık bir ısıya geldikten sonra tavuğu tenceren alın. Derisini, bir adet but ve göğüs kısmının yarısını çorba için ayırıp, diğer kısmını başka bir yemekte kullanmak üzere kapaklı bir kâseye koyup buzdolabına kaldırın.
3. Tavuk suyunu da çelik veya emaye bir süzgeçten süzün, 4 su bardağı kadarını çorba için ayırıp geri kalanını cam kavanoza doldurarak, başka yemeklerinizde kullanmak üzere buzdolabına kaldırın.
4. Tavuğun çorba için ayırdığınız etlerini küçük küp şeklinde doğrayın ve tencereye koyun. Üzerine 4 su bardağı tavuk suyu ve 2 su bardağı su ilave edin. Tencereyi orta ısıdaki ocağın üstüne koyun ve kaynamaya bırakın.
5. Bu arada cam bir kâse içinde yumurta sarısı ve limon suyunu iyice çırparak terbiyesini hazırlayın. Maydanozları da yıkayıp ince ince doğrayın.
6. Çorba kaynamaya başlayınca, bir iki taşım kaynatıp ocağı söndürün, çorba suyundan bir kepçe alıp terbiyeyi ılıtın ve karıştırarak (yavaş yavaş) çorbaya ilave edin. Tuz ve karabiberini koyun. Doğranmış maydanozları serpin ve sıcak servis edin.

BALIK ÇORBASI

Dört mevsim yapılabilir.

Malzeme

1 kg lipsos veya iskorpit balığı
8 su bardağı su
2 adet kuru soğan
1 adet havuç
1 adet kereviz
4-5 dal kereviz sapı
5 adet tane karabiber
Yarım demet maydanoz
2 yemek kaşığı beyaz üzüm sirkesi
2 diş sarımsak
1 adet limon (dilimlenmiş)
Karabiber, kristal kayatuzu (ağız tadına göre)

Hazırlama

1. Lipsos veya iskorpit balığının derilerini çıkartıp, fileto şeklinde kesin veya kestirin. Balıkların baş ve kılçık kısımlarını atmayın.
2. Hazırladığınız balık filetolarını, baş ve kılçık kısımları ile birlikte bir tencereye koyun, üzerine suyu ilave edin ve orta ısıdaki ocağın üzerine koyup, haşlanması için kaynamaya bırakın. Kaynamaya başlayınca üzerinde oluşan köpükleri alın ve ateşi kısın. Kısık ateşte 10 dakika kadar haşlayın.
3. Bu arada soğanların kabuklarını, havuç ve kerevizin de dış kısımlarını temizleyin. Tüm sebzeleri küçük küp şeklinde doğrayın. Kereviz saplarını ve maydanoz dallarını da yıkayıp ince ince doğrayın. Sarımsağın kabuklarını soyup havanda ezin. Limonu yıkayıp dilimleyin.
4. Balık tenceresini ateşin üstünden alın, suyunu, çelik veya emaye süzgeçten geçirerek başka bir tencereye süzün. Kılçıklarını atın. Haşlanmış balıkları küçük küp şeklinde doğrayın.
5. Doğranmış soğanı, kerevizi, havucu, tane karabiberleri ve kereviz saplarını süzülmüş balık suyunun içine ilave edin. Tencereyi orta ısıdaki ocağa koyup, sebzeleri pişirin (10-15 dakika kadar).
6. Sebzeler pişince doğranmış balıkları ve beyinlerini ilave edin, 5 dakika daha kısık ateşte kaynatın. Ezilmiş sarımsağı, sirkeyi, tuzunu ve karabiberini koyun, ateşi söndürün. Maydanozları serpip, limon dilimleri ile birlikte servis edin.

KEREVİZ ÇORBASI

Sonbahar ve kış mevsimlerinde yapılabilir.

Malzeme

5 su bardağı su veya et suyu
2 adet kereviz
4-5 dal kereviz sapı
1 adet havuç
1 adet kuru soğan
3 yemek kaşığı zeytinyağı
1 çay bardağı süzme yoğurt
1 limonun suyu
2 adet yumurta sarısı
Kristal kayatuzu, karabiber, pul biber (ağız tadına göre)

Hazırlama

1. Kerevizleri temizleyin, saplarını ayıklayın ve yıkayın. Havucu kazıyın. Soğanı soyun.
2. Suyu bir tencereye döküp, orta ısıdaki ateşte kaynamaya bırakın. Kerevizleri küçük küp şeklinde doğrayın, yarım limonun suyu ile ovalayıp tencereye atın. Havucu ve soğanı da küçük küp şeklinde doğrayıp tencereye ilave edin. Çorba bir taşım kaynadıktan sonra, ocağın altını kısın ve sebzeleri kısık ateşte pişirin.
3. Bu arada kereviz saplarını ince ince doğrayın. Yoğurt, yumurta sarısı ve yarım limonun suyu ile terbiyeyi hazırlayın.
4. Sebzeler pişince zeytinyağını koyup bir taşım kaynatın, ocağı kapatın ve hazırladığınız terbiyeyi, karıştırarak (yavaş yavaş) çorbaya ilave edin. Tuz ve karabiberini serpin. En son doğradığınız kereviz saplarıyla süsleyip servis edin.

SEBZELİ BALKABAĞI ÇORBASI

Sonbahar ve kış mevsimlerinde yapılabilir.

Malzeme

250 gr balkabağı
1 adet kuru soğan
1 adet kereviz
1 adet havuç

2 yemek kaşığı kırmızı mercimek
2-3 yemek kaşığı zeytinyağı
6 su bardağı su
Karabiber, pul biber, kristal kayatuzu (ağız tadına göre)

Hazırlama

1. Dilimlenmiş balkabağının kabuklarını soyun, çekirdeklerini temizleyin ve yıkayıp, küçük küp şeklinde doğrayın.
2. Soğan, kereviz ve havucun dış kısımlarını temizleyin ve hepsini küçük küp şeklinde doğrayın.
3. Doğradığınız balkabağı, havuç, soğan ve kerevizi derin bir tencereye koyup üzerine suyu ilave edin. Tencereyi ocağın üstüne alın ve ateşi orta ısıda açın. Kaynamaya başlayınca mercimeği ilave edin ve ateşi kısın. Tencerenin kapağını kapatıp tüm malzemeleri kısık ateşte pişirin (25-30 dakika kadar).
4. Daha sonra zeytinyağı, tuz, karabiber ve pul biber ilave edip bir taşım kaynatın ve ocağı söndürün. Çorbayı kâselere döküp sıcak servis edin.

SÜTLÜ BALKABAĞI ÇORBASI

Rumeli Yöresi

Sonbahar ve kış mevsimlerinde yapılabilir.

Malzeme

500 gr balkabağı
Yarım çay bardağı su
5 su bardağı süt

Hazırlama

1. Dilimlenmiş balkabağının kabuklarını soyun, çekirdeklerini temizleyin ve yıkayıp iri parçalara bölün. Doğradığınız balkabaklarını bir tencereye yerleştirin, üzerine suyu ilave edin, kapağını kapatın ve kısık ateşte pişirin. Daha sonra balkabaklarını büyük bir kâseye alıp, ezin ve soğumaya bırakın.
2. Ayrı bir tencerede sütü kaynatın ve ezdiğiniz balkabakları ile karıştırıp, servis edin.

Not:

- Bu çorbayı sıcak veya soğuk olarak servis edebilirsiniz.
- Arzu ederseniz balkabağını pişirirken, hoş koku vermesi için 1-2 adet

tatlı çarliston biber de koyabilirsiniz. Ancak çorbayı servis ederken biberleri koymuyoruz!

- Ayrıca aynı tarifi 'karakabak' ile de uygulayabilirsiniz.
- Rumeli yöresinde bu tarif şeker ile yapılır ama biz Karatay Mutfağı'na uyarladık, inanın alışınca şekersiz olarak daha güzel oluyor.

ISIRGANOTU ÇORBASI

Sonbahar ve ilkbahar mevsimlerinde yapılabilir.

Malzeme

1 demet ısırgan otu
1 adet kuru soğan
1-2 diş sarımsak
5 su bardağı su veya kemik suyu
2-3 yemek kaşığı bulgur
1 çay bardağı yoğurt
1 yumurtanın sarısı
Yarım limonun suyu
2 yemek kaşığı tereyağı
1 çay kaşığı pul biber
Karabiber, kristal kayatuzu (ağız tadına göre)

Hazırlama

1. Isırganların yakıcı özelliği olduğu için, elinize bir çift eldiven (tek kullanımlık steril eldivenlerden) giyip ısırganları ayıklayın, yıkayın ve 15-20 dakika kadar sirkeli suda bekletip durulayın. Daha sonra ince ince doğrayın. Soğan ve sarımsakları da soyup, küçük küp şeklinde doğrayın.
2. Doğradığınız ısırganları, soğan ve sarımsağı derin bir tencereye koyup üzerine suyu ilave edin. Tencereyi ocağın üstüne alıp, orta ısıdaki ateşte kaynamaya bırakın. Çorba kaynamaya başlayınca ateşi kısın, bulguru ilave edin ve tüm malzemeleri kısık ateşte pişmeye bırakın.
3. Bu arada yoğurt, yumurta ve limon suyunu iyice çırparak terbiyeyi hazırlayın.
4. Çorba pişince, ateşi söndürün ve karıştırarak (yavaş yavaş) terbiyeyi ilave edin. Karabiberini ve tuzunu koyun.
5. Bir tavada, kısık ateşte tereyağını eritin, pul biberi koyun ve hafif cızlayınca çorbanın üzerine gezdirip servis edin.

Not:

- Bu tarifi mevsimine göre ıspanak, kuzukulağı ve pazı gibi otlarla da yapabilirsiniz.

KURU BAMYA ÇORBASI

Konya Yöresi

Sonbahar, kış ve ilkbahar mevsimlerinde yapılabilir.

Malzeme

6 su bardağı su veya kemik suyu
250 gr kuru bamya
2 adet kuru soğan
2 yemek kaşığı bulgur
1 yemek kaşığı domates salçası
1 yemek kaşığı biber salçası
3 yemek kaşığı zeytinyağı
Yarım demet maydanoz
Karabiber, kristal kayatuzu (ağız tadına göre)
1 adet limon (dilimlenmiş)

Hazırlama

1. Bamyaları 3-4 saat önceden yıkayın ve sıcak suda haşlayın. Soğanı soyup küçük küp şeklinde doğrayın.
2. Bamyaları ve soğanı tencereye koyun, suyu ilave edin. Tencereyi, orta ısıdaki ocağın üstüne koyun.
3. Küçük bir kâsede salçaları karıştırıp iki üç yemek kaşığı su ile durultun. Bulguru yıkayın.
4. Çorba kaynamaya başlayınca, ateşi kısın ve salça, bulgur ve zeytinyağını tencereye ilave edin ve tüm malzemeleri kısık ateşte pişmeye bırakın.
5. Bu arada maydanozları yıkayın ve ince ince doğrayın.
6. Bamyalar yumuşayınca, tuzunu ve karabiberini koyun. Ateşi söndürün, maydanozu serpin ve limon dilimleriyle servis edin.

Hafif, besleyici
OT VE SEBZE YEMEKLERİ

Sebzelerin Beslenmemizdeki Yeri

- Karatay Mutfağı'nın olmazsa olmazlarında biri de sebzelerdir. Ancak daha önce de vurguladığımız gibi sebzeler, kimyasal ilaçlara ve genetik değişimlere uğramadan doğal veya organik yöntemlerle yetiştirilmeli ve işlem görmemiş, doğal halleriyle mevsiminde tüketilmelidir.
- Sebzelerin sindirimi kolaydır. Bileşimlerinde bulunan fazla miktardaki selüloz (karbonhidrattır) ve su, bağırsakların hareketini kolaylaştırarak diğer yiyeceklerin sindirilmesine yardım eder.
- Halkımız arasında her bahar mevsimi içinde toplam 30-40 adet taze enginar tüketilmesinin, karaciğeri koruduğu bilgisi yer etmiştir. Bunun bilimsel olarak açıklaması, enginarın bir sebze olduğu halde sıfır karbonhidrat içermesi, yani glisemik indeksinin sıfır olması ve lifinin fazla olmasıdır. Enginar, karaciğer ve pankreasımızın dinlenmesine imkân sağlayarak yorulmasını önler.
- *Karatay Diyeti'yle Yaşam Boyu Sağlık* kitabında yer alan 'Karatay Beslenme Piramidi'nde de vurgulandığı gibi, sebzeler her gün doyuncaya kadar yenebilir, ancak vitamin ve minerallerle birlikte karbonhidrat içerdikleri de unutulmamalı ve yerken aşırıya kaçılmamalıdır!
- Sebzelerin besin değerleri bitkisel özelliklerine göre farklılık gösterir. Yaş sebzeler faydalanılan kısımlarına göre yedi gruba ayrılırlar:

1. Yumru, kök ve gövdelerinden faydalanılan sebzeler, örneğin havuç, turp, yerelması, zencefil, kereviz vb. Bitkilerin kökleri karbonhidrat bakımından zengindir. Besin değeri kabuğuna en yakın kısmında olduğu için ince soyulmalı ve çiğ ya da pişmiş yemeği hazırlandıktan sonra uzun süre bekletilmeden, mümkünse aynı gün içinde tüketilmelidir.
2. Sap, gövde ve yapraklarından faydalanılan sebzeler, örneğin ıspanak, lahana, semizotu, pazı, marul, pırasa vb. Sap, gövde ve yapraklarından faydalandığımız sebzeler ne kadar yeşil renkte ve taze olursa o derece

vitamin, mineral bakımından zengindirler. Bu gruptaki sebzeleri kullanırken yeşil yapraklarını fazla atmamak, hemen yıkayıp ve mümkün olduğunca iri doğrayarak kullanmak gerekir.

3. Çiçeklerinden faydalanılan sebzeler, örneğin brokoli, karnabahar, enginar vb. Çiçeklerinden faydalandığımız sebzeler, kalsiyum, fosfor, demir, C ve K vitaminince zengin ve lezzetlidirler.
4. Meyvelerinden faydalanılan sebzeler, örneğin, bakla, bamya, fasulye, börülce, mercimek, biber, domates, salatalık, kabak, patlıcan vb. Bu gruptaki sebzeler de vitamin, mineral, karbonhidrat ve protein (az miktarda) bakımından zengindirler. İyi hazırlanıp pişirildiği takdirde bu maddelerden bol miktarda faydalanılmış olur.
5. Soğanlarından faydalanılan sebzeler, örneğin sarımsak, soğan vb. Bu gruptaki sebzeler de özel kokuları ile iştah açar. Mide özsularını harekete geçirerek iştahı artırırlar. Sarımsak ve soğan az miktarda doğal antibiyotik ve E vitamini de içerirler. Lif ve posa bakımından oldukça zengindirler.
6. Kokularından faydalanılan sebzeler, örneğin dereotu, maydanoz, nane, reyhan, fesleğen vb. Bu gruptaki sebzeler de demir, kalsiyum A, C ve K vitaminleri bakımından zengin giyeceklerdir. Kokuları ve şekilleri itibariyle yiyeceklerimizin tat, lezzet ve görünüşlerini değiştirerek onları iştah açacak hale getirirler. Bunların çiğ olarak kullanılması sağlık yönünden daha faydalıdır.
7. Tohum veya çekirdeklerinden faydalanılan sebzeler, örneğin buğday, susam, keten, çörekotu, ayçiçeği, balkabağı, mısır, haşhaş vb. Bu gruptaki sebzelerin tohum veya çekirdekleri daha çok yağ yapımında kullanılırlar, Omega-3 ve Omega-6 bakımından zengindirler. Ancak yağları çıkarılırken mutlaka 'soğuk sıkım sızma' yöntemi uygulanmalıdır. Çünkü ısıl işlem gördüklerinde ve rafine edildiklerinde yapıları bozulmakta, zararlı hale gelmektedirler!

Sebze Yemeği Hazırlarken Dikkat Edilecek Noktalar

- Sebzeler, ayıklanıp yıkanırken ve pişirilirken yanlış işlemler ya da doğru bilinen yanlış uygulamalar nedeniyle büyük oranda vitamin, mineral kaybına uğrarlar. Doğru yöntemlerle hazırlanıp pişirilen sebze yemekleri vitamin kaybına uğramadıkları gibi sindirimleri de kolay olur.
- Özellikle bamya, taze fasulye, lahana, bakla gibi yeşil sebzeler, suya bastırılıp uzun süre bekletildiğinde bazı vitaminlerin suda çözünmesi sebebi ile vitamin kaybına uğrayabilir. Ancak maydanoz, dereotu, tere, roka gibi ye-

şillikler ve madımak, semizotu, ebegümeci gibi otlar sirkeli suda bekletilip yıkanmalı; ondan sonra doğranmalıdır. Yeşil soğan, pırasa, ıspanak gibi köklü sebzeler de kökü alındıktan sonra doğranmadan yıkanmalı, bamya, taze fasulye, bakla gibi diğer sebzeler ise önce yıkanmalı sonra sap, kılçık gibi yerleri ayıklanıp doğranmalı ve bekletilmeden pişirilmelidir.

- Marul, lahana gibi göbekli sebzeler ise yaprak yaprak ayıklanıp yıkanmalıdır. Ancak bu tür yeşil yapraklı sebzelerin dış yapraklarını fazla soyup atmamak gerekir. Çünkü dış koyu yaprakları vitamin bakımından daha zengindir.
- Kabuklu sebzelerde vitaminler genellikle kabuğa en yakın yerde olduğundan, eğer kabuksuz pişirilecekse incecik soymak gerekir. Kereviz, enginar gibi kabuklu sebzeler, soyduktan sonra kararmamaları için limonla ovulmalıdır.
- Sebzeler, kapaklı olarak ve ağır ateşte pişirilmelidir. Yemek pişirilirken mümkünse düdüklü veya basınçlı tencereler kullanılmalıdır, buhar çıkarmadıkları için vitamin ve mineral kayıpları az olur.
- Sebzeleri una veya galeta ununa bulayarak ya da direkt olarak yağda kızartmak kesinlikle yasak! Diğer her türlü kızarmada olduğu gibi bu tür pişirme yöntemleri de yemeği kanserojen hale dönüştürür.
- Zeytinyağlı yemeklere tat vermek amacıyla şeker katmak da yaygın olarak yapılan hatalardan biridir! Birinci bölümde şekerin zararlarını uzun uzun anlattık, bu sebeple zeytinyağlı veya diğer yemeklere kesinlikle şeker konulmayacak.
- Sebzeleri pişirirken, içlerinde barındırdıkları su da hesaplanmalı, yemeğe fazla su ilave edilmemelidir. Pişme sırasında suyu azalan yemeklere sıcak su ilave edilebilir.
- Tuz, sebzeyi sertleştirir ve geç pişmesine neden olur, dolayısıyla sebzenin vitaminleri önemli oranda azalır ve istenen lezzette olmayabilir. Bu nedenle tuz, yemek piştikten sonra ilave edilmelidir.

Sebzeleri Haşlamada İncelikler

- Haşlanacak sebzelerin haşlama suyu az ve kaynar olmalı, renklerini muhafaza için de az miktarda tuz ve limon suyu ilave etmelidir.
- Sebzeleri haşlarken çabuk haşlansın diye karbonat, yemek sodası koymak kesinlikle doğru değildir! Sebzenin bütün besleyici değerlerini ve vitaminlerini yok etmiş olursunuz. O zaman yediğiniz sebze açlık hissinizi giderebilir ama vücudun besin açlığını gidermez!
- Ispanak, semizotu gibi sebzeleri haşlarken hiç su koymamak gerekir. Sebze, haşlama işlemi esnasında bünyesindeki suyu dışarı verir, bu da

sebzeyi haşlamaya kâfi gelir. Diğer tane sebzeleri haşlarken de su, sebzenin üstüne örtecek kadar olmalıdır.

- Haşlama sebzelerin arta kalan suları dökülmemeli, çorba hazırlamada kullanmalıdır. Çünkü haşlama esnasında sebzedeki bazı mineral maddeler ve suda eriyen vitaminler suya geçerler. Bu da iyi bir gıdadır. Az da olsa ya sebzeyle servise konmalı veya çorba yapımında kullanılmalıdır.
- Kereviz, karnabahar, lahana gibi kokulu sebzeleri haşlarken tencerenin kapağını 1-2 dakika açık tutmak yeterlidir. Fazla koku ve gazın çıkması için tencere kapağını fazla açık tutmak da doğru değildir. Çünkü oksidasyon, vitamin kaybına sebep olur.
- Sebzeleri haşlarken yumuşayıncaya kadar haşlamalı, fazla pişirip ezilmesine meydan vermemelidir. Çünkü fazla pişirme, uzun süre ateşte tutma sebzelerde besin ve posa kaybına neden olur.

PASTIRMALI MADIMAK

Sivas Yöresi

İlkbaharda yapılabilir.

Malzeme

500 gr madımak
100 gr pastırma
1 adet kuru soğan
1 çay bardağı bulgur
1 yemek kaşığı domates salçası
2 yemek kaşığı sızma zeytinyağı
1 yemek kaşığı tereyağı
1 yemek kaşığı zeytinyağı
1,5 su bardağı sıcak su
Karabiber, kırmızıbiber (ağız tadına göre)

Hazırlama

1. Madımakları sirkeli suda bekletip yıkayın. Süzgeçte bekletin. Daha sonra ince ince doğrayın. Soğanı da soyup küçük küp şeklinde doğrayın.
2. Salçayı tencereye koyun, üzerine 1,5 su bardağı suyu ilave edip karıştırın ve orta ısıdaki ateşte kaynamaya bırakın.
3. Su kaynamaya başlayınca, doğradığınız madımak ve soğanı tencereye koyun, kapağını kapatın, kısık ateşte pişmeye bırakın. Madımaklar pişmeye yakın bulguru, zeytinyağı, karabiber ve pul biberi ilave edin, madı-

maklar yumuşayıp bulgur pişince ateşten indirin.
4. Madımak pişince ateşi söndürün. Ayrı bir tavada kısık ateşte tereyağını tavada eritin. Pastırmaları ikiye üçe bölüp, 2-3 dakika çevirin, madımağın üzerine koyup servis edin.

Not:
- Pastırma yeterince tuzlu olduğu için bu yemeğe ayrıca tuz koymuyoruz.
- Arzunuza göre pastırmaları çemenlerinden ayırabilirsiniz.
- Madımağın yanında sarımsaklı veya sade yoğurt servis edebilirsiniz.

KUZU ETLİ ŞEVKETİBOSTAN

Ege Yöresi
İlkbaharda yapılabilir.

Malzeme
500 gr şevketibostan
300 gr kuzu kuşbaşı (küçük doğranmış)
1 adet kuru soğan
1 su bardağı sıcak su
1 limonun suyu
3 yemek kaşığı sızma zeytinyağı
Kristal kayatuzu (ağız tadına göre)

Hazırlama
1. Şevketibostanları güzelce ayıklayıp (yabani olarak yetişir, dikensi yaprakları nedeniyle temizlemesi biraz zordur) yıkayın ve iri parçalar şeklinde doğrayın. Soğanı soyup küçük küp şeklinde doğrayın.
2. Kuşbaşı etini tencereye koyun, üzerine soğan ve zeytinyağını ilave edip, kısık ateşte etler suyunu salıp çekene kadar pişirin.
3. Daha sonra etlerin içine doğranmış şevketibostanları ekleyin ve karıştırın. Bir su bardağı kadar sıcak su ilave edip kısık ateşte pişmeye bırakın (gerekirse, şevketibostanlar ve et yumuşayıp pişene kadar, yemek çok sulu olmayacak şekilde az miktarda sıcak su ilave edebilirsiniz).
4. Yemek pişince limon suyu ve tuzu ilave edip güzelce karıştırın, servis edin.

Not:
- Son derece faydalı bir ottur. İzmirliler, "*Yılda bir defa da olsa mutlaka yenmelidir*" derler. Kuzu etiyle yemeği dışında haşlama salatası da yapılabilir.

ZEYTİNYAĞLI ENGİNAR

İlkbaharda yapılabilir.

Malzeme

4 adet dolgun enginar
10-15 adet arpacık soğan
1 kâse iç bakla
2 adet limon
1 demet dereotu
1 su bardağı sıcak su
1 çay bardağı zeytinyağı
Kristal kayatuzu

Hazırlama

1. Bir tabağa bir yemek kaşığı tuz koyun, üzerine de bir limonun suyunu sıkın. Bir tahtanın üzerinde enginarın çiçekli kısmını kesip atın ve (kararmaması için) hemen limonlu tuza batırıp kestiğiniz yeri ovun. Enginarın üzerine 5 cm kadar sap bırakıp kalan sapını kesin ve yine limonu tuza batırıp kesilen kısmı ovun. Sonra enginarı yan yatırıp çevirerek, bıçağı fazla derine de batırmadan ve sapını koparmadan yan kabuklarını soyun. Aynı şekilde kestiğiniz yerleri limonlu tuza batırıp ovun. En önemlisi de, enginarın içindeki tüyleri (bir çay kaşığı yardımı ile) büyük bir özenle temizleyin. Ayıkladığınız enginarları kararmaması için limonlu suda bekletin.
2. Temizleme işlemi bitice, enginarları bir tencereye yan yana yatırarak daire şeklinde dizin. İç baklaları kabuklarından ayırın, soğanları soyun ve enginarların üzerlerine ilave edin. Zeytinyağını ve yarım limonun suyunu ekleyin. Bir su bardağı sıcak suyu dökün ve tencerenin kapağını kapatarak kısık ateşte pişirin (enginarlar ve baklalar yumuşayana kadar). Daha sonra ateşten alarak soğumasını bekleyin.
3. Bu arada dereotunu yıkayıp ince ince doğrayın, enginarların üzerini dereotu ile süsleyip servis edin.

ZEYTİNYAĞLI BAKLA

İlkbaharda yapılabilir.

Malzeme

1 kg taze bakla
1 çay bardağı zeytinyağı

2 adet kuru soğan
1 çay bardağı sıcak su
1 limonun suyu
1 demet dereotu
Kristal kayatuzu
2 kâse yoğurt
1-2 diş sarımsak (arzuya göre)

Hazırlama

1. Baklaları bol suyla yıkayın, uçlarını ayıklayın ve elle ikiye kırarak tencereye koyun. Soğanları soyun ve küçük küp şeklinde doğrayıp baklaların üzerine ilave edin. Zeytinyağını ve suyu da ekleyip kısık ateşte pişirin (baklalar yumuşayıncaya kadar). Bu arada dereotunu yıkayıp ince ince doğrayın.
2. Tencereyi ateşten alınca limon suyu ve tuz ilave edip karıştırın. Daha sonra baklaları servis tabağına alıp üzerine ince kıyılmış dereotunu serpin. Sarımsakları soyun, havanda ezin, bir kâse yoğurda karıştırın. Arzu edilirse sarımsaklı veya sarımsaksız yoğurtla servis edin.

Not:

- Taze baklaları az su ile haşlayıp, sirke, zeytinyağı ve dereotu ilave ederek haşlama salatasını da yapabilirsiniz.

FIRINDA ALUCE[87]

Diyarbakır Yöresi
İlkbaharda yapılabilir.

Malzeme

6 kalem kuzu pirzola
Yarım çay bardağı üzüm sirkesi
500 gr aluce (ekşi küçük yeşil erik)
1 demet yeşil soğan
2 yemek kaşığı tereyağı

Hazırlama

1. Pirzolaları 5 dakika kadar üzüm sirkesinde bekletin. Daha sonra etleri sirkeden alıp bir tepsiye dizin.

[87] Prof. Dr. Mebrure Değer, *Annemin Diyarbakır Yemekleri*, Hayykitap, İstanbul 2009.

2. Soğanları temizleyip ince ince doğrayın ve etlerin üzerine ilave edin. Erikleri de yıkayıp ekleyin. Tereyağını küçük parçalara ayırıp tepsinin içine yerleştirin ve tepsiyi önceden 170 derecede ısıtılmış fırına verin. Etler yumuşayıp pişince çıkarıp, sıcak servis edin.

KUZU ETLİ KEME

İlkbaharda yapılabilir.

Malzeme

1 kg keme (yer mantarı, ceviz büyüklüğünde)
300 gr kuzu kuşbaşı (küçük doğranmış)
1 su bardağı sıcak su
1 yemek kaşığı tereyağı
Kristal kayatuzu

Hazırlama

1. Tereyağını bir tencereye koyup kısık ateşte eritin, üzerine etleri ilave edin, 2-3 dakika çevirin, 1 su bardağı sıcak su ilave edip kısık ateşte pişmeye bırakın. Bu arada mantarları temizleyip, yıkayın ve etlerin üzerine ekleyin, yumuşayana kadar pişirin. Daha sonra ateşten indirip sıcak olarak servis edin.

Not:

- Keme, yumru biçiminde ve kahverengi olup, ilkbaharda yağmurlardan sonra toprak üstüne çıkan bir mantar türüdür. Orta ve Güneydoğu Anadolu'da yetişir.

KIYMALI PİRPİRİM

İlkbahar ve yaz mevsimlerinde yapılabilir.

Malzeme

500 gr pirpirim (yabani semizotu)
200 gr kıyma (kuzu veya dana)
1 adet kuru soğan
1 çay kaşığı domates salçası
2 yemek kaşığı tereyağı
2 yemek kaşığı bulgur
1 su bardağı sıcak su
Kristal kayatuzu, karabiber, pul biber (ağız tadına göre)

Hazırlama

1. Semizotlarının topraklı köklerini kesin, kötü yaprakları varsa ayıklayın, sirkeli suda bekletin, yıkayıp süzün ve elle kopararak parçalayın (3-5 cm boyunda). Soğanı soyup küçük küp şeklinde doğrayın. Bulguru yıkayıp, süzün.
2. Tereyağını bir tencereye koyun, kısık ateşte eritin. Soğanı, kıymayı, salçayı, tuz, karabiber ve pul biberi ilave edin. Hepsini karıştırıp 2-3 dakika çevirin, sonra sıcak suyu koyun, temizlenmiş semizotlarını da ekleyin ve kısık ateşte pişirin.
3. Pişmeye yakın bulguru ilave edin, semizotları yumuşayıp bulgurlar da pişince ateşten indirin. Sıcak servis yapın.

Not:

- Semizotunun yabanisi çok lezzetli olur. Yetiştirme semizotuna oranla daha küçük, koyu yapraklıdır.
- Aynı uygulamayı ıspanak, pazı veya karalahana ile de yapabilirsiniz.
- Ayrıca bu tarifi kıymasız olarak, zeytinyağı ile de yapabilirsiniz.

ZEYTİNYAĞLI ISPANAK KÖKÜ

Yaz, sonbahar ve kış mevsimlerinde yapılabilir.

Malzeme

1 kg ıspanağın kökü
1 çay bardağı bulgur
Yarım çay bardağı sızma zeytinyağı
1 adet limonun suyu
Kristal kayatuzu, pul biber (ağız tadına göre)
1-2 kâse yoğurt

Hazırlama

1. Ispanak köklerini sirkeli tuzlu suda bekletin ve iyice yıkayın, süzdürün. Sonra bir tencereye koyun, üzerine 1 su bardağı kadar sıcak su ilave edin, bir taşım kaynatın, ateşi kısın.
2. Bulguru yıkayıp tencereye ilave edin. Üzerine zeytinyağı ve limon suyunu ekleyin. Kısık ateşte ıspanak kökleri yumuşayana kadar pişirin. Ateşten indirmeye yakın tuzunu ve pul biberini serpin. Yanında yoğurtla servis edin. Arzuya göre yoğurda 2-3 diş sarımsak ilave edebilirsiniz.

ZEYTİNYAĞLI TAZE FASULYE

Yaz ve sonbaharda yapılabilir.

Malzeme

1 kg taze fasulye
1 çay bardağı zeytinyağı
2 adet kuru soğan
2 adet domates (olgun)
1 limon (dilimlenmiş)
Kristal kayatuzu (ağız tadına göre)

Hazırlama

1. Fasulyeleri bol suyla yıkayın, uçlarını ayıklayın ve elle ikiye kırarak tencereye koyun. Soğan ve domatesleri soyun ve küçük küp şeklinde doğrayıp, fasulyelerin üzerine ilave edin. Zeytinyağını da ekleyip kısık ateşte pişirin.
2. Ateşi söndürünce tuzunu ilave edip, karıştırın. Limon dilimleri ile servis edin.

Not:

- Genelde domatesin suyu fasulyeleri pişirmeye yetiyor ama yemek pişerken arada kontrol edin, eğer domatesin suyu çekildikten sonra fasulyeler pişmemişse bir çay bardağı kadar su ilave edebilirsiniz.
- Aynı tarifi taze bamya ve barbunya ile de yapabilirsiniz. Yalnız bamyaları ayıklarken tepelerini derin almamaya dikkat etmelisiniz! Çünkü çok derin kesilen bamyalar suyla temas edince yapışkan bir hal alır. Bamyaları ayıklarken, kararmamaları için sirkeli veya limonlu suda bekletin. Ayrıca taze fasulye ve bamyayı kuzu veya dana kuşbaşı etiyle de yapabilirsiniz.

PEYNİRLİ YAZ TÜRLÜSÜ

Yaz ve sonbaharda yapılabilir.

Malzeme

2 adet patlıcan
2 adet sakız kabağı
5-6 adet sivribiber
3 adet domates
2 adet kuru soğan
1 baş sarımsak
1 çay bardağı zeytinyağı

100 gr beyazpeynir
Yarım demet maydanoz

Hazırlama

1. Patlıcanları yıkayıp alacalı soyun, küp şeklinde doğrayın ve kararmaması için tuzlu suya atın (1 tatlı kaşığı tuz +1 lt su).
2. Kabakları yıkayıp dış kısmını kazıyın ve onları da küp şeklinde doğrayın.
3. Soğan, sarımsak ve domatesi soyun. Soğan ve domatesi küçük küp şeklinde doğrayın, sarımsakları bütün bırakın. Biberleri de yıkayıp, halka şeklinde ince doğrayın.
4. Derin bir tencerenin dibine ayıklanmış doğranmış soğanları döşeyin. Üzerine doğranmış biberler ve sarımsak dişlerini yerleştirin.
5. Biber ve sarımsakların üzerine sırasıyla ayıklanmış kabakları, domatesleri ve patlıcanları döşeyin. Böylece tencerede sebze katları oluşturun.
6. En son üzerine zeytinyağını gezdirin. Tencereyi kapağı kapalı olarak kısık ateşe oturtun. İlk beş dakika içinde ara sıra tencereyi saplarından tutarak sallayın. Daha sonra hiç karıştırmadan pişirin.
7. Bu arada beyazpeyniri küçük küp şeklinde doğrayın. Maydanozu yıkayıp ince ince doğrayın.
8. Sebzeler saldıkları suyu çekip kolayca çatal batacak kadar piştiğinde doğradığınız peynirleri koyun ve ateşi söndürün, tencereyi kapağı kapalı olarak ılınmaya bırakın. Daha sonra yaz türlüsünü üzerine maydanoz serperek ılık servis edin.

Not:

- Beyazpeynir yeterince tuzlu olduğu için bu yemeğe ayrıca tuz koymuyoruz.
- Pişmiş sarımsak çok fazla kokmaz ama yine de sevmiyorsanız sarımsaksız da yapabilirsiniz.
- Maydanoz yerine taze fesleğen de kullanabilirsiniz.
- Ayrıca aynı tarifi fırında da yapabilirsiniz.

FIRINDA ETLİ TÜRLÜ

Yaz ve sonbaharda yapılabilir.

Malzeme

200 gr kuzu kuşbaşı (iri doğranmış)
2 adet patlıcan (yıkanıp soyulmuş ve küp şeklinde doğranmış)
2 adet sakız kabağı (yıkanıp kazınmış ve küp şeklinde doğranmış)

2 adet domates (yıkanıp soyulmuş ve küp şeklinde doğranmış)
1 adet kuru soğan (soyulmuş ve piyazlık şekilde doğranmış)
10-15 adet taze fasulye (yıkanıp ayıklanmış ve ikiye kırılmış)
10-15 adet bamya (yıkanıp ayıklanmış)
Yarım çay bardağı zeytinyağı
Kristal kayatuzu, karabiber, pul biber (ağız tadına göre)

Hazırlama

1. Eti ve yukarıda belirtilen şekilde doğradığınız tüm sebzeleri bir tepsiye dizin. Üzerine tuz, karabiber ve pul biber serpin. Zeytinyağı gezdirin.
2. Tepsiyi önceden 170 derecede ısıttığınız fırına verin, etler ve sebzeler yumuşayıncaya kadar pişirin. Sıcak olarak servis edin.

FIRINDA PATLICAN

Yaz ve sonbaharda yapılabilir.

Malzeme

4 adet patlıcan
2 adet kuru soğan
2 adet yeşil biber
2 adet olgun domates
3-4 diş sarımsak
Kristal kayatuzu, karabiber (ağız tadına göre)
3 yemek kaşığı sızma zeytinyağı
Yarım demet maydanoz

Hazırlama

1. Patlıcanları yıkayın ve kabuklarını soymadan tepsiye dizin. Ortalarını bıçakla yarın ve 180 derece ısıya ayarladığınız fırına koyup yumuşayıncaya kadar pişirin (5-10 dakika kadar).
2. Bu arada soğan, domates ve sarımsağın kabuklarını soyun, yeşil biberin çekirdeklerini çıkarın, hepsini küçük küp şeklinde doğrayın ve harmanlayarak, patlıcanların içine doldurulacak içi hazırlayın. En son bir tutam tuz ve karabiber ekleyin.
3. Yumuşamış patlıcanları fırından çıkarın ve hazırladığınız içi, patlıcanların içine doldurun. Üzerlerine bol zeytinyağı gezdirin ve fırında (170 derecede) 5-10 dakika daha pişirin. Bu arada maydanozları yıkayın, ince ince doğrayın. Fırından çıkardıktan sonra, patlıcanların üzerine serpip servis yapın.

Not:

- Yaz ve sonbahar aylarının vazgeçilmezi olan bu yemeğin yanında cacık, mevsim salatası veya yoğurtlu semizotu salatası iyi gider. Tabii kızartma yapılmadığı için daha lezzetli ve daha sağlıklı olur.

FIRINDA KABAK KAYIĞI

Yaz ve sonbaharda yapılabilir.

Malzeme

4 adet sakız kabağı
1 çay bardağı ince bulgur
1 su bardağı eski kaşar (rendelenmiş)
2 adet yumurta
2-3 dal maydanoz (yıkanıp, ince doğranmış)
5-6 dal dereotu (yıkanıp, ince doğranmış)
5-6 dal taze nane (yıkanıp, ince doğranmış)
8-10 adet zeytin
Yarım çay bardağı sızma zeytinyağı
Karabiber, pul biber (ağız tadına göre)
1 tatlı kaşığı susam
1 tatlı kaşığı ketentohumu

Hazırlama

1. Kabakların uçlarını kesin, kabuklarını hafif kazıyın, boylamasına iki eşit parçaya bölün ve içlerini kenarlarında biraz kalınlık kalacak şekilde kaşıkla boşaltın. Kabakların içini rendeleyin ve bir kâseye koyun. Bulguru yıkayın ve kabakların üzerine ilave edin.
2. Yumurtaları ayrı bir kâseye kırıp iyice çırpın. Çekirdeklerini çıkardığınız zeytinleri küçük küp şeklinde doğrayın.
3. Daha sonra çırpılmış yumurta, rendelenmiş İzmir tulum peyniri, doğranmış zeytin, ince doğranmış maydanoz, dereotu ve naneyi, zeytinyağını, tuz, karabiber ve pul biberi kabak içi ile bulgurun üzerine ilave edip iyice karıştırarak harcı hazırlayın ve kabakların içine doldurun. Üzerlerine susam ve ketentohumu serpin. Kabakları cam fırın tepsisine yerleştirin. Tepsiyi önceden 150 derecede ısıttığınız fırına verin, 10-15 dakika pişirin. Daha sonra pişmiş kabakları fırından alıp servis tabağına yerleştirin ve servis edin.

Not:

- Eski kaşar tuzlu olduğu için bu yemeğe ayrıca tuz koymuyoruz.
- Yaz ve sonbahar aylarının vazgeçilmezi olan bu yemeğin yanında cacık, mevsim salatası veya yoğurtlu semizotu salatası iyi gider. Tabii kızartma yapılmadığı için daha lezzetli ve daha sağlıklı olur.

KARIŞIK OT SEFASI

Ege Yöresi

Sonbaharda yapılabilir.

Malzeme

1 demet ebegümeci
1 demet arapsaçı
2 adet pırasa
1 tatlı kaşığı domates salçası
Yarım çay bardağı sızma zeytinyağı
Kristal kayatuzu, pul biber (ağız tadına göre)
1 kâse süzme yoğurt
1-2 diş sarımsak (arzuya göre)

Hazırlama

1. Arapsaçını ve ebegümecini ayıklayıp sirkeli tuzlu suda bekletin, yıkayın ve suyunu süzdürün. İkisini de elle iri iri kopararak parçalayın.
2. Pırasaları temizleyin, yıkayıp ince ince doğrayın ve bir tencereye koyun. Üzerine ebegümeci ve arapsaçını ilave edin. Salçayı bir çay bardağı su ile durultun ve otların üzerine ekleyin. En üste zeytinyağı gezdirin ve tencerenin kapağını kapatıp, otlar ve pırasa yumuşayıncaya kadar kısık ateşte pişirin. Ateşten indirmeye yakın tuzu ve pul biberi ilave edin, sonra ateşten indirip servis tabağına alın.
3. Sarımsaklı seviyorsanız, sarımsakları soyup havanda ezin, yoğurtla karıştırın. Yoğurdu yemeğin üzerine gezdirip servis edin.

Not:

- Sarımsaksız yoğurtla da servis edebilirsiniz.
- Bu tarifi arzu ederseniz yumurtalı olarak da yapabilirsiniz. Yemeği ateşten indirmeye yakın içine yumurta kırıp kayısı kıvamında pişirerek servis edebilirsiniz.

FIRINDA PEYNİRLİ KARAKABAK

Trakya Yöresi

Sonbaharda yapılabilir.

Malzeme

1 kg karakabak
350-400 gr beyazpeynir
Yarım demet taze nane (yıkanıp, ince doğranmış)
1 çay bardağı sızma zeytinyağı

Hazırlama

- Karakabağın dış kabuğunu soyun ve rendenin iri tarafı ile rendeleyin. Peyniri bir çatalla ezin, ince doğranmış nane ile birlikte rendelenmiş kabağa ekleyin, karıştırın.
- Hazırladığınız karışımı bir fırın tepsisine yayın, zeytinyağını üzerine gezdirip, önceden 180 derecede ısıtılmış fırına verin ve pişirin (10-15 dakika). Sıcak olarak servis edin.

LİMONLU KEREVİZ

Sonbahar ve kış mevsimlerinde yapılabilir.

Malzeme

4 adet orta boy kereviz
4-5 dal kereviz yaprağı
1 adet kuru soğan
1 adet havuç
Yarım demet dereotu
2 adet limon
3 yemek kaşığı sızma zeytinyağı
Kristal kayatuzu (ağız tadına göre)

Hazırlama

1. Kerevizlerin dış kısmını temizleyin, havucu kazıyın, soğanı soyun, dereotunu ve kereviz saplarını güzelce yıkayın.
2. Kerevizleri iri küp şeklinde, havucu ince halka şeklinde, soğanı da küçük küp şeklinde doğrayın. Dereotunu ve kereviz saplarını ince ince doğrayın (ayrı ayrı). 2 limonu da güzelce yıkayın, kabuklarını rendeleyin, suyunu sıkın, geri kalan posalı kısmını da küçük küp şeklinde doğrayın.

3. Bir tencerenin içine önce zeytinyağını ve soğanları koyun. Daha sonra havuçları yerleştirin. Havuçların üzerine de kerevizleri ve doğradığınız limon posası kabuklarını ve limon kabuğu rendesini ilave edin. Bütün malzemenin üzerine 2 limonun suyunu dökün ve kısık ateşte pişirin. Kerevizler pişmeye yakın, tuzunu ve kereviz yapraklarını ilave edin. Ocağın altını kapattıktan sonra da dereotlarını yemeğin üzerine serpin ve servis edin.

KIYMALI PIRASA

Sonbahar ve kış mevsimlerinde yapılabilir.

Malzeme

1 kg pırasa
300 gr kıyma
Yarım çay bardağı bulgur
1 adet kuru soğan
1 adet havuç
1 yemek kaşığı biber salçası
2-3 yemek kaşığı zeytinyağı
1 adet limon
1 çay bardağı sıcak su
Kristal kayatuzu, karabiber, kimyon, pul biber (ağız tadına göre)

Hazırlama

1. Pırasaları temizleyip yıkayın ve 3-5 cm uzunluğunda halkalar şeklinde doğrayın. Havucu kazıyın ve ince halkalar şeklinde doğrayın. Soğanı da soyup küçük küp şeklinde doğrayın. Limonu güzelce yıkayın, kabuğunu rendeleyip bir kenara koyun. Suyunu sıkın.
2. Bir tencereye soğan, kıyma, karabiber, pul biber, kimyon, tuz, salça ve zeytinyağını koyup karıştırın. Kısık ateşte 3-5 dakika çevirin.
3. Daha sonra pırasa ve havucu ilave edin. Üzerlerine sıcak suyu dökün ve kısık ateşte pişirin. Pişmeye yakın yıkanmış bulguru ekleyin. Bulgur, pırasa ve havuç yumuşayınca ateşten indirin, servis edin.

ACILI KAPUSKA

Sonbahar ve kış mevsimlerinde yapılabilir.

Malzeme

1 adet lahananın göbek kısmı (orta boy)

2 adet kuru soğan
300 gr kuzu kuşbaşı (iri doğranmış)
Yarım çay bardağı bulgur
1 yemek kaşığı biber salçası
Yarım çay bardağı sızma zeytinyağı
Kristal kayatuzu, karabiber, pul biber (ağız tadına göre)

Hazırlama

1. Lahananın göbek kısmını yaprak yaprak ayırın, yıkayın ve ince şeritler halinde keserek 3-5 cm uzunluğunda doğrayın. Soğanları da soyun ve küçük küp şeklinde doğrayın.
2. Bir tencereye eti, soğanları ve zeytinyağını koyun, kısık ateşte 2-3 dakika çevirin. Üzerine lahanaları ilave edin. Ayrı bir kâsede salçayı 1 çay bardağı kadar su ile durultun ve tencereye ekleyin. Lahanaların üzerini örtmeye yakın miktarda sıcak su koyun (su lahananın üzerini geçmeyecek!), karabiber ve pul biberi serpin, tencerenin kapağını kapatın ve kısık ateşte pişirin. Pişmeye yakın yıkanmış bulguru ve tuzunu ekleyin, etler iyice yumuşayıp, bulgur şişince ateşten indirin, servis edin.

Not:

- Bu tarifi etsiz olarak yapıp, yanında beyazpeynirle servis edebilirsiniz.
- *Rahmetli anneannem ve dedem hayranlıkla izlediğim, birbirlerine her işte (o kadın işi, bu erkek işi demeden) destek olan, her zorluğa birlikte göğüs geren, varlığı da yokluğu da bilen ve her yeniliğe kolay adapte olurken, geleneklerini unutmadan gittikleri her ortama taşıyabilen örnek bir çiftti. İkisi birlikte el ele vererek her kış bütün beyaz lahanalarla, büyük ahşap fıçılara turşu kurarlardı; bu turşunun suyunu 'cıbrısa' dedikleri otla lahana soğukluğu diyerek bize içirirler, lahanalarını da hem turşu olarak hem de yukarıdaki tarifin etsiz olan şekliyle 'ekşi lahana aşı' yemeği yaparak yerlerdi ve misafirlerine yedirirlerdi. Lahana soğukluluğunun ve yanında beyazpeynirle birlikte ekşi lahana aşının tadına doyum olmazdı. Ekşi lahana aşı yemeği için yukarıdaki tarifi et, karabiber ve salça koymadan uygulayabilirsiniz. (N. Doğan)*

SÜTLÜ LAHANA AŞI

Sonbahar ve kış mevsimlerinde yapılabilir.

Malzeme

1 adet lahananın göbek kısmı (orta boy)

Yarım çay bardağı ince bulgur
Yarım çay bardağı sızma zeytinyağı
1 su bardağı süt
Kristal kayatuzu (ağız tadına göre)

Hazırlama

1. Lahananın göbek kısmını yaprak yaprak ayırın, yıkayın ve ince şeritler halinde keserek 3-5 cm uzunluğunda doğrayın, bir tencereye koyun. Üzerine 1 su bardağı kadar sıcak su ilave edip kısık ateşte pişmeye bırakın. Bulguru yıkayın, lahananın üzerine ekleyin. Lahanalar yumuşayana kadar pişirin.
2. Ayrı bir kapta sütü ısıtın. Lahana pişince üzerine sütü ilave edip bir taşım kaynatın ve ateşten alın. Sıcak veya ılık olarak servis edin.

Not:

- Tuzunu servis ederken ekleyin. Yanında beyazpeynirle servis edebilirsiniz.

ZEYTİNYAĞLI YERELMASI

Sonbahar ve kış mevsimlerinde yapılabilir.

Malzeme

1 kg yerelması
2 adet havuç
1 adet kuru soğan
Yarım çay bardağı zeytinyağı
1 limonun suyu
1 su bardağı sıcak su
Yarım demet dereotu
Kristal kayatuzu (ağız tadına göre)

Hazırlama

1. Yerelmalarını temizleyip yıkayın ve iri küp şeklinde doğrayın. Havucu kazıyın, soğanı soyun ve onları da küçük küp şeklinde doğrayın.
2. Bir tencereye yerelmalarını, havuçları ve soğanları koyun, üzerine zeytinyağını gezdirin, limon suyunu ve 1 su bardağı sıcak suyu ilave edin. Hepsini birlikte kısık ateşte pişirin. Pişmeye yakın tuzunu ilave edin.
3. Bu arada dereotunu yıkayıp ince ince doğrayın. Yerelmaları yumuşayınca ateşten indirin, üzerine dereotunu serperek servis edin.

Protein deposu
ET VE SAKATAT YEMEKLERİ

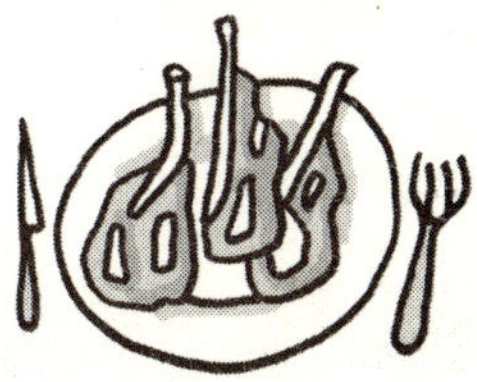

Kırmızı Etin Beslenmemizdeki Yeri ve Önemi

- Karatay Diyeti saf protein diyeti değildir! Bu beslenme ve yaşam biçiminde sağlıklı olarak protein, karbonhidrat ve yağlar dengeli olarak alınmaktadır. Bu sebeple kırmızı et ve sakatatlar da Karatay Mutfağı'nın olmazsa olmazları arasındadır.
- Kilo vermek ve verdiğimiz kiloda kalmak istiyorsak, her gün 4-5 kalem kuzu pirzolası, dana biftek, bonfile ya da etli sulu yemekleri (hiç olmazsa bir öğünde) korkmadan, suçluluk hissetmeden rahatlıkla tüketmeliyiz. Kırmızı etlerin sağladığı demir, protein ve vitaminler bağışıklık sistemimizi kuvvetlendirerek sık hastalanmamızı da önler. Sağlıklı saçlar, tırnaklar, kemikler, cilt ve organlarımızın tümü proteinlerden oluşmaktadır, unutmayalım! Bu nedenle insan vücudunun hayvansal proteine ihtiyacı vardır. Kırmızı et proteinleri, sağlıklı beslenme açısından doğal ve yoğun protein kaynağıdır.
- Açıkçası özgür dolaşan hayvanların kırmızı eti de, tavuk ve hindinin eti de sağlıklıdır.[88] Bu bağlamda en sağlıklı kırmızı et kuzu, keçi ve av hayvanlarının etleridir.[89]
- Kuzu böbreği, dalağı, beyni, karaciğeri, yüreği gibi sakatatlar da rahatlıkla yenebilir. Hem bol miktarda protein içerirler hem de fiyatları düşüktür. Sakatlar D vitamini ve demir bakımından zengindir. Özellikle karaciğer ve yürek çok fazla D vitamini içerir. Serbest, özgür dolaşan bütün hayvanlarda ayrıca Omega-3 de vardır.
- Dengeli bir şekilde kırmızı et tüketildiğinde kandaki ürik asit miktarı yükselmez! Bilinenin aksine kandaki ürik asidi et yemek yükseltmiyor, yani gut hastalığının nedeni etli yiyecekler değil de şeker gibi aşırı mik-

---

[88] Crawford MA. Fatty-acid ratios in free-living and domestic animals. The Lancet, 1968;1:1329-33.
[89] Simopoulos A P. et al. W-3 fatty acids in the prevention-management of Cardiovascular disease. Can J Phhysio Pharmacol,1997;75:234-239.

tarda tüketilen karbonhidratlardır. Christian B. Allan ve Wolfgang Lutz, *Life Without Bread* (Ekmeksiz Hayat) kitabında bu konuyu grafiklerle açıklıyorlar.[90]

- Ürik asit yüksekliğini, şeker ve kötü karbonhidratlar yani yüksek glisemik indeksli karbonhidratlar yapıyor. Ürik asit metabolizması, şeker metabolizmasına bağlıdır. Şeker metabolizması bozulunca, ürik asit metabolizması da bozuluyor. Şeker metabolizması düşük glisemik indeksli karbonhidratlarla düzelince, ürik asit değerleri de doğal olarak düzeliyor. Hemen ilaca saldırmak, işleri daha da karmaşık bir duruma sürüklüyor. Önemli olan kilo vererek insülin düzeyini düşürmek. Böylece metabolik bozukluklar da düzeliyor.

Kırmızı Et Proteinlerinin Faydaları

- Vücudumuzda, katabolizma (yıkılma) ve anabolizma (yeni hücre yapımı) gibi fizyolojik döngünün sağlanmasında proteinler başrolü oynarlar.
- İnsülin ve glukagon gibi hormonların ana maddeleridir.
- Proteinler insülin hormonunun son derece yavaş ve az salgılanmasına neden olurlar. Glisemik indeksi sıfır olan kırmızı et, uzun süre tok tutar, açlık hissi, sık sık yeme hissi oluşmaz. Acıkacağım korkusu yok olur.
- Kırmızı et proteinleri kilo vermeyi başlatır, zayıf ve dinç kalmayı sağlarlar.
- Kasların gelişmesini, yıkılan dokuların yeniden yapımını ve onarımını sağlarlar.
- Kemik ve sinir dokularının da yapımını ve gelişmesini sağlar.
- Antikor yapımını artırarak bağışıklık sisteminin güçlendirirler.
- Glukagon hormonunun yapımını artıran proteinler, karaciğer yağlarının yakılarak enerji için kullanılmasını sağlar. Glukagon hormonu salgılandığı sürece, insülin hormonu yapımı durur, tokluk hissi uzun süre devam eder ve acıkma hissi gelişmez.
- Suni yemlerle yağlandırılmamış olan hayvanların kırmızı eti, doğru pişirildiği zaman kolesterolü yükseltmez, bilakis yükselmesini önler. Karaciğer yağlanmasını önler, düzeltir ve sonuç olarak kan yağları da normalleşir.

---

[90] Allan BA., et al. Life Without Bread. How a LoCarbohydrate Diet Can Save Your Life. Discover how a low carb./high pretien diet can prevent-and even cure-herat disease, diabetes, and gastrointestinal disorders. Learn how to feel better and live longer by changing the way you eat. Develop strategies to transition from high-tolow-carb. nutrition.McGraw-Hill books. New York, NY 2000.

Sağlıklı Et ile Sağlıksız Et Arasındaki Farklar

- Ülkemizde en lezzetli yiyeceklerimiz arasında bulunan, doğallığını kaybetmemiş olan kırmızı et çeşitlerinden biri pastırmadır. Bu bağlamda, açık havada, gün ışığında dağlarda koşan, özgür olarak çayırlarda beslenen kuzu, keçi ve diğer av hayvanlarının etleri de son derece sağlıklıdır.
- Ancak tüm kırmızı etler aynı kefeye konmamalıdır. Fast-food olarak tüketilen hamburger etleri ya da fabrikasyon salam, sucuk ve sosis gibi etler dünyanın her yerinde olduğu gibi Türkiye'de de işlenmiş ve kimyasal katkı maddeleri ile tatlandırılmış olduğu için sağlıksız et sınıfındadırlar. Salam, sosis, hamburger, sucuk gibi fabrikada üretilmiş hazır etlerin içine koruyucu olarak eklenen nitritler, nitratlar ve nitrosaminler pişirilme sırasında kanser yapan toksik kimyasal maddelere dönüşmektedir. Bu kimyasal maddeler kanser ve birçok hastalıkla beraber erken ölümlerin nedenidir.
- Ülkemizdeki sofralarda geleneksel olarak, sağlıklı kırmızı et olarak gösterilen keçi, kuzu, doğal beslenen dana ve koyunların etleri tüketilmektedir. Ayrıca hayvanlarımızın kanı akıtılarak kesilmesi, etlerimizin yemeğe hazırlanması ve pişirme yöntemlerimi de onları sağlıklı kılan diğer etkenlerdir. Türk mutfak kültüründe uygulanan yahni, etli sebze veya bakliyat yemekleri, fırında pişirme, buğulama, haşlama gibi pişirme yöntemleri çok sağlıklıdır.
- Sağlıklı kırmızı etleri, tavuk veya balıkları plastik poşet içinde veya alüminyum folyoya sararak pişirmek ise oldukça zararlıdır! Çünkü plastik poşetlerdeki polikarbonlar, alüminyum folyodaki alüminyumlar vücuda girer. Alüminyum vücuttan atılamaz ve vücutta biriken alüminyumun Alzheimer'a neden olduğu biliniyor. Alüminyum folyoyu çok gerekli durumlarda soğuk yemekleri buzdolabına koyarken üstünü örtmek için kullanabiliriz, ancak kesinlikle yemeğe değmemelidir.
- Kırmızı etin kanser yaptığını bildiren çalışmaların yapıldığı ABD gibi ülkelerde, ülkemizde olduğu gibi, kuzu, keçi, koyun ve dana etleri tüketilmez. ABD'de aşırı miktarda sığır ve domuz eti tüketilir. Sığır ve domuzların beslenmeleri, kesilmeleri (kan akıtılmaz), etlerinin saklanıp pişirilme ve tüketilme yöntemleri de tamamen bizim yöntemlerimizden farklıdır.
- Hayvanların kanı akıtılarak kesilmesi, çok sağlıklı bir kesim yöntemidir. Kesim sırasında akıtılan kan ile ölüm sonucu oluşan hayvansal toksinlerin birikmesinin önü alınmaktadır. Oysa ABD, Avrupa gibi ülkelerde hayvanlar, kanları akıtılmadan değişik bir yöntemle kesilir.

- Ülkemizde (kıyma şeklinde) son derece az miktarda sığır eti tüketilir. Kırmızı etin kanser yaptığı bildirilen ülkelerde, kırmızı et olarak daha çok iri sığır, domuz ve buffalo tüketilmektedir.
- Kırmızı etin kanser yaptığı bildirilen ABD gibi ülkelerde hayvanlar stilbestrol hormonu (büyüme ve yağlanma hormonu) ile yağlandırılıp geliştirilmişlerdir. Suni yemlerle beslenmişlerdir. Yaşlı, iri sığır, buffalo ve domuz eti içinde oluşmuş olan 'stearik asit' ve trans yağlar asıl kanser nedenidir.
- Ayrıca ülkemizdekinin aksine, bu hayvanların etleri iki üç parmak kalınlığında kesilip, yarım kilo olarak mangalda ya da sıvı yağda kızartılarak yemeye hazırlanırlar. Mangalda ya da sıvı yağda kızartma sırasında yüksek ısı nedeni ile 'stearik asit'ten fazla miktarda trans yağlar oluşur.
- Şnitzel haline sokmak, una veya sosa bulayıp kızartmak, lüzumsuz katkı maddeleri kullanmak da etleri (sağlıklı yetişmiş olsa da) kanserojen hale getirmektedir!
- İşte asıl kanser nedeni, bu kırmızı etlerin hazırlanışları ve pişirilmeleri sırasında fazla miktarda oluşan, doğallıklarını kaybetmiş ve bozulmuş olan trans yağlardır. Kırmızı etin kendisi kanserojen değildir.

Et Satın Alırken Dikkat Edilecek Noktalar

- Ete dokunarak taze olup olmadığını anlayabilirsiniz. Dokunduğunuzda parmağınızı ıslatmıyorsa et tazedir.
- Bozulmuş kırmızı et morumsu bir renktedir, kolayca parçalanır, ıslaktır. Dokunulduğunda yağı ele yapışır. Taze etin rengi pembe ve kırmızı tonlarındadır, kokusu kendine has et kokusudur. Bozuk et ise ağır ve kötü kokar.
- Kırmızı etin esmerleşmiş olması da bozuk olduğunu gösterir.
- Kıyma alırken önceden çekilmiş olanına rağbet etmeyin. Seçtiğiniz etin kıymasını çektirmek daha doğru olur.
- Ete parmağınızı bastırdığınızda etin üzerinde parmak iziniz hemen kaybolmalıdır. Parmağınızın izi ette kalıyorsa, et bayatlamaya yüz tutmuştur.
- Kasap vitrinlerinde kuvvetli ışık altında bulunan etlerin rengi sizi yanıltabilir. Eti vitrin dışına çıkarıp kontrol etmek gerekir.

Et Pişirirken Dikkat Edilecek Noktalar

- Etler ızgara yapılırken önce harlı, sonra ağır ateşte pişirilmelidir. Böylece kabuk yapan etin kıymetli suyu dışarıya çıkmaz.

- Haşlama usûlü pişirirken eti, kaynar su ilave ederek haşlayın. Kaynar su eklendiğinde sıcağın etkisiyle etin yüzeyindeki albümin maddesi koyulaşır. Böylece etin kendi suyunun haşlama suyuna geçmesi engellenir. Bu şekilde pişen et daha lezzetli ve besleyicidir. Et yumuşamaya başladığında tuz ekleyin. Tuzu baştan ilave etmek, eti sertleştirir.
- Ayrıca proteinini artırmak için de içine çeşitli sebzeler (kereviz, havuç, soğan, sarımsak vb) ekleyebilirsiniz. Haşlama sonrasında bu sebzeler etle beraber servis yapılabilir veya ezilerek et suyuna katılıp çorbada kullanılabilir. Haşlama suyuna kokulu otlardan da ilave edebilirsiniz.
- Etler fırında sebze ilavesi ile pişirilirse hem yumuşak olur hem de vitamin kaybı olmaz.
- Tencere kebaplarında tarçın ya da karanfil kullanılabilir. Karabiber her türlü kuşbaşı ete yakışır. Köri ve safran, bazı et yemeklerinde kullanılsa da özellikle köri, tavuk yemeklerine daha uygundur.
- Kebaplar ve yahnilerde et ilk önce biraz yağ ilavesi ile hiç su konulmadan, bıraktığı suyu çekene dek kısık ateşte pişirilir. Fazla esmerleşmemesine dikkat edilmelidir. Et tek başına pişecekse çok az sıcak su eklenir. Sulu sebzeler katılacaksa suya gerek kalmayabilir. Ancak bu şekilde pişirirken de tuz ete kesinlikle baştan atılmaz, çünkü eti sertleştirir. Tuz, et suyunu iyice çekip yarı yarıya piştiğinde ilave edilir.
- Et fırında ızgara yapılacaksa, çok kızgın olmayan, önceden ısıtılmış fırında pişirilir. Fırına koyarken etin yağlı kısmı üste getirilmelidir.
- Izgara hafif ateşte yapılır. Etler buzdolabından alındıktan sonra biraz bekletilir ve tuzu, ızgara yapıldıktan sonra serpilir.
- Ayrıca şişlere soğan, biber, domates, patlıcanla birlikte dizilerek yakmadan, kor ateşte de pişirilebilir. Şişlere yalnızca et de dizebilirsiniz.
- Kızgın yağda kızartma yapılmamalıdır! Etler sos veya una bulandırılarak yağda kızartılmamalıdır. Eğer illa kızartma yapmak isteniyorsa kısık ateşte, az zeytinyağı veya tereyağı ile kendi suyunda pişirme yapılabilir.

OĞLAK KEBABI

Trakya Yöresi

İlkbaharda yapılabilir.

Malzeme

1 kg kemikli oğlak eti (el büyüklüğünde parçalanmış)
2 adet kuru soğan
Yarım demet yeşil soğan

Yarım demet taze nane
1 çay bardağı sızma zeytinyağı
1 su bardağı sıcak su
Kristal kayatuzu, karabiber, pul biber (ağız tadına göre)

Hazırlama

1. Kuru soğanları soyun, piyazlık şekilde doğrayın ve bir fırın tepsisinin dibine yayın. Üzerine oğlak etlerini yerleştirin. Üzerine 1 su bardağı sıcak suyu ilave edin ve tepsiyi önceden 200 derecede ısıttığınız fırına verip pişirin (etler pişerken arada kontrol edin, suyu az gelirde 1 su bardağı kadar daha sıcak su ilave edin).
2. Bu arada yeşil soğanları temizleyin, ince ince doğrayın. Naneyi ayıklayıp, yıkayın ve ince ince doğrayın.
3. Etler yumuşamaya başlayınca, tepsiyi fırından almadan ortalama 10 dakika önce doğranmış yeşil soğanları etlerin üzerine serpiştirin, tuz, karabiber ve pul biberi ilave edin, üzerine zeytinyağı gezdirin. Tepsiyi tekrar fırına verin. 10 dakikanın sonunda fırını kapatın, tepsiyi fırından alın, üzerine doğranmış naneleri serpiştirin, oğlak kebabını servis edin.

FIRINDA KUZU PİRZOLA

Yaz ve sonbaharda yapılabilir.

Malzeme

1 kg kuzu pirzola
4 adet olgun domates
3 adet yeşil biber (acı veya tatlı)
3 yemek kaşığı sızma zeytinyağı
1 yemek kaşığı kekik

Hazırlama

1. Kasapta hazırlattığınız kuzu pirzolaları bir tepsiye dizin, üzerine zeytinyağı gezdirin ve 200 derecede ısıtılmış fırında, 10-15 dakika kadar, pişirin.
2. Domatesleri ve biberleri yıkayıp, halka şeklinde dilimleyin. Pirzolalar hafif suyunu çekmeye başlayınca, tepsiyi fırından alın ve üzerlerini, dilimlenmiş domates ve biberle kaplayın. Daha sonra tepsiyi tekrar fırına koyun, 20-30 dakika daha pişirin (etler ve sebzeler yumuşayıp, suyunu çekene kadar).

3. Tepsiyi fırından çıkarmaya yakın, pirzolaların üzerine kekik serpin. Daha sonra mevsim salatası ile servis yapın.

Not:

- Bu yemeğe tuz ve karabiber eklenmez! Ancak arzu edenler, yerken az miktarda ilave edebilirler.
- Yaz ve sonbahar aylarında domates ve biberle yapılan bu tarifi, diğer mevsimlerde sade olarak da uygulayabilirsiniz.
- Bu tarif, aynı şekilde dana biftek ile de yapılabilir.

ÇÖMLEKTE KUZU KEBAP

Yaz ve sonbaharda yapılabilir.

Malzeme

1 kg kuzu kuşbaşı (iri doğranmış)
2 adet patlıcan
2 adet domates
4 adet yeşil sivribiber
10-15 adet arpacık soğan
100 gr kuyrukyağı (veya tereyağı)
Kristal kayatuzu, karabiber (ağız tadına göre)

Hazırlama

1. Kuyrukyağını (yoksa tereyağı da olabilir) bir çömleğin içine koyun ve kısık ateşte eritin. İçine kuşbaşı doğranmış kuzu etlerini ilave edin.
2. Patlıcanları yıkayın ve alacalı soyup iri küp şeklinde doğrayın. Biberleri yıkayın, 2 cm uzunluğunda doğrayın. Soğanları soyup bütün olarak bırakın. Domatesleri yıkayıp rendeleyin. Hepsini sırasıyla çömleğe ilave edin ve önce hızlı, kaynamaya başlayınca kısık ateşte pişirin (etler yumuşayana kadar). Pişmeye yakın karabiberi ve tuzunu da koyun, daha sonra ateşten alıp servis edin.

Not:

- Çömleğiniz yoksa tencerede de pişirebilirsiniz.

ARPACIK SOĞANLI YAHNİ

Yaz ve sonbaharda yapılabilir.

Malzeme

1 kg dana kuşbaşı (süt dana)
1 kg arpacık soğan
2 adet domates
1 adet kırmızıbiber (közlemelik biberlerden)
1 adet yeşil biber (közlemelik biberlerden)
1 yemek kaşığı biber salçası
2 yemek kaşığı tereyağı
Yarım çay bardağı üzüm sirkesi
Sıcak su (tenceredeki etlerin üzerini örtecek miktarda)
Kristal kayatuzu, karabiber, kırmızıbiber (ağız tadına göre)

Hazırlama

1. Etleri cam bir kaba koyun, üzerine sirkeyi döküp karıştırın ve sirke içinde 15-20 dakika dinlendirin (buzdolabında).
2. Bu arada soğanları soyup yıkayın. Biberleri yıkayıp temizleyin, uzunlamasına dört beş parçaya bölün ve küçük küçük doğrayın. Domatesleri de soyup küçük küp şeklinde doğrayın.
3. Etleri buzdolabından çıkarın, sirkenin fazlasını süzdürün. Bir tencerede kısık ateşte tereyağını eritin, üzerine etleri ilave edin, arada bir karıştırarak etler suyunu bırakıp, çekinceye kadar pişirin.
4. Daha sonra arpacık soğanları, doğranmış domatesi ve biberi, çok az suda sulandırılmış salçayı, tuz, karabiber ve kırmızıbiberi de ekleyin. Üzerini örtecek miktarda sıcak su koyun, kapağı kapalı olarak kısık ateşte pişmeye bırakın. Etler iyice yumuşayıp, yemek kendi suyuyla kalınca ateşten indirin ve servis edin.

Not:

- Bu tarifi kış ve ilkbaharda domates yerine domates salçası, biber yerine de kuru kırmızıbiber koyarak yapabilirsiniz.
- Dana yerine kuzu eti kullanabilirsiniz.

ŞİŞTE PATLICAN KEBAP

Yaz ve sonbaharda yapılabilir.

Malzeme

500 gr kuzu kıyma (yağlı)
Kristal kayatuzu, karabiber, kimyon, pul biber (ağız tadına göre)
4 adet patlıcan
2 adet domates
2 adet yeşil biber
Demir şiş ve çöp şiş
Yarım demet maydanoz (yıkanıp yaprak yaprak ayıklanmış)

Hazırlama

1. Kıymayı bir kaba koyun, üzerine tuz, karabiber, kimyon, pul biber ilave edip güzelce yoğurun. Ceviz büyüklüğünde parçalara ayırın.
2. Domates ve biberleri yıkayın, domatesleri dörde bölün, biberleri de ikiye üçe bölün. Daha sonra bir dilim domates, bir dilim biber şeklinde çöp şişlere dizin ve hazırladığınız şişleri de ısıya dayanıklı cam bir tepsiye dizin.
3. Patlıcanları yıkayıp alacalı şekilde soyun ve 4-5 cm uzunluğunda halka şeklinde doğrayın. Kararmamaları için bekletmeden, bir patlıcan bir köfte şeklinde demir şişlere dizin ve dizdiğiniz şişleri, domates-biber şişlerinin aralarına yerleştirip, önceden 180 derecede ısıtılmış fırında pişirin. Köfteler pişip patlıcanlar yumuşayınca tepsiyi fırından alın, patlıcan kebabı, yanında maydanoz yaprakları ile sıcak servis edin.

Not:

- Arzu ederseniz kıymayı yoğururken 4-5 diş sarımsak veya 1 adet ince doğranmış kuru soğan ilave edebilirsiniz. Patlıcan kebabı fırın yerine ızgarada veya mangalda yakmadan pişirebilirsiniz.

HÜNKÂRBEĞENDİ

Yaz ve sonbaharda yapılabilir.

Malzeme

750 gr kuzu kuşbaşı (iri doğranmış)
3 adet kuru soğan
2 adet domates (olgun)
2 yemek kaşığı tereyağı

6 adet bostan patlıcanı
Yarım çay bardağı süt
100 gr eski kaşar (rendelenmiş)
Kristal kayatuzu, karabiber (ağız tadına göre)

Hazırlama

1. Soğanları soyun ve küçük küp şeklinde doğrayın. Domatesleri de yıkayıp rendeleyin (kabuklarını rendelemeyin).
2. 1 yemek kaşığı tereyağını bir tencereye koyun, kısık ateşte eritin ve kuzu kuşbaşı etlerini, soğan, domates ve karabiberi ilave edip, karıştırın. Üzerine 1 su bardağı sıcak su ilave edip, tencerenin kapağını kapatın ve kısık ateşte pişirin (etler yumuşayıp suyunu çekene kadar).
3. Bu arada patlıcanları bir tepsiye dizin (kürdanla birkaç yerinden delerek) ve180 derecede ısıtılmış fırında yumuşayıncaya kadar pişirin.
4. Patlıcanlar pişince fırından çıkartıp kabuklarını soyun ve püre haline gelinceye kadar ezin.
5. Bir tavada kısık ateşte kalan 1 yemek kaşığı tereyağını eritin, üzerine ezilmiş patlıcanları koyun, yarım çay bardağı sütü, tuz ve karabiberi ilave edin ve sürekli karıştırarak suyunu çekene kadar pişirin.
6. Daha sonra patlıcan püresini ateşten alıp bir servis tabağına yayın ve pişirdiğiniz etleri de ateşten indirip patlıcan püresinin ortasına koyun, servis edin.

SAC TAVA

Yaz ve sonbaharda yapılabilir.

Malzeme

1 kg kuzu kuşbaşı (küçük doğranmış)
100 gr doğranmış kuyrukyağı (veya tereyağı)
100 gr sivribiber
2 adet domates
4-5 diş sarımsak
Kristal kayatuzu, karabiber, pul biber (ağız tadına göre)

Hazırlama

1. Biberleri ve domatesleri yıkayın, biberleri ince halka şeklinde, domatesleri de soyup küçük küp şeklinde doğrayın. Sarımsakları da soyun ve havanda ezin.

2. Kuyrukyağını (veya tereyağını) bir tavaya koyun, kısık ateşte eritin. Etleri ilave edin ve etlerin rengi dönene kadar çevirin. Sonra üzerine domatesleri, biberleri ve sarımsağı ilave edip, etler yumuşayıncaya kadar pişirin.
3. Ateşten indirince tuz, karabiber ve pul biber ekleyerek servis yapın.

Not:
- Kuzu yerine dana eti de (kuşbaşı) kullanabilirsiniz.

TEPSİ KEBABI

Yaz ve sonbaharda yapılabilir.

Malzeme

1 kg kuzu kuşbaşı (iri doğranmış)
5-6 adet orta boy domates
5-6 adet sivribiber
1 baş sarımsak
2 yemek kaşığı tereyağı
Kristal kayatuzu, karabiber, pul biber (ağız tadına göre)

Hazırlama

1. Domatesleri yıkayın, halka şeklinde doğrayın. Biberleri de yıkayıp 2 cm uzunluğunda doğrayın. Sarımsakları da soyun, bütün bırakın.
2. Etleri ısıya dayanıklı cam tepsiye dizin. Üzerine domates, biber ve sarımsakları yerleştirin. Pul biber ve karabiberi serpin.
3. Tereyağını küçük parçalara bölerek tepsinin üstüne dağınık şekilde koyun. Önceden ısıtılmış 180 derece ısıdaki fırına verin. Etler pişip yumuşayınca fırından alın tuzunu serpin ve servis edin.

Not:
- Bu tarifi dana kuşbaşı eti ile de uygulayabilirsiniz.
- Tepsi kebabını ayrıca kıymayla da yapabilirsiniz. Orta yağlı kuzu veya dana kıyması içerisine ağız tadına göre karabiber, kırmızıbiber, kimyon, kuru nane, kekik, kristal kayatuzu ve ince kıyılmış maydanoz konup, karıştırılarak bir harç yapılır ve bastırılarak bir tepsiye yayılır (4-5 mm kalınlıkta). Üzerine gerekli miktarda parça halinde domates ve yeşil biber konur ve fırında iyice pişmesi sağlanır.

BUĞU KEBABI

Yaz ve sonbaharda yapılabilir.

Malzeme

1 kg kuzu kuşbaşı (iri doğranmış)
500 gr arpacık soğan
4-5 diş sarımsak
2 adet domates (olgun)
2-3 adet defneyaprağı
1 tatlı kaşığı kekik
3 yemek kaşığı sızma zeytinyağı
2 yemek kaşığı üzüm sirkesi
Kristal kayatuzu, karabiber, pul biber (ağız tadına göre)

Hazırlama

1. Soğanları ve sarımsakları soyun, bütün bırakın. Domatesi yıkayın ve rendeleyin.
2. Düdüklü bir tencereye etleri, soğanları, sarımsakları, domates rendesini, kekiği, defneyaprağını, sirkeyi ve zeytinyağını koyup karıştırın (kesinlikle su ilave etmeyin). Tencerenin kapağını kapatın, kısık ateşte 50-60 dakika kadar pişirin ve ateşten indirin. Buhar iyice çıktıktan sonra tencerenin kapağını açın, defneyapraklarını ayırıp atın.
3. Kebabı servis tabağına alın, tuz ve karabiberini serpin, servis edin.

Not:

- Bu tarifi dana kuşbaşı veya şerit halinde doğranmış dana bonfile ile de uygulayabilirsiniz.

ÇÖMLEKTE İNCİK HAŞLAMA

Sonbahar ve kış mevsimlerinde yapılabilir.

Malzeme

4 adet kuzu incik
4 su bardağı sıcak su
1 adet kereviz
1 adet havuç
2 adet kuru soğan
2-3 adet kuru kırmızıbiber

1 tatlı kaşığı kadar tane karabiber
1 tatlı kaşığı kadar tane yenibahar
2 yemek kaşığı sızma zeytinyağı
2 yemek kaşığı üzüm sirkesi
Kristal kayatuzu, pul biber (ağız tadına göre)

Hazırlama

1. Soğanları soyun ve piyazlık doğrayın. Kerevizi temizleyin ve iri küp şeklinde doğrayın. Havucu kazıyın ve iri küp şeklinde doğrayın.
2. Bir çömleğin içine incikleri koyun, üzerine doğradığınız soğan, kereviz ve havucu koyun. Tane karabiber ve yenibaharı, kuru kırmızıbiberi, sirke ve zeytinyağını ilave edin. En son sıcak suyunu dökün ve çömleğin kapağını kapatıp kısık ateşte etler yumuşayıncaya kadar pişirin. Ateşten indirmeye yakın tuz ve pul biberini serpin.
3. Ateşten alınca sıcak olarak servis edin.

Not:

- Kuzu incik yerine keçi incik de kullanabilirsiniz.
- Çömleğiniz yoksa tencerede de pişirebilirsiniz.
- Haşlama işlemini çömlek veya tencere içinde 180-200 derecede ısıtılmış fırında da yapabilirsiniz.

KUZU KAPAMA

Sonbahar ve kış mevsimlerinde yapılabilir.

Malzeme

1 kg kuzu but (kemikli olarak parçalanmış)
8-10 dal yeşil soğan
2 adet kuru soğan
1 adet havuç
8-10 adet pazı yaprağı
Kristal kayatuzu, karabiber, pul biber (ağız tadına göre)
3 yemek kaşığı sızma zeytinyağı
1 su bardağı sıcak su
Yarım demet taze reyhan (yıkanıp, ince doğranmış)

Hazırlama

1. Kuru soğanı soyun, piyazlık doğrayın. Yeşil soğanları temizleyin, ince

ince doğrayın. Havucu kazıyın, ince halka şeklinde doğrayın. Pazı yapraklarını yıkayın, iri iri doğrayın. Doğradığınız tüm malzemeleri güzelce harmanlayın.

2. Etleri düdüklü bir tencereye yerleştirin, üzerine doğradığınız sebzeleri koyun. Karabiber ve pul biberi serpin. Üzerine zeytinyağını gezdirin.
3. Tencerenin kenarından sıcak suyu koyun. Tencerenin kapağını kapatın, önce orta ateşte, buhar çıktıktan sonra (buhar çıkınca düdüğü kapatın) kısık ateşte pişirin (20-25 dakika).
4. Daha sonra tencereyi ateşten indirin, buhar iyice çıktıktan sonra kapağını açın, yemeği servis tabağına alıp tuzunu serpin, doğranmış reyhan ile süsleyin ve servis edin.

BALKABAĞINDA KÖFTE

Sonbaharda ve kış mevsimlerinde yapılabilir.

Malzeme

1 kg balkabağı
1 su bardağı sıcak su
500 gr kıyma (kuzu veya dana)
Kristal kayatuzu, karabiber, pul biber (ağız tadına göre)
1 tatlı kaşığı kuru reyhan
1 yemek kaşığı tereyağı
1 çay kaşığı kırmızıbiber

Hazırlama

1. Kabağın kabuklarını soyup çekirdek kısımlarını temizleyin, yıkayıp iri küp şeklinde doğrayın.
2. Doğradığınız kabakları yayvan bir tencereye yerleştirip üzerine 1 su bardağı sıcak su ilave edin, kısık ateşte pişmeye bırakın (tencerenin kapağı kapalı olarak).
3. Kıymanın içine tuz, karabiber, pul biber ve reyhanı ekleyip yoğurun, küçük köfteler yapın (ceviz büyüklüğünde).
4. Hazırladığınız köfteleri haşlanmakta olan kabakların üzerine yerleştirin, pişirin.
5. Köfteler pişince tencereyi ateşten indirin. Ayrı bir tavada kısık ateşte tereyağını eritin, kırmızıbiberi ilave edin, hafif cızlayınca ateşten alıp köftelerin üzerine gezdirin ve yemeğinizi servis edin.

Not:

- Balkabağı seçerken kabuğuna yakın kısmının koyu yeşil, iç kısmının da koyu turuncu rengine yakın tonda ve ipliksiz olmasına dikkat edin.

DANA NUAR

Dört mevsim yapılabilir.

Malzeme

1 bütün dana nuar
Sızma zeytinyağı
100 gr tane karabiber
50 gr kekik

Hazırlama

1. Kasaptan bütün bir dana nuar alın.
2. Tane karabiberleri, bir tepsi içinde ya da havanda döverek kırın ve ufalayın (değirmende çekmeyin). Kırılmış biberleri, ufalanmış kekiği ekleyin ve karıştırın.
3. Nuarı tepsiye yerleştirin ve üzerine zeytinyağı sürün. Daha sonra nuarın her tarafını karabiber ve kekik karışımı ile kaplayın (elle bastırılarak).
4. 200 derecede ısıtılmış fırında 40-60 dakika kadar pişirin (nuarın büyüklüğüne göre pişirme süresi ayarlanır).
5. Nuar suyunu çekip piştikten sonra dilimleyerek, salata ve yoğurtla birlikte servis yapın.

Not:

- Artan kısmını buzdolabı poşetine koyup derin dondurucuda saklayabilir ve daha sonra soğuk söğüş olarak servis yapabilirsiniz.
- *"Sabah kahvaltısında da soğuk et olarak yenmesi sağlıklıdır ve halka şeklinde bir iki dilim (portakal dilimi) son derece lezzetli olur." (Prof. Dr. C. Karatay)*

BİBERİYELİ KUZU

Dört mevsim yapılabilir.

Malzeme

1 adet kuzu budu (bütün)
4-5 dal taze biberiye (1 yemek kaşığı havanda ezilmiş kuru biberiye de olur)
4-5 diş sarımsak

Yarım çay bardağı sızma zeytinyağı
Yarım çay bardağı üzüm sirkesi
1 su bardağı sıcak su
Kristal kayatuzu, karabiber (ağız tadına göre)

Hazırlama

1. Sarımsakları soyun, biberiyenin yapraklarını dallarından ayırıp sarımsakla beraber ince ince doğrayın. Üzerine karabiberi ekleyin.
2. Kuzu budunu fırına girebilecek bir tencereye yerleştirin. Üzerine zeytinyağını gezdirin. Biberiyeli karışımı tencereye ilave edin. Sıcak suyu ve sirkeyi de ekleyin.
3. Tencereyi önceden 150 derecede ısıtılmış fırına sürün ve ağır ağır pişirin (100-120 dakika kadar). Et iyice yumuşayınca fırından alıp tuzunu serpin ve ılık bir hale gelene kadar dinlendirin.
4. Daha sonra bir servis tabağına alıp dilimleyerek, yanında sosuyla servis edin.

KİMYONLU KÖFTE

Dört mevsim yapılabilir.

Malzeme

500 gr kuzu kıyma
2 adet kuru soğan
1 yemek kaşığı kimyon
Kristal kayatuzu, karabiber, kırmızıbiber (ağız tadına göre)
2-3 yemek kaşığı sızma zeytinyağı

Hazırlama

1. Soğanı soyun ve rendeleyin.
2. Genişçe bir kabın içinde kıyma, soğan, kimyon, tuz, karabiber ve kırmızıbiberi karıştırıp iyice yoğurun. Ceviz büyüklüğünde parçalara bölün ve yuvarlak şekilde yassı köfteler yapın.
3. Köfteleri bir fırın tepsisine dizin. Üzerine zeytinyağını gezdirin ve tepsiyi, önceden ısıtılmış 180 derece fırına verip köfteleri pişirin. Sıcak olarak servis edin.

Not:

- Bu tarifi arzu ederseniz dana kıyma ile de yapabilirsiniz.
- Köfteleri ızgarada da pişirebilirsiniz (zeytinyağı koymadan).

YABAN ÖRDEĞİ DOLMASI

Dört mevsim yapılabilir.

Malzeme

1 adet av ördeği (temizlenip, yıkanmış)
1 çay bardağı ince bulgur
2 yemek kaşığı tereyağı
1 çay kaşığı kuşüzümü
1 yemek kaşığı çamfıstığı
1 yemek kaşığı antepfıstığı (havanda irice dövülmüş)
1 çay kaşığı tane karabiber
2 dal yeşil soğan
Kristal kayatuzu (ağız tadına göre)
Üzeri için
Yarım çay bardağı sızma zeytinyağı
1 çay kaşığı kekik
1 çay kaşığı kuru nane
1 çay kaşığı kuru fesleğen

Hazırlama

1. Tereyağını bir tavada, kısık ateşte eritin. Ördeğin içinden çıkan sakatatları ince ince doğrayın, tavaya atın ve 3-5 dakika çevirin (kısık ateşte). Daha sonra bulguru ilave edin, karıştırın ve tavayı ocaktan alın.
2. Yeşil soğanı temizleyin, ince ince doğrayıp bulgurlu harca ekleyin. Kuşüzümü, çamfıstığı, antepfıstığı, tuz ve tane karabiberi de ilave edin, hepsini güzelce harmanlayıp ördeğin içine doldurun (doldurma işleminde dikkat edilmesi gereken, ördeğin içinde malzemelerin serbest olmasıdır, boşluklar kalması gerekir, aksi halde bulgurlar rahatça şişip pişemez).
3. Doldurulan ördeğin boyun ve alt kısmını yorgan iğnesi ve ipiyle güzelce dikin.
4. Doldurulmuş ördeği düdüklü bir tencereye koyun, üzerine bir litre sıcak su ilave edin, kapağını kapatıp kısık ateşte pişirin (60-70 dakika kadar). Tencerenin buharının boşalmasını bekleyin ve pişmiş ördeği bir servis tabağına alın.
5. Küçük bir kâsede zeytinyağına kekik, nane ve fesleğeni koyup karıştırın ve hazırladığını sosu ördeğin üzerine gezdirip, servis edin.

Not:

- Ördeğin kaynadığı suyla bir çorba yapabilirsiniz.
- Bu tarifi bizimle paylaşan Sayın Elif Ayla'ya teşekkür ederiz.

FIRINDA BILDIRCIN

Dört mevsim yapılabilir.

Malzeme

4 adet bıldırcın
1 yemek kaşığı tereyağı
2 yemek kaşığı beyaz üzüm sirkesi
1 çay bardağı sıcak su
Kristal kayatuzu, karabiber, kırmızıbiber (ağız tadına göre)

Hazırlama

1. Temizlenmiş bıldırcınları iyice yıkayın, sularını süzdürüp bacaklarından iple bağlayın (pişerken açılmamaları için).
2. Soğanı soyun, piyazlık şekilde doğrayın ve ısıya dayanıklı cam fırın tepsisinin dibine yerleştirin. Üzerine bıldırcınları dizin.
3. Tereyağını bir tavaya koyun, kısık ateşte eritip içine sirke, karabiber ve kırmızıbiber koyup karıştırın. Bu karışımı, bıldırcınların üstüne iyice sürün (fırça yardımıyla olabilir).
4. Bıldırcınları önceden 180 derecede ısıtılmış fırında pişirin (15-20 dakika). Pişince fırından alıp iplerini çözün ve servis edin.

CİĞER KEBABI

Dört mevsim yapılabilir.

Malzeme

1 adet kuzu karaciğeri
150 gr kuyruk
1 karın zarı
Kristal kayatuzu, karabiber (ağız tadına göre)

Hazırlama

1. Ciğer ve kuyruğu iri fındık büyüklüğünde doğrayın. Demir bir şişe, üç ciğer-bir kuyruk şeklinde dizin. Üzerine karın zarını sarın ve ızgarada pişirin (yakmadan).
2. Tuz ve karabiberi yerken serpebilirsiniz.

CİĞER VE YÜREK YAHNİSİ

Dört mevsim yapılabilir.

Malzeme

1 adet kuzu ciğeri
1 adet yürek
1 adet kuru soğan
1 demet yeşil soğan
1 demet maydanoz
1 yemek kaşığı domates salçası
Kristal kayatuzu, karabiber, pul biber (ağız tadına göre)
2 yemek kaşığı tereyağı
Yarım çay bardağı kırmızı üzüm sirkesi
1 çay bardağı sıcak su

Hazırlama

1. İnce zarını çıkardığınız ciğeri iri kuşbaşı şeklinde doğrayın. Yüreği, sert sinirli kısımlarını, nefes borusunu ve ana arterlerini keserek ayıklayın, küçük kuşbaşı şeklinde doğrayın.
2. Doğradığınız ciğer ve yüreği cam bir kâseye koyun, üzerine sirkeyi ilave edin, karıştırın ve 5-10 dakika dinlenmeye bırakın.
3. Bu arada kuru soğanı soyun, piyazlık şekilde doğrayın. Yeşil soğanları temizleyin ve ince ince doğrayın. Maydanozları da yıkayıp ince ince doğrayın. Salçayı bir çay bardağı suyla karıştırıp durultun.
4. Yayvan bir tencereye tereyağını koyun ve kısık ateşte eritin, doğranmış kuru soğanı, ciğer ve yüreği (üzerindeki fazla sirkeyi süzdürüp) tencereye koyun. Üzerlerine salçalı suyu ilave edin. Hepsini güzelce karıştırıp, tencerenin kapağını kapatın, kısık ateşte pişmeye bırakın.
5. Arada kontrol edin, ciğer ve yürekler yumuşamaya başlayınca tuz, karabiber ve pul biber serpin. Doğranmış yeşil soğanları da ilave edin ve 5-10 dakika kadar daha pişirin (ciğerler yumuşayınca ve saldığı suların çoğunu çekince yahni yemeğe hazırdır).
6. Daha sonra ateşi söndürün, doğranmış maydanozları yahninin üzerine serpiştirin ve sıcak olarak servis edin.

SÖĞÜŞ DİL

Dört mevsim yapılabilir.

Malzeme

1 adet dana dili
4 su bardağı sıcak su
2-3 adet defneyaprağı
1 çay kaşığı tane karabiber
1 çay kaşığı tane yenibahar
1 adet kuru soğan
Kristal kayatuzu, karabiber (ağız tadına göre)

Hazırlama

1. Soğanı soyun, piyazlık şekilde doğrayın.
2. Dana dilini düdüklü bir tencereye koyun. Üzerine doğranmış soğan, defneyaprağı, karabiber ve yenibahar ilave edin. Sıcak suyu koyun, tencerenin kapağını kapatıp, kısık ateşte pişirin (60-90 dakika kadar). Daha sonra tencereyi ateşten alıp buharının boşalmasını bekletin. Kapağını açın, dil soğuduktan sonra üzerindeki kalın deriyi ayıklayın. İnce ince dilimleyerek servis tabağına dizin. Tuz ve karabiberle tatlandırıp servis edin.

Not:

- Dili haşladığınız suyu süzüp, et suyu olarak değerlendirebilirsiniz.

TEREYAĞLI KUZU BÖBREK

Dört mevsim yapılabilir.

Malzeme

4 adet kuzu böbreği
1 yemek kaşığı tereyağı
Kristal kayatuzu, karabiber (ağız tadına göre)

Hazırlama

1. Zarını çıkardığınız böbrekleri ikiye bölün. Bir bıçakla üzerlerine çizik atın (iki üç yerinden).
2. Tereyağını tavaya koyun, kısık ateşte eritin. Böbrekleri koyup alt-üst ederek pişirin. Böbrekler pişince, ateşten alıp servis tabağına dizin. Üzerlerine tuz ve karabiber serpip servis edin.

Omega-3 zengini

BALIK YEMEKLERİ

Balığı Lezzetli veya Lezzetsiz Yapan Etkenler[91]

- Tüm genetik şifreleri ve mevsimselliği bir kenara bırakırsak, genel olarak balığa lezzetini veren, onun beslenme biçimi ve çeşitliliğidir. Etobur balıkların (belki de bu tanım ilk kez yapılıyor), yani kendisinden kaçma şansı olan diğer balık ve deniz canlılarını yiyerek beslenen balıkların (lüfer, levrek, sinarit, palamut), otobur balıklardan, yani balık yakalama şansı olmayan küçük ağızlı, ısırıcı değil emici balıklardan (kefal, sarpa, kayabalığı, ot balığı, kupes) daha lezzetli olduğu söylenebilir. İstisnalar yok mudur? Olmaz mı? Barbunya otoburdur ve çok lezzetlidir, köpekbalığı ise lezzetsiz.
- İkinci önemli kriter ise beslenmenin çeşitliliği ve balığın gezginliğidir. Bu noktada da yiyeceğin daha çeşitli olduğu derin suda yaşayan balıkların (mercan, fangri, karagöz, kırlangıç, lagos) ve gezerek-göçerek değişik denizlerin tatlarını vücutlarında barındıran balıkların (hamsi, sardalye, uskumru, lüfer, palamut) göreceli olarak daha lezzetli olduğu söylenebilir. Bu teorinin en basit kanıtı çiftliklerde yetiştirilen balıklar ve en uçtaki örneği ise akvaryum balıklarıdır. Çamurdan ya da betondan ya da camdan yapılmış havuzlarda tek tip yapay yemle beslenen ve hantallaşan balık lezzetini de kaybeder.
- Denizden yeni çıkmış ve dolaba girmemiş 'çok taze' balık insana büyük keyif verir, 'taze' balık idare eder, 'bayat' balık süründürür, 'çok bayat' balıksa öldürür!
- Gerçekten de tazeyken bol miktarda Omega-3, ayrıca A, B, D vitamini ve protein içeren, kalp rahatsızlıklarına karşı koruyucu görev üstlenen ve madensel tuzlar (iyot, fosfor, kalsiyum, klor) bakımından oldukça zengin olan balık, bayatladığında aynı özellikleri göstermez, aksine tehlike

[91] Olta balıkçısı Rauf Baysal'ın www.iyibilgi.com'da yayımlanan "Balık olmak ya da olmamak!" başlıklı yazısından alınmıştır.

arz eder. Bayatlamış balıktaki toksinler zehirlenmelere ve ölümlere yol açabilir. Ayrıca taze balık pişirildiğinde, bayat balıkla karşılaştırılamayacak kadar daha lezzetli olur. Bu nedenle taze balık almak sağlığımız ve damak tadımız açısından şarttır.

Balık Satın Alırken Dikkat Edilecek Noktalar

- Balığın taze olup olmadığını anlamak için gözlerinden başlamak doğru olur. Çünkü gözler, balığın orasını burasını kurcalamadan size ilk ipucunu verir. Gözler canlı ve saydam, gözbebekleri dışa dönük olmalıdır. Ferini yitirmemiş olmalıdır. Sanki size 'beni al' dercesine, sanki canlıymış gibi bakmalıdır. Bakmıyorsa siz de ona bakmayın, yan tezgâha geçin. Bakıyorsa, onu aşağıdaki testten geçirin.
  1. Taze balığın eti serttir.
  2. Karın kısmında aşırı şişkinlik olmaz.
  3. Derisi, pulları parlaktır. Pulları kolayca kopmaz.
  4. Taze balığın solungaçları kırmızı renkli ve nemlidir.
  5. Taze balık suya bırakıldığında dibe çöker.
  6. İnanmayacaksınız ama sinekler taze balıkla daha yakından ilgilenir.
  7. Taze balığın deniz kokusu vardır. Ağız kısmı genelde kapalıdır. Görünümü parlaktır, renk dağılımı daha homojendir. Doku kılçıklardan daha zor ayrılır. İç dokusu daha sıkı ve rengi daha şeffaftır.
- Bayat balığın gözlerinde donuk, mat bir görünüm ve içe çökme vardır. Amonyak benzeri kötü koku yayar. Solungaçlarındaki kırmızı renk çok koyulaşmıştır. Pullar sabitliğini yitirmeye başlamıştır. Parmakla bastırdığımızda yumuşama başlamıştır, parmağın izi kalır. Bayat balıkların karın kısmında gaz birikimi ve şişkinlik olur. Bayat balık suyun üstünde kalır. Ağız bölümü açılmaya başlar. Doku kılçıklardan kolaylıkla ayrılır.
- Balık satın alırken veya sipariş edilirken, kültür balığı veya deniz balığı olup olmadığı da sorulmalı ve deniz balıkları tercih edilmelidir. İri ve ithal balıklar yerine, yerli ve küçük balıklar alınmalıdır. Unutulmamalıdır ki, bayat balık tehlikelidir. Balıklara kimyasal koruyucu sıkılıp sıkılmadığı da kontrol edilmelidir.

Balığı Sağlıklı Saklama Formülleri

- Balığı, buzdolabında ya da buzlukta ya da şokta bekletmek, onun lezzetini ve doğal dokusunu kaybetmesine neden olur. Balık, denizden çıktıktan sonra ne kadar kısa sürede midenize girerse o kadar keyif verir. Buzluğa giden balıktaki lezzet kaybı balık çeşitlerine göre de farklılık gösterir. Sözgelimi zargana, hamsi, sardalye gibi kendini çabuk salan balıklardaki buzluk sonrası lezzet kaybı daha fazladır.

- Ancak çoğu kez balığı günü gününe tüketmek mümkün olmadığı için balığı mümkünse temizleyerek buzluğa kaldırın. Çünkü ölü bir balığın iç organlarının tadı, zaman içinde onun etine nüfuz edebilir. Balığı buzluğa koyarken mümkün olduğu kadar kuru olmasına özen gösterin ve temiz bir saman kâğıdına sarın ya da buzdolabı poşetine koyun. Koyduğunuz ambalajın ağzını bağlayarak muhafaza edin.
- Balıkları toplu halde (birbirine değecek biçimde) buzluğa atmaktan ve ani şoklamalardan kaçının. Donmuş balığı çözerken de aynı mantık geçerli. Hızla çözülen balık kendini bırakır ve gevşer. Bu yüzden su ve özellikle ılık su kullanmayın. Balığı oda sıcaklığında yavaş yavaş çözün. Tuz balığı sertleştirir, bu yüzden buzluğa atmadan önce asla tuzlamayın.
- Teneke kutulardaki ve poşetlerdeki konserve balıklar, ambalajlarındaki kanserojen maddelerden dolayı riskli hale dönüyor. Bu yüzden fabrikasyon konserve balıkları da tercih edilmemelidir! Eğer cam kavanozda, zeytinyağı ile az tuzlu yani ev tipi konserve olursa olabilir.

Kolay Balık Temizleme Usûlleri

- Balığın temizlenmesi, en az pişirilmesi kadar önemlidir. Formunu bozmadan gerekli temizliği yapmak, iyi bir balık yemeğinin ilk aşamasıdır.
- Öncelikle işe pulları temizlemekle başlayabilirsiniz. Pulların kabarması için balığı bir miktar suyun içinde bekletebilirsiniz. Balığın yüzeyini pulların tersi yönünde (çok sert hareketlerden kaçınarak) bıçakla kazıyarak temizleyin. Özellikle sırta, karına, başa ve kuyruğa yakın yerlere özen gösterin. Çünkü en çok bu bölgelerde pul kalır. Balığın pullarını tamamen temizlediğinizden emin olmak için, tıpkı sakal tıraşı sonrasında olduğu gibi, balığın bedeninde pulların çıkma yönünün tersinde parmak uçlarınızı gezdirin.
- Pulları temizledikten sonra, ikinci aşama, balığın iç organlarını çıkarmaktır. Keskin bir bıçakla balığı solungaçlarından başlayarak karnındaki deliğe kadar tek ve sert bir hareketle yarın. Balığın solungaçları dâhil iç organlarını, (başparmağınızla destek alarak) işaret ve ortaparmak yardımıyla çıkarın. İsteğe göre yüzgeçleri de keskin bıçakla kesin. Balığın etine zarar vermemeye dikkat edin.

- Son aşama olarak balığı bol suyun altında iyice yıkayın. Yıkarken dikkat etmeniz gereken nokta, kılçık kısmının üzerine yapışık olan siyah zarı da parmağınızla sıyırarak almak ve yine kılçık üzerinde birikmiş kanı bıçak ucuyla yararak akıtmaktır. Aksi takdirde balığınız tam olarak temizlenmiş sayılmaz.
- Küçük balıkları temizlerken elinizden kaymamaları için balıkları geniş bir kabın içine koyun ve üzerine bir miktar mısır unu serpip balıkları una bulayın. Böylece hem balıkları daha kolay temizlemiş hem de ellerinizde kalacak olan balık kokusunu azaltmış olursunuz.

Balığı Sağlıklı Pişirme Yöntemleri

- Balık pişirirken de genel bir kuraldan bahsetmek mümkün: Izgara, balığın öz lezzetine en az müdahale eden pişirme biçimidir. Dolayısıyla lüfer, levrek, sinarit, çipura, palamut, mercan, kalkan, kılıç gibi 'makbul balıkları' ızgara yapmanız daha doğru olur. Yağlı olduğu zamanlarda ızgarası yapılırsa balık lezzet kazanır. Izgara kısık ateşte yapılmalıdır. Mangalda yapacaksanız korun üzerine bir miktar tuz atarak etkisini azaltmak ve balığın yanmasını engellemek doğru olur. Bu noktada buğulama, pilaki gibi pişirme biçimlerinin, göreceli olarak daha az lezzetli balıklara 'ek kaynaklarla' (zeytinyağı veya tereyağı, domates, soğan, maydanoz vb) lezzet kattığı söylenebilir.
- Kızgın yağda kızartma yapılmamalıdır! Balık sos veya una bulanarak yağda kızartılmamalıdır. İlla kızartma yapmak isteniyorsa kısık ateşte, az zeytinyağı veya tereyağı ile sade pişirme yapılabilir.
- Her türlü balık mevsimine göre, ızgara, fırın ya da buğulama olarak pişirilebilir. Bol salata, taze ya da kuru soğan, roka ile birlikte yenebilir. Balık yedikten sonra, yarım avuç içi kadar tahin helvası da yenilebilir.
- Buğulama ve haşlama yaparken, balığı temizleyip yıkadıktan sonra tencereye alın, üzerine soğuk su ilave edip kısık ateşte pişirin. Pişme süresi, balığın iriliğine göre değişir. Balığı, kapağı kapalı tencerede pişirin. Etli kısmı kılçıklı kısmından ayrılmaya başlamışsa balık pişmiş demektir.
- Izgara yaparken ise pişerken çatlamaması için balığı sırtından çizin. Dış kısmına fırça yardımı ile zeytinyağı sürün. Izgarayı önceden ısıtmayı da ihmal etmeyin.
- Fırında pişireceğiniz zaman ise balıkları koyacağınız tepsiye biraz tereyağı veya zeytinyağı sürün ve balıkları dizin, üzerlerine de aynı şekilde

eritilmiş tereyağı veya zeytinyağı gezdirin. Arzunuza göre dilimlenmiş mantar ya da piyaz doğranmış soğan da ilave edebilirsiniz.

- Ancak balıkları fırında pişirirken kesinlikle plastik yanmaz poşet veya alüminyum folyo kullanmayın! Balıklar (diğer tüm kırmızı ve beyaz etler) çabuk, yanmadan ve iyi pişsin diye sıkça yapılan bu uygulama oldukça zararlıdır. Çünkü plastik poşetlerdeki polikarbonlar, alüminyum folyodaki alüminyumlar vücuda giriyor. Alüminyum vücuttan atılamıyor ve vücutta biriken alüminyumun Alzheimer'a neden olduğu biliniyor. Alüminyum folyoyu çok gerekli durumlarda soğuk yemekleri buzdolabına koyarken üstünü örtmek için kullanabiliriz, ancak kesinlikle yemeğe değmemelidir!
- Balık pişirme sırasında mutfağınıza balık kokusu sindiyse veya hoş olmayan kokular var ise limon kabuklarını kısık ateş üzerinde 4-5 dakika kadar yakın veya elektrikli ocağın üzerine bir parça tarçın kabuğu koyun. Tarçını biraz ısıtın ve mutfakta uygun bir köşede bekletin.

Pişmiş Balığı Ayıklamanın Püf Noktaları

- Temel prensip soğutmadan ayıklamaktır. Buğulama ve pilakide işiniz kolay çünkü balık bir anlamda haşlandığı için parçalanarak kılçıklarından çok çabuk ayrılır. Küçük balıkların ya da küçük parçalara ayrılmış (fileto, halka) büyük balıkların fırında pişmiş halinde de sorun yok. İsterseniz bütün bütün yutun ama büyük balıkların ızgarasında bazı noktalara dikkat etmekte fayda var!
- Balığın başı ve kuyruğuyla pişirildiğini varsayarsak önce kuyruğu etin başladığı yerden kesin. Çatalınızla destek olup bıçakla balığın sırt kılçığını çıkarın. Balığın bir yüzünü yatay olarak, baştan kuyruğa doğru bıçakla (bıçak orta kılçığa değecek şekilde) çizin. Çizdiğiniz yere bıçağı sokarak sırtına kadar olan kısmı kaldırın. Sırt kılçığını aldığınız için balığın o kısmında kılçık yoktur. (Dikkat ederseniz şu ana kadar balığın dörtte birine müdahale ettiniz, dolayısıyla balık soğumadı.)
- İkinci aşamada balığın kuyruğuyla 'göbek deliği' arasındaki blok kılçığı çıkartın. Yine bıçakla orta kemikten destek alarak balığın diğer dörtte birlik kısmını açın. Burası balığın en kılçıklı (tane tane kılçıklı) ama en lezzetli yeridir. Özellikle balığın göbek deliğiyle başı arasındaki bölgedeki kılçıkları (ki burası balığın adeta ana iskeletine bağlanan kaburgası gibidir) iyi temizleyin. Gördüğünüz gibi, balığın daha yarısını yediniz ve orta kılçığı henüz çıkarmadınız, dolayısıyla soğumasını da büyük ölçüde

engellediniz. Şimdi artık işiniz daha kolay. Orta kılçığı kuyruktan başlayıp kafaya doğru (kafa da dâhil) sıyırın. Tabakta kalan balık ilk iki etapta yediğinizin simetriği aslında.

- Eğer balık yerken boğazınıza kılçık kaçtı ise püre cinsi bir gıda (mercimek püresi gibi) yiyin ve istifra etmeye çalışın.

Türkiye'de En Bilinen ve Bulunabilen Balık Çeşitleri

Alabalık

Eti lezzetlidir. Lezzeti somon balığını andırır. Somondan çok daha az yağlıdır (Omega-3 oranı daha azdır) ve hafiftir. Eğer doğal yetişmiş olanı bulunursa ızgarası yapılabilir.

Barbunya ve Tekir

Kırmızı ve morumsu rengiyle bilinirler. Etleri lezzetlidir. İnce derili ve iri pullu oluşuyla kolay temizlemeye uygundurlar. İri olanlarının ızgarası iyi olur.

Çipura

Hem göçmen, hem yerleşik, hem etobur, hem otobur bir balıktır. Hem derin hem de alçak suda yaşar. Bu özellikleriyle şahsına münhasırdır. Tabii bütün bu sayılanlar artık nadiren bulunan deniz çipuraları için geçerlidir. Değerli olduğu için çiftliklerde en çok yetiştirilen balık türüdür. Deniz çipurası çiftlik çipurasına göre daha açık renkte olur ve başı biraz daha büyüktür. Beyaz etlidir, ızgarası iyi olur. Kafası da ayıklanarak yenebilir, özellikle yanakları lezzetlidir. Küçüğüne lidaki denir. Porsiyonluk yani 200-500 gr arasında olanların en lezzetli olduğu söylenir. Haşlaması olmaz. Izgarada ve fırında pişirilebilir.

Dilbalığı

Tazeliğini anlamak için karnına bakın, karnı çok beyaz olmasın! Ayıklaması son derece kolay, lezzetli bir balıktır. Pişirirken kıvrılmaması için iki yerinden kırılır. Derisi soyularak ızgarada veya fırında pişer, haşlaması da yapılabilir. Kalkan balığı da aynı şekilde pişirilir.

İskorpit ve Lipsos

İskorpit, lipsos ile çok benzerdir. Lipsos daha az bulunur. Dikenleri zehirli olduğundan kesinlikle balıkçıya ayıklatılmalıdır.

İstavrit

Denizlerimizde üç çeşit istavrit vardır. Bunlar sarıkanat istavrit, karagöz istavrit ve Karadeniz istavritidir. Her üçünün de yavrularına kraça denir. En lezzetli cinsi sarıkanat istavrittir ve kasım ayından itibaren Marmara'da görülür.

İzmarit

Yaz aylarında sahillerde ve rıhtım kenarlarında avlamak mümkündür. İrilerine kanal veya pabuç izmariti, küçüklerine kancur ismi verilir. Derisi kalın, eti tatlımsı, yağsız, sert ve düzdür. Izgarası ve yahnisi yapılabilir.

Kalkan

Asıl yaşadığı yer Karadeniz'dir. Omurgası ve kılçıkları çok kalın olduğundan balıkçıya temizletmek gerekir. Izgarada veya fırında pişirilebilir, haşlaması da yapılabilir.

Karagöz

Sularımızın eti beyaz ve lezzetli balıklarından biridir. Kışın daha yağlı olur (Omega-3 oranı kışın artar). Derin sularda yaşar.

Kefal

Hem tuzlu hem tatlı suda yaşar. Ülkemiz sularında altı tür kefal yaşar. Bunlar haskefal, altınbaş kefal, topbaş kefal, pulaterina, ilarya ve dudaklı kefaldir. Haskefaldan balık yumurtası çıkarılır. En iyisi topbaş cinsidir. Eti yağlıdır (Omega-3 açısından zengindir), fırında, ızgarada veya haşlama yapılarak pişirilmesi uygundur.

Kılıç

En lezzetli olduğu dönem, Karadeniz'den Marmara'ya göç devresidir. Marmara'da ilkbahar sonuna kadar zıpkınla avlanır.

Kırlangıç

En az kokusu olan balık türüdür. Çorbasını yapmak için en uygun balıktır. Buğulaması da iyi olur.

Levrek

Beyaz etli, sindirimi kolay bir balıktır. Sığ sularda yaşar. Pişirmede sonsuz seçenek sunabilir. Küçüğüne ispendek ya da Ege'de palaz denir. Eti hafiftir ve az kılçıklıdır. 200 gr'dan küçük olanların eti lezzetsiz olur. En lezzetlisi haşlanarak yapılanıdır. Haşlamadan önce zeytinyağı ve kokulu otların içinde bekletilmesi iyi olur.

Lüfer

Yavru halinden itibaren iriliğe ulaşana dek, defneyaprağı, çinakop, lüfer ve kofana isimlerini alır. Çinakop az kılçıklıdır. Eti hafif ve çok lezzetlidir, ızgarası iyi olur ama büyüyüp lüfer olmasına (24 cm) izin vermek gerekir! Lüferin ise ilkbaharda yağsız olduğu için ızgarası iyi olmaz.

Mercan

Lezzetli, beyaz etli bir derin su balığıdır. Saroz Körfezi'nden başlayarak bütün Ege sahillerinde görülür. Kendine özgü yosunumsu bir kokuya sahiptir. Mandagöz mercan, fangri isimleriyle anılan türleri vardır. Yavrularına litrinoz denir. Eti lezzetlidir. Izgara ve buğulaması yapılabilir.

Mezgit

Trol ağlarıyla avlandığı için pazarlarda sık sık bulunabilir. Ege'de bakkalyaros ismiyle anılır.

Palamut

Toriğin yavrusu olan palamut, geçici balıklardandır. Eylülün ikinci haftası Karadeniz'den Marmara'ya iniş ve ilkbaharda Marmara'dan Karadeniz'e çıkış yapar. Küçüğüne çingene palamudu ya da deniz bıldırcını denir. Karadeniz'in az tuzlu ve bol gıdalı sularında büyüyerek eylül ortalarında normal birer palamut olurlar. A ve D vitamini açısından diğer balıklara göre daha zengindir. Izgarası yapılabilir.

Hamsi ve Sardalye

Kış mevsiminde etleri yağlı (Omega-3 yüklüdürler) ve lezzetlidir. Ancak ilkbahar ve yaz aylarında, yumurta ve spermlerini dökmüş olduklarından yağsız durumdadırlar. Orta boy olanları makbuldür. Izgara veya buğulama olarak pişirilebilirler. Hamsi Karadeniz'de, sardalye ise Çanakkale çevresindeki sularda bol olur.

Sinarit

Çok lezzetli, beyaz etli bir balıktır. Saros Körfezi'nde bolca bulunur. Kafasından çorba yapılabilir.

Uskumru

Yağlı (bol Omega-3) ve lezzetli bir balıktır. Yaz mevsiminde yağlı olmadığı için lezzetini kaybeder. Haşlaması, ızgarası, fırın kebabı yapılabilir.

Zargana

Uzun, ince, yeşilimsi renktedir. Buğulaması dışında pişirilen yemekleri çok kılçıklı olduğu için iyi olmaz.

LEVREKLİ TAZE BAKLA (HAŞLAMA SALATA)

İlkbaharda yapılabilir.

Malzeme

500 gr taze bakla
1 adet levrek
1 demet dereotu
Yarım demet yeşil soğan
2 adet limon
Yarım çay bardağı sızma zeytinyağı
Kristal kayatuzu
4 su bardağı su

Hazırlama

1. Baklaları ayıklayın, uç kısımlarını temizleyin. Levreği de temizleyip, pullarını kazıyın.
2. Bir tencereye 4 su bardağı suyu koyun, içine 1 limonun suyunu ve tuz katın, orta ısıdaki ateşte kaynatın. Kaynayan suya önce baklaları atıp diri kalacak şekilde haşlayın, kevgirle sudan alıp yarım parmak uzunluğunda doğrayın ve geniş bir salata kâsesine koyun.
3. Levreği de baklaları haşladığınız suya atın, yumuşayana kadar haşlayın, kevgirle sudan alıp kılçıklarını ayıklayın, didikleyerek baklaların üzerine ilave edin.
4. Dereotunu yıkayın, soğanları temizleyin ve ikisini de ince ince doğrayıp salata kâsesine ekleyin. Kalan 1 limonun suyunu ve zeytinyağını da ilave edin, güzelce harmanlayın ve servis edin.

ENGİNARLI SOMON (HAŞLAMA SALATA)

İlkbaharda yapılabilir.

Malzeme

1 adet somon balığı (filetosu çıkarılmış)
2 adet enginar
1 limonun suyu
5-6 dal yeşil soğan
5-6 dal dereotu
2 yemek kaşığı sirke
4 su bardağı su
Kristal kayatuzu, karabiber (ağız tadına göre)
Yarım çay bardağı zeytinyağı

Hazırlama

1. Bir tencereye 4 su bardağı suyu koyun, içine sirkeyi ve tuzu katın, orta ısıdaki ateşte kaynatın. Kaynayan suya somon filetolarını atıp haşlayın, balık yumuşayınca kevgirle sudan alıp çukur bir salata kâsesine koyun.
2. Aynı suda enginarları da haşladıktan sonra, kevgirle sudan alıp parmak şeklinde doğrayarak somona ilave edin.
3. Dereotunu yıkayın, soğanları temizleyin ve ikisini de ince ince doğrayıp salata kâsesine ekleyin. Karabiber, limon suyu ve sızma zeytinyağını da ilave edin, güzelce harmanlayın ve servis edin.

FIRINDA PAZILI ÇİPURA

İlkbaharda yapılabilir.

Malzeme

2 adet çipura
Kristal kayatuzu, karabiber (ağız tadına göre)
10-15 adet pazı yaprağı (körpe)
İkişer, üçer dal taze biberiye, nane, kekik, fesleğen
1 adet limon (ince halka şeklinde dilimlenmiş)
Yarım çay bardağı sızma zeytinyağı

Hazırlama

1. Çipuraların içini temizleyin, pullarını kazıyın. Yıkayın, tuzlayıp biberleyin ve bir kenarda dinlenmeye bırakın (5-10 dakika).

2. Isıya dayanıklı cam bir tepsiyi yağlayın. Pazı yapraklarını yıkayın, saplarını kesin ve yaprakların yarısını yağlanmış tepsiye döşeyin.
3. Taze nane, kekik, biberiye, fesleğen dallarını yıkayın ve çipuraların karın boşluklarına koyun, daha sonra çipuraları tepsideki pazı yapraklarının üzerine yatırın.
4. Balıkların altına, üstüne ve karın boşluklarına limon dilimlerini yerleştirin. En üste zeytinyağı gezdirin ve kalan ikinci yarı pazı yapraklarını döşeyin. Tepsiyi önceden 200 derecede ısıtılmış fırına verin, balıkları pişirin (kolayca çatal saplanıncaya kadar, yaklaşık 15-20 dakika).
5. Balıklar pişince tepsiyi fırından alın, sıcak servis edin.

Not:

- Bu tarifi çipura yerine mevsimine göre lüfer, mercan, karagöz gibi balıklarla da uygulayabilirsiniz.

ŞİŞTE DİLBALIĞI

Yaz mevsiminde yapılabilir.

Malzeme

4-5 adet dilbalığı (orta boy)
3 adet domates
3 adet çarliston biber
8-10 adet defneyaprağı
Sızma zeytinyağı
1 adet kuru soğan
Yarım demet maydanoz
2 adet limon (dilimlenmiş)
Kristal kayatuzu (ağız tadına göre)

Hazırlama

1. Soğanı soyun ve piyazlık doğrayın. Maydanozları yıkayın ve ince ince doğrayın. Soğan ve maydanozu karıştırıp bir kenarda bırakın.
2. Domatesi yıkayın ve dörde bölüp dilimleyin. Biberleri de yıkayın ve 3-4 cm uzunluğunda kesin. Dil balıklarının derilerini çıkartın. Daha sonra balıkları, tam ortalarındaki çizgi yönünden yukarıdan aşağıya doğru kesin ve kesilen her parça etin kılçığa yapışık kısımlarından bıçak yürütmek suretiyle balıklardan 4'er fileto çıkarın ve bu filetoları rulo yaparak sarın.

3. Demir bir şişe bir dil filetosu, bir dilim domates, bir parça biber ve bir defneyaprağını sırasıyla dizin ve ızgarada pişirin. Pişince servis tabağına alın, tuzunu serpin ve üzerlerine sızma zeytinyağı gezdirin.
4. Dil şişlerin yanına daha önceden hazırladığınız soğan ve maydanoz karışımından koyun, limon dilimlerini ilave edip servis edin.

Not:

- Izgara yerine şişleri ısıya dayanıklı bir tepsiye dizip önceden 180 derecede ısıtılmış fırında da pişirebilirsiniz.

HAMSİ BUĞULAMA

Yaz ve sonbaharda yapılabilir.

Malzeme

500 gr hamsi
2 adet domates (olgun)
2 adet kuru soğan
2-3 adet çarliston biber
3-4 adet defneyaprağı
2 yemek kaşığı tereyağı
Kristal kayatuzu, karabiber (ağız tadına göre)
1 su bardağı su
2 adet limon
Yarım demet maydanoz

Hazırlama

1. Hamsileri temizleyin, kılçıklarını çıkarın, yıkayın ve süzün (eğer kendiniz ayıklayacaksanız, hamsiyi, sırtı sol elinizin avuç içine gelecek şekilde yerleştirin, kafasının alt kısmından başparmak ve işaretparmağınızla tutun, sağ elinizle de balığın kafasını tutup öne eğin ve etinden kopartıp yavaşça kuyruğa doğru çekerek kemiğini alın, yıkayıp süzgece koyun).
2. Soğanları soyun, piyazlık şekilde doğrayın. Domatesleri yıkayın, soyun ve küçük küp şeklinde doğrayın. Biberleri yıkayın, sap ve çekirdeklerini çıkartıp ince ince doğrayın. Limonları da güzelce yıkayın, birinin suyunu sıkın, diğerini de halka şeklinde dilimleyin.
3. Doğradığınız soğan, domates ve biberi harmanlayın ve yarısını ısıya dayanıklı cam bir tepsinin içerisine yayın, üzerine hamsi filetolarını dizin, hamsilerin üzerine kalan malzemeyi koyun, tuz ve karabiberini serpin.

Defneyapraklarını ve limon dilimlerini yerleştirin. En son tereyağını küçük parçalara ayırın ve tepsiye koyduğunuz malzemelerin üzerine serpiştirin.
4. Tepsiyi, önceden 170 derecede ısıtılmış fırına verin ve balıkları pişirin (15-20 dakika).
5. Bu arada maydanozları yıkayın ve ince ince doğrayın. Hamsileri fırından alınca limon suyunu gezdirin, doğranmış maydanozları serpin ve servis edin.

Not:
- Bu tarifi kış mevsiminde domates ve biber koymadan, sadece diğer malzemeleri kullanarak da yapabilirsiniz.
- Tencerede (kapağı kapalı olarak) ocak üstünde pişirerek de uygulayabilirsiniz.
- Aynı yöntemle mevsimine göre mercan, sardalye, levrek, lüfer, barbunya, tekir, kalkan gibi balıkları da pişirebilirsiniz.

ÇİPURA IZGARA
Yaz ve sonbaharda yapılabilir.

Malzeme
2 adet çipura
2 adet kuru soğan
Yarım demet maydanoz
Yarım çay bardağı sızma zeytinyağı
2 yemek kaşığı beyaz üzüm sirkesi (elma sirkesi de olabilir)
Kristal kayatuzu, karabiber (ağız tadına göre)
1 adet limon (dilimlenmiş)

Hazırlama
1. Çipuraların içini temizleyin, pullu ise su içinde pullarını kazıyın. İyice yıkandıktan sonra süzdürün. Izgarada iyi pişmesi için balığın iki tarafına da bıçak ucu ile çizikler atın.
2. Küçük bir kâse içinde zeytinyağı, sirke, tuz ve karabiberi karıştırın. Bir fırça yardımı ile balıkların hem içine hem dışına sürün (iki tarafına da).
3. Soğanı soyun, maydanozları yıkayın ve her ikisini de ince ince doğrayın, üzerine kalan zeytinyağlı sirkeli sosu döküp harmanlayın ve balıkların içine eşit miktarda doldurun.

4. Elektrikli ızgarada veya alevsiz ve çok harlı olmayan mangalda, önce bir tarafını pişirdikten sonra çevirerek diğer tarafını da pişirin. Servis tabağına alıp üzerine zeytinyağı gezdirin ve limon dilimleri ile süsleyip servis edin.

Not:

- Aynı uygulamayı mevsimine göre palamut, uskumru, levrek, lüfer gibi balıklarla da yapabilirsiniz.

LEVREK PİLAKİSİ

Yaz ve sonbaharda yapılabilir.

Malzeme

2-3 adet levrek
1 adet kuru soğan
8-10 diş sarımsak
2 adet domates
Yarım demet maydanoz
1 çay bardağı beyaz üzüm sirkesi (elma da olabilir)
Yarım çay bardağı sızma zeytinyağı
Kristal kayatuzu, karabiber, tarçın (ağız tadına göre)

Hazırlama

1. Levreğin içini güzelce temizleyin, pullarını kazıyın, kılçıkları çıkartın. Levreği iri küp şeklinde doğrayın. Soğanı ve sarımsağı soyun, soğanı piyazlık şekilde, sarımsağı da ince ince doğrayın. Domatesleri de soyun, dörde bölün. Maydanozları yıkayın ve ince ince doğrayın.
2. Yayvan bir tencereye önce balıkları dizin. Üzerine soğan, domates, sarımsak, maydanozu koyun, sirke ve zeytinyağını gezdirerek ilave edin. Tuz, karabiber ve tarçını serpin. Tencerenin kapağını kapatın ve orta ısıdaki ateşte balıklar yumuşayıncaya kadar pişirin.
3. Tencereyi ateşten alın ve pilakiyi soğuduktan sonra servis edin.

Not:

- Aynı uygulamayı mevsimine göre çipura, sinarit, mercan ve karagöz gibi beyaz etli balıklarla da yapabilirsiniz.

ASMA YAPRAĞINDA SARDALYE

Sonbahar ve kış mevsiminde yapılabilir.

Malzeme

40 adet sardalye balığı
40 taze asma yaprağı (yumuşak ve düzgün)
1 yemek kaşığı kristal kayatuzu
1 tatlı kaşığı beyazbiber (öğütülmüş)
2 limonun suyu
1 su bardağı sızma zeytinyağı

Hazırlama

1. Sardalyelerin baş ve kuyruk kısımlarını koparmadan, orta kılçıklarını dikkatlice çekip çıkartın. Pullarını bıçakla kazıyın, sonra yıkayın.
2. Zeytinyağı, limon suyu, tuz ve beyazbiberi bir kâseye koyun ve çırparak karıştırın.
3. Balıkları suyunu iyice süzdürüp genişçe bir kaba alın ve üstüne hazırladığını karışımı dökerek bir süre dinlenmeye bırakın (10-15 dakika kadar).
4. Bu arada asma yapraklarının saplarını dipten koparın. Yapraklar taze ise önce kaynar suya, sonra soğuk suya atıp çıkarın. Salamura ise, yaprakların tuzunun gitmesi için ılık suda bekletip yıkayın. Yaprakların parlak olan dış tarafları alta, damarlı olan iç tarafları da üste gelecek şekilde tezgâha koyup düzeltin.
5. Yaprağın bir kenarına balığı yerleştirin ve yuvarlayarak sarın (balığın baş ve kuyruk kısımları açıkta kalsın). Yaprakların üzerine bir fırça yardımıyla zeytinyağı sürün. Önce ekli kısmı ateşe gelecek şekilde ızgarada iki tarafını çevirerek pişirin. Yaprakların rengi değiştiğinde sardalyeler pişmiş demektir.
6. Pişen balıkları servis tabağına dizerek sofraya sıcak sıcak getirin. Bu yöntemle pişen sardalyeler, kızartılmadığı ve doğrudan ateşe değmediği için en sağlıklı balık yemeklerinden biridir.

Not:

- Izgara yerine, sardalyeleri asma yaprağına sardıktan sonra ısıya dayanıklı bir tepsiye dizip, üzerine zeytinyağı gezdirerek önceden 180 derecede ısıtılmış fırında pişirebilirsiniz.

FIRINDA PALAMUT

Sonbahar ve kış mevsimlerinde yapılabilir.

Malzeme

2 adet palamut (çingene palamudu da olur)
Kristal kayatuzu, kırmızıbiber, karabiber (ağız tadına göre)
2 adet kuru soğan
6 adet defneyaprağı
Yarım çay bardağı kadar sızma zeytinyağı
1 adet limon (dilimlenmiş)

Hazırlama

1. Palamutları temizleyip kılçıklarını çıkarın, yıkayın ve süzdürün.
2. Isıya dayanıklı kapaklı cam bir fırın tepsisini yağlayın ve içine balıkları yerleştirin (karınları açık biçimde).
3. Soğanı soyun, piyazlık doğrayın ve balıkların üzerine koyun. Defneyapraklarını da soğanların üzerine dizin.
4. Tuz, karabiber ve kırmızıbiberi serpin. En üste zeytinyağını gezdirin, tepsinin kapağını kapatın ve önceden 180 derecede ısıtılmış fırına verin. 10-15 dakika kadar kapağı kapalı olarak pişirin. Daha sonra fırını açıp tepsinin kapağını alın, fırının kapağını kapatın, ısısını 150 dereceye indirin ve 20-25 dakika kadar daha pişirin.
5. Palamutlar pişince tepsiyi fırından alın, limon dilimleri ile servis yapın.

Not:

- Aynı uygulamayı mevsimine göre çipura, somon, uskumru, lüfer, levrek, sinarit, istavrit, barbunya, tekir, kılıç gibi balıklarla da yapabilirsiniz.
- Bu tarifteki malzemelere yaz ve sonbahar mevsiminde domates ve biber ilave edebilirsiniz. Ayrıca sarımsak seviyorsanız havanda ezilmiş sarımsağı her mevsimde kullanabilirsiniz.

ISPANAKLI SOMON IZGARA

Kış mevsiminde yapılabilir.

Malzeme

500 gr ıspanak
1 adet kuru soğan
Kristal kayatuzu (ağız tadına göre)

1 çay bardağı kadar sızma zeytinyağı
4 dilim somon balığı
Yarım limonun suyu
2 yemek kaşığı beyaz üzüm sirkesi (elma sirkesi de olabilir)

Hazırlama

1. Ispanakları ayıklayın, güzelce yıkayın, süzdürün ve elle iri iri kopararak parçalayın. Soğanı soyun, piyazlık doğrayın. İkisini harmanlayıp kapaklı bir tavaya koyun, üzerine 3 yemek kaşığı zeytinyağı gezdirin ve bir kenarda bekletin.
2. Somonları yıkayıp süzdürün. Yarım çay bardağı zeytinyağı, limon suyu ve sirkeyi genişçe bir kâsede çırpın, somonları içine ilave edip karıştırın ve 10 dakika kadar bekletin.
3. Izgarayı hazırlayın ve somonları pişirin (fazla yakmadan).
4. Balıklar pişerken, önceden hazırladığınız ıspanak ve soğanın bulunduğu tavayı orta ısıdaki ateşin üstüne koyun ve ıspanakları soteleyin (3-5 dakika). Ispanak ve soğanlar hafif yumuşayınca ateşten alın, üzerine tuz serpin ve bir servis tabağına koyun.
5. Pişen somonları ıspanakların üzerine yerleştirin ve servis edin.

KİŞNİŞ KAPLI BALIK

Ege Yöresi

Dört mevsim yapılabilir.

Malzeme

2 yemek kaşığı kişniş tohumu
1 tatlı kaşığı kristal kayatuzu
2 adet balık filetosu (dilbalığı, mezgit vb)
2-3 yemek kaşığı beyaz üzüm sirkesi
Sızma zeytinyağı

Hazırlama

1. Bir fırın kabına koyduğunuz kişniş tohumlarını, önceden 150 derecede ısıtılmış fırında 5-10 dakika kadar bekletin. Fırından alıp hafifçe soğuttuktan sonra, iyice ufalanmış bir karışım elde edinceye dek, tuzla birlikte havanda dövün.
2. Balık filetolarını temiz bir bez peçeteyle kurulayın, iç taraflarını yoklayarak, kalmış olabilecek minik kılçıklar varsa çıkarın. Filetoları, kişnişli

karışımın içinde yuvarlayın, sonra da fırın için uygun yağlanmış bir tencereye koyup kapağını kapatın.

3. Tencereyi, önceden 180 derecede ısıtılmış fırına verip, balık filetolarını 20-25 dakika pişirin. Daha sonra fırından alıp üzerlerine zeytinyağı gezdirin ve doğal fermantasyon beyaz üzüm sirkesi ekleyerek hemen servis edin.

Sağlıklı karbonhidrat kaynağı

BAKLAGİLLER, PİLAVLAR, DOLMALAR VE KÖFTELER

Baklagillerin ve Tahılların Beslenmemizdeki Yeri

- Karatay Diyeti'nin saf protein diyeti olmadığını birinci bölümde örneklerle açıklamıştık. *Karatay Diyeti* ve *Karatay Diyeti'yle Yaşam Boyu Sağlık* kitaplarında da baklagiller ve tahılların beslenmemiz açısından önemi anlatılmakta ve bu gıdaları içeren örnek yemek tarifleri yer almaktadır.
- Karatay Diyeti'nin temel amaçlarından biri, aynen yağlarda ve proteinlerde olduğu gibi karbonhidratların da sağlıklı kaynaklardan vücuda alınmasını sağlamaktır.
- Sağlıklı karbonhidratlar, baklagiller grubu yani fasulye, mercimek, barbunya, börülce, tahıllar grubundan öğütülmemiş tane buğday ve bulgur, ayrıca kuruyemiş grubundan da fındık, fıstık, ceviz ve badem gibi yiyeceklerdir. Nohut, leblebi ve bezelye yüksek glisemik indeksli olduğu için yani yüksek oranda nişasta (karbonhidrat) içerdikleri için kısıtlı olarak tüketilmelidir!
- Kuru baklagiller hem sağlıklı karbonhidrat hem protein ve lif yani posa bakımından çok zengindir. Özellikle mercimek, protein bakımından ete en yakın olan besindir. Ayrıca A ve bazı B vitaminleri ile minerallerce de zengindir. Yani B vitaminin kaynağı sadece 'ekmek' değildir! Lif kaynağı da sadece ekmek değildir! Zaten öğütülmüş unlarda lif kalmaz, eklenen kepek oranı da son derece azdır ve yetersizdir!
- Hem kilo verme sürecinde hem de sonrasında yani yaşam boyu ekmek yerine ekmeğin hammaddesi olan buğdayı bütün olarak salata, çorba, pilav veya keşkek yemeği şeklinde tüketebilirsiniz. Esmer bulguru da aynı şekilde rahatlıkla kullanabilirsiniz. Halkımız arasında, karbonhidratların yalnız ekmekten alınabildiği, başka türlü vücudumuza karbonhidrat

giremeyeceği kanısı yaygındır. Oysa doğal ve sağlıklı karbonhidratlar buğdayın kendisinde, bulgurda, fasulyede, mercimekte, sebzelerde, meyvelerde ve bütün kuruyemişlerde bulunmaktadır.

Baklagilleri ve Tahılları Saklamak ve Pişirmek İçin Pratik Bilgiler

- Özellikle kuru fasulye, buğday ve nohut ıslatılmadan önce mutlaka 4-5 su yıkanmalı, suyu süzülmeli, daha sonra üzerlerini 2 parmak aşacak kadar ılık su ile en az 12 saat önceden ıslatılmalıdır.
- Kuru bakliyatları yıkarken, ılık su dolu bir kabın içine koyalım ve 5 dakika bekletelim. Daha sonra elimizle suyun içindeki bakliyatları karıştıralım. Böylece bakliyatların üzerindeki kirler kabarıp suya karışır ve suyu süzdüğümüzde temizlenmiş olur.
- Kuru bakliyatları bir gece önceden ılık suya koyalım ama içine kesinlikle karbonat katmayalım. Çünkü karbonat vitaminlerin kaybına sebep olabilir.
- Güzelce yıkanmış kuru bakliyatların ıslatma ve haşlama suyunu dökmeyin, yemeğin pişirilmesinde kullanın. Çünkü bakliyatlarda bulunan B vitamini ve mineraller, ıslatma ve haşlamada kullanılan suya geçer. Ancak fazla gaz problemi olanlar ıslatma suyunu dökebilirler. Fakat haşlanma suyunu dökmek son derece yanlıştır, çünkü bu da önemli oranda vitamin ve mineral kaybına neden olur.
- Kuru fasulyeyi çabuk haşlamak için, soğuk suya koyup kaynatın, kaynamaya koyarken kesinlikle tuz ya da sirke katmayın, yoksa kabukları sertleşir ve fasulyeler yumuşamaz. Haşladığımız fasulyeler pişme süresi dolmasına rağmen biraz sertse, suyuna az miktarda doğal madensuyu katabiliriz. Bu yöntemle daha çabuk pişecektir.
- Kuru fasulye pişerken dağılmasın diye tuzunu, salçayı ya da domatesi fasulyeler yarı piştikten sonra ilave edin. Ancak düdüklü tencerede pişirirken, bakliyat ya da tahıllar haşlanıp tencerenin buharı çıktıktan sonra tuz, salça ya da domatesi ilave edebilirsiniz.
- Kuru fasulye, buğday ve nohudu besin değerlerini koruyarak en kısa zamanda düdüklü tencerede pişirebilirsiniz. Kuru baklagiller iyi pişirilince besin değerleri artar.
- Kuru fasulyenin suyu çok duru olmuşsa, bir kepçe fasulyeyi ezip yemek suyunun içine ekleyin, kıvamını bulacaktır, fazla suyu sakın dökmeyin!
- Kuru fasulye, buğday benzeri yemekleri pişirirken, tencerenin dibine, bir fincan tabağını ters şekilde kapatırsanız, yemeğinizin yanmasını önlemiş

olursunuz.

- Kurtlanmış buğday veya mercimeği iyisinden ayırmak için, içi su dolu bir kaba koyun. Kurtlananlar su yüzüne çıkacaktır.
- Fasulye, buğday, nohut, mercimek ve bulguru böceklerden korumak için, içlerine küçük taneli kristal kayatuzu serpip karıştırın, kuru baklagiller bez torbalarda ve içerisine tuz konarak saklanırsa böceklenmez. Ayrıca bozulmalarını önlemek için, tuz koymadan yine bez torbalarda buzdolabında muhafaza edebilirsiniz.

PASTIRMALI KURU FASULYE

Dört mevsim yapılabilir.

Malzeme

2 su bardağı kuru fasulye
100-150 gr pastırma (çemeni alınmış)
2 adet kuru soğan
2-3 adet kuru kırmızıbiber
3-5 adet kurutulmuş domates
2 yemek kaşığı tereyağı
Kristal kayatuzu, karabiber, kırmızıbiber (ağız tadına göre)

Hazırlama

1. Fasulyeleri iyice yıkayın ve akşamdan ıslatın. Domates kurularını da güzelce yıkayıp, üzerini örtecek miktarda sıcak su ile ıslatın.
2. Ertesi sabah önce soğanları soyun, küçük küp şeklinde doğrayın. Kuru biberleri yıkayın, ikiye, üçe bölün. Suda beklettiğiniz, yumuşamış olan domates kurularını da küçük küp şeklinde doğrayın (suyu kaldıysa atmayın, yemeğe ilave edin).
3. Doğradığınız soğan, kuru domates ve biberi düdüklü tencerenin dibine yerleştirin. Çemenini temizlediğiniz pastırmaları, ikiye üçü bölün ve tencereye ilave edin. En son akşamdan ıslattığınız fasulyeleri koyun. Fasulyelerin üzerini 2-3 cm geçecek miktarda su ilave edin. Tencerenin kapağını kapatın ve önce orta, bir kez buhar çıktıktan sonraysa kısık ateşte pişirin (40-45 dakika). Tencereyi ateşten indirin, buharı çıkana kadar bekleyin. Sonra kapağını açın, tuz ve karabiber ilave edip karıştırın.
4. Tereyağını bir tavaya koyup kısık ateşte eritin, üzerine kırmızıbiber ilave edin, hafif cızlayınca fasulyenin üzerine gezdirip yemeği servis edin.

Not:

- Arzu ederseniz kırmızıbiber ve tereyağını hazırlarken 1 yemek kaşığı kadar kuru nane de ilave edebilirsiniz.
- Eğer salçalı seviyorsanız, yaz ve sonbahar aylarında bu tarifi yaparken, kuru biber ve domates yerine taze domates ve biber kullanabilirsiniz.
- Etli kuru fasulye yapmak isterseniz bu tarifteki malzemelere pastırma yerine 500 gr kuzu veya dana eti ilave edebilirsiniz.
- Zeytinyağlı kuru fasulye yapmak isterseniz, hiç et ve tereyağı koymadan diğer adımları takip edebilirsiniz.

KIYMALI YEŞİL MERCİMEK

Dört mevsim yapılabilir.

Malzeme

2 su bardağı yeşil mercimek
200 gr kıyma (dana veya kuzu)
2 adet kuru soğan
1 yemek kaşığı domates salçası
1 yemek kaşığı tereyağı
Kristal kayatuzu, karabiber, kimyon, pul biber (ağız tadına göre)

Hazırlama

1. Mercimeği ayıklayın, yıkayın ve iki saat kadar önceden üzerini örtecek miktarda su ile ıslatın. Daha sonra orta ısıdaki ateşin üzerine koyun, üzerine soğuk su ilave edip (üzerlerini 4-5 cm geçecek ölçüde) pişmeye bırakın. Eğer mercimekler pişmeden önce suyunu çekerse, durumuna göre fazla sulu olmayacak şekilde su ilave edin.
2. Bu arada soğanı soyun, küçük küp şeklinde doğrayın. Ayrı bir tencerenin içine tereyağını koyup kısık ateşte eritin. İçine soğanı ve kıymayı ilave edip 3-5 dakika çevirin (kısık ateşte). Daha sonra kimyon, karabiber ve salçayı ekleyip karıştırın. Tencerenin kapağını kapatıp, kıymayı pişirin (suyunu salıp çekene kadar).
3. Mercimek pişince, içine pişmiş kıymayı ilave edin, tuz ve pul biberini serpin. Bir iki taşım kaynatın ve servis edin.

Not:

- Arzu ederseniz kıyma koymadan da yapabilirsiniz. Yaz ve sonbahar aylarında bu tarifi yaparken, salça yerine taze domates kullanabilirsiniz.

KEŞKEK

Dört mevsim yapılabilir.

Malzeme

1 kg kemikli kuzu eti (gerdan olabilir)
2 su bardağı dövme buğday
Yarım su bardağı nohut
1 adet kuru soğan
2 yemek kaşığı tereyağı
1 yemek kaşığı biber salçası
Kristal kayatuzu, karabiber, kimyon, tarçın (ağız tadına göre)

Hazırlama

1. Dövme buğday ve nohudu yıkayıp, akşamdan ayrı kaplarda ılık su ile ıslatın.
2. Ertesi sabah önce akşamdan ıslattığınız buğdayı düdüklü tencereye boşaltın, sonra etleri ilave edin, üzerlerini 4-5 cm geçecek ölçüde su ilave edip, kısık ateşte pişirin (60-70 dakika kadar).
3. Bu arada soğanı soyun, küçük küp şeklinde doğrayın ve nohudun üzerine ilave edin. Eğer nohut akşamdan koyduğunuz suyu çekmişse, üzerini örtecek miktarda su ekleyin ve kısık ateşte pişirin (pişmeye yakın salçayı ilave edin). Nohutlar yumuşayıp pişince tencereyi ateşten indirin.
4. Buğdaylar pişince düdüklü tencereyi de ateşten indirin, buharının boşalmasını bekleyin. Kapağını açın, etleri tenceren çıkarın, kemiklerinden ayırıp didikleyin ve tekrar pişmiş buğdaya katın. Tahta bir kaşıkla döve döve özleştirin.
5. Küçük bir tavada kısık ateşte tereyağını eritin, buğdayın bulunduğu tencereye koyun, tuz, karabiber, kimyon ve tarçını serpin, güzelce karıştırın ve keşkeği bir servis tabağına koyun. Keşkeğin ortasını çukurlaştırın ve içine haşlanmış nohudu koyup servis yapın.

FAVA

İlkbaharda yapılabilir.

Malzeme

500 gr kuru bakla
250 gr taze iç bakla
4 su bardağı su
1 adet kuru soğan

1 su bardağı sızma zeytinyağı
Kristal kayatuzu (ağız tadına göre)
Yarım demet dereotu (yıkanıp ince doğranmış)

Hazırlama

1. Kuru baklaları ayıklayın, yıkayın. Taze baklaları kabuğundan çıkarın ve yıkayın. Soğanı soyun, küçük küp şeklinde doğrayın. Hepsini birlikte bir tencereye koyun, üzerlerine 4 su bardağı suyu ılık su ilave edin, zeytinyağını gezdirin, tencerenin kapağı kapalı olarak kısık ateşte pişirin.
2. Ara sıra tahta bir kaşıkla karıştırın. Tenceredeki her şey yumuşayıp püre haline gelinceye kadar kaynatın. Daha sonra tencereyi ateşten alın ve tahta bir kaşıkla baklaları iyice ezin.
3. Fava püre kıvamına gelince, suyla ıslatılmış kapaklı cam bir kalıba dökün, soğumaya bırakın (buzdolabında 1-2 saat dinlendirin).
4. Daha sonra favayı servis tabağına ters çevirerek çıkarın. Üstünü dereotu ile süsleyin ve servis edin.

Not:

- Taze baklanın bulunmadığı mevsimlerde yalnızca kuru baklayla yapabilirsiniz.

BUĞDAYLI MANCA

Trakya Yöresi

Yaz ve sonbaharda yapılabilir.

Malzeme

2 su bardağı dövme buğday
4 adet patlıcan
3 adet domates
1 baş sarımsak
1 tatlı kaşığı biber salçası
1 çay bardağı zeytinyağı
Kristal kayatuzu, karabiber, kimyon, nane (ağız tadına göre)

Hazırlama

1. Buğdayı akşamdan yıkayın ve ılık su ile ıslatarak kapağı kapalı bir tencerede bırakın.
2. Ertesi sabah buğdayı düdüklü tencereye aktarıp, üzerini 4-5 cm geçecek

miktarda su ilave edin ve kısık ateşte pişirin (30 dakika kadar). Buğdaylar patlıcanlarla pişmeye devam edeceği için tam pişmemesi gerekiyor.

3. Daha sonra tencerenin buharının boşalmasını bekleyip, kapağını açın.
4. Sarımsakları soyun, ince ince doğrayın. Domatesleri soyun, küçük küp şeklinde doğrayın. Patlıcanları da soyun, küp şeklince doğrayıp domateslerle ve sarımsaklarla karıştırın, buğdayın üzerine ilave edip, eğer buğdayın suyu bitmişse üzerini örtecek miktarda su ilave ederek tekrar tencerenin kapağını kapatın ve 15-20 dakika daha pişirin.
5. Daha sonra tencereyi ateşten indirin, buharının boşalmasını bekleyin.
6. Bu arada zeytinyağı ve salçayı karıştırın, kısık ateşte ısıtın, naneyi ilave edin ve tencerenin kapağını açtıktan sonra buğdaya karıştırın. Tuz, karabiber ve kimyonunu serpin, servis edin.

ZEYTİNYAĞLI BARBUNYA

Yaz ve sonbaharda yapılabilir.

Malzeme

500 gr barbunya (kabuklarından ayıklanmış)
2 adet havuç
2 adet domates (olgun)
1 adet kuru soğan
8-10 diş sarımsak
Yarım çay bardağı kadar sızma zeytinyağı
Kristal kayatuzu (ağız tadına göre)
Yarım demet dereotu

Hazırlama

1. Kabuklarından ayıklanmış barbunyaları güzelce yıkayın ve bir tencereye koyun. Soğanı soyun, havucu kazıyın, domatesleri soyun ve hepsini küçük küp şeklinde doğrayıp barbunyaların üzerine koyun.
2. Sarımsakları da soyun ve bütün olarak tencereye ilave edin. 1 çay bardağı kadar sıcak su ekleyin, üzerine zeytinyağını gezdirin, tencerenin kapağını kapatıp, barbunya ve havuçlar yumuşayıncaya kadar kısık ateşte pişirin.
3. Bu arada dereotlarını yıkayıp, ince ince doğrayın. Barbunya pişince ateşten indirin, tuzunu serpin, bir servis tabağına boşaltıp, dereotları ile süsleyin ve servis edin.

MERCİMEKLİ BULGUR PİLAVI

Yaz ve sonbaharda yapılabilir.

Malzeme

1,5 su bardağı siyez bulguru (pilavlık bulgur da olabilir)
2,5 su bardağı su
1 su bardağı yeşil mercimek
2 adet kuru soğan
1 adet domates
2 adet sivribiber
3 yemek kaşığı tereyağı
Kristal kayatuzu, karabiber (ağız tadına göre)

Hazırlama

1. Mercimeği yıkayıp bir tencereye koyun, üzerini örtecek miktarda su ilave edip kısık ateşte haşlayın.
2. Bulguru yıkayıp bir süzgece koyun ve süzülmeye bırakın.
3. Soğanları soyup ince ince doğrayın. Domatesi yıkayıp soyun ve küçük küp şeklinde doğrayın. Biberleri de çekirdek kısımlarını temizleyip ince ince doğrayın.
4. 2 yemek kaşığı tereyağını pilav tenceresine koyup kısık ateşte eritin. Üzerine süzülmüş bulguru, doğranmış soğan, biber ve domatesi, haşlanmış mercimeği, tuz ve karabiberi ilave edip karıştırın. Suyunu koyun ve tencerenin kapağını kapatıp kısık ateşte pişmeye bırakın. Suyunu çekip bulgurlar pişince ateşi söndürün. Pilavın üzerine temiz bir pamuklu bez örtüp demlenmeye bırakın.
5. Servis edeceğiniz zaman, kalan tereyağını küçük bir tavada eritip pilavın üzerine gezdirin.

Not:

- Bu tarifi bizimle paylaşan Sayın Nevin Ertaş'a teşekkür ederiz.

KARALAHANA DIBLESİ

Sonbahar ve kış mevsiminde yapılabilir.

Malzeme

1 demet (15-20 yaprak) karalahana
2 adet kuru soğan

2 su bardağı siyez bulguru
2 su bardağı sıcak su
Kristal kayatuzu, karabiber, pul biber (ağız tadınıza göre)
2 yemek kaşığı tereyağı

Hazırlama

1. Soğanları soyun, küçük küp şeklinde doğrayın. Karalahanaları yıkayın ve saplarının kararmış uç kısımlarını kesip, ince ince doğrayın. Bulguru yıkayın.
2. Bir tencereye tereyağını koyup kısık ateşte eritin, daha sonra bir sıra doğranmış karalahana koyun, üzerine soğan, onun üzerine de bulgur koyup, sıralamayı en üstte karalahana olacak şekilde tekrar edin. Tuz, karabiber ve pul biberini serpin, suyunu ilave edin ve tencerenin kapağını kapayıp kısık ateşte pişirin. Suyunu çekince ateşten indirip servis edin.

Not:

- Bu tarifi karalahana yerine pazı veya taze asma yaprağı ile de yapabilirsiniz.

MANTARLI BULGUR PİLAVI

Sonbaharda yapılabilir.

Malzeme

1 su bardağı siyez bulguru
1,5 su bardağı sıcak su
250 gr mantar
2 yemek kaşığı tereyağı
1 adet kuru soğan
1 yemek kaşığı biber salçası
Kristal kayatuzu, karabiber, kimyon, pul biber

Hazırlama

1. Soğanı ince ince doğrayın, mantarı da ince dilimler halinde doğrayın. Bir tencereye tereyağı, salça, soğan ve mantarı koyup kısık ateşte pişmeye başlayın.
2. Bulguru yıkayıp üzerine ekleyin, sıcak suyu ilave edip pişirin.
3. Pişmeye yakın tuzunu serpin ve ateşi söndürdükten sonra 10-15 dakika kadar demlendirin. Üzerine pul biber, kimyon ve karabiber serperek servis yapın.

Not:

- Taze nane yaprakları ile süsleyebilirsiniz.
- Bu tarifi yaz ve sonbahar mevsimlerinde mantar yerine domates ve biber koyarak, kış mevsiminde havuçla, ilkbaharda da taze nane veya sevdiğiniz yabani otlarla yapabilirsiniz.
- Ayrıca mantar yerine 250 gr kuzu kuşbaşı eti kullanarak, eti ayrı pişirip diğer aşamaları takip ederek etli bulgur pilavı yapabilirsiniz.
- Mantar kullanmadan dört mevsim boyunca yukarıdaki malzemelere antepfıstığı (yarım çay bardağı), kuşüzümü (1 yemek kaşığı), taze nane (2-3 dal) ve fesleğen (2-3 dal) gibi kokulu otlardan ilave edip 'antepfıstıklı bulgur pilavı' yapabilirsiniz.

DÖVME BUĞDAY PİLAVI

Dört mevsim yapılabilir.

Malzeme

750 gr kuzu gerdan (parçalanmış)
2 su bardağı dövme buğday (akşamdan ıslatılır)
3 yemek kaşığı tereyağı
Kristal kayatuzu, karabiber, pul biber (ağız tadına göre)

Hazırlama

1. Dövme buğdayı yıkayıp, akşamdan ılık su ile ıslatın.
2. Ertesi sabah önce gerdanları yıkayın, düdüklü bir tencereye koyun, üzerlerini 4-5 cm geçecek ölçüde su ilave edip, kısık ateşte pişirin (40-60 dakika kadar).
3. Bu arada buğdaya da üzerini örtecek miktarda su ilave edip, kısık ateşte pişirin (buğday suyunu çekip yumuşayıncaya kadar). Eğer buğdaylar pişmeden suyunu çekerse, sulu kalmayacak ölçüde su ilave edin.
4. Etler pişince düdüklü tencereyi ateşten indirin, buharının boşalmasını bekleyin. Kapağını açın, etleri tenceren çıkarın, kemiklerinden ayırıp didikleyin ve buğdaya katın, tuz, karabiber ve pul biberini serpin, karıştırın.
5. Küçük bir tavada kısık ateşte tereyağını eritin ve buğdayın üzerine gezdirin, tencerenin kapağını kapatıp, 10-15 dakika dinlendirin ve servis edin.

Not:

- Etleri pişirdiğiniz tencerede et suyu kaldıysa, süzüp cam kavanoza koyun ve diğer yemeklerinizde et suyu olarak değerlendirin.

ZEYTİNYAĞLI BİBER DOLMASI

Yaz ve sonbaharda yapılabilir.

Malzeme

12 adet dolmalık yeşil biber
4 adet kuru soğan
3 adet orta boy domates
1,5 su bardağı siyez bulguru (pilavlık bulgur da olabilir)
2 su bardağı sıcak su
1 su bardağı sızma zeytinyağı
1 yemek kaşığı çamfıstığı
1 yemek kaşığı kuşüzümü
1 demet maydanoz
Yarım demet taze nane veya 1 yemek kaşığı kuru nane
1 limonun suyu
Kristal kayatuzu, karabiber, yenibahar, tarçın (ağız tadına göre)

Hazırlama

1. Soğanları soyun, ince ince doğrayın. Domatesleri yıkayın ve iki tanesini rendeleyin. Biberlerin sap kısımlarını çıkarın, içlerini temizleyin ve bir kenara koyun. Maydanozu yıkayıp ince ince doğrayın. Eğer taze nane kullanacaksanız yıkayıp ince ince doğrayın.
2. Bulguru yıkayıp bir tencereye koyun. Üzerine doğranmış soğan ve domatesi, zeytinyağını, çamfıstığını ilave edin, bir su bardağı suyu da koyun, orta ısıdaki ateşte pişmeye bırakın. Kaynamaya başlayınca ateşi kısın, kuşüzümünü ekleyin. Suyunu çekinceye kadar pişirin.
3. Bulgurlu harç suyunu çekince ateşten indirin, doğranmış maydanoz ve taze naneyi (ya da kuru naneyi), tuzu, karabiberi, yenibaharı ve tarçını koyup karıştırın. Limon suyunu da gezdirip tencerenin kapağını kapatın ve 5-10 dakika kadar dinlendirin.
4. Daha sonra temizlediğiniz biberleri, hazırladığınız bulgurlu harç ile doldurun.
5. Kalan domatesi biberlere kapak olacak şekilde dilimleyin ve biberlerin üstüne kapatın.
6. Doldurduğunuz ve domatesle kapattığınız biberleri yayvan bir tencereye dizin. Üstüne ısıya dayanıklı düz bir tabak (düz beyaz) koyun. Kalan bir su bardağı sıcak suyu ekleyin. Kısık ateşte yaklaşık 40-45 dakika kadar pişirin. Sıcak veya soğuk olarak servis edin.

Not:

- Aynı dolma içiyle taze kabak, taze patlıcan ya da acur doldurabilir veya yaprak, lahana, pazı sarması yapabilirsiniz.
- *Ancak sarmaya veya doldurmaya vakti olmayanlar, yine dolma ve sarma tadında olan, benim 'açık sarma' adını verdiğim tarifi uygulayabilirler. Bunun için, dolma içini hazırladıktan sonra taze asma yaprağını yıkayıp irice doğruyoruz. 'Karalahana dıblesi' tarifinde olduğu gibi bir kat yaprak, bir kat dolma harcı şeklinde tencereye sıralayıp pişiriyoruz ve servis ediyoruz. Asma yaprağı yerine mevsimine göre pazı, körpe hodan yaprağı veya ebegümeci yaprağı da çok güzel oluyor. (N. Doğan)*

ETLİ PATLICAN, KABAK VE BİBER DOLMASI (KOFİK)

Dört mevsim yapılabilir.

Malzeme

2 adet kuru soğan
200 gr kuzu kıyma
5 yemek kaşığı siyez bulguru (pilavlık bulgur da olabilir)
1 yemek kaşığı domates salçası
Kristal kayatuzu, karabiber, pul biber, kimyon, yenibahar (ağız tadına göre)
1 yemek kaşığı kuru nane
Yarım demet dereotu
1 çay bardağı sızma zeytinyağı
5-6 adet kurutulmuş patlıcan
5-6 adet kurutulmuş kabak
5-6 adet kurutulmuş dolmalık biber
Yarım limonun suyu
Yarım limon (ince dilimlenmiş)

Hazırlama

1. Patlıcan, biber ve kabakları yumuşaması için sırası ile limonlu suda haşlayın ve sudan çıkarıp, süzülüp soğumaya bırakın.
2. Soğanın soyup ince ince doğrayın. Maydanozları da yıkayıp ince ince doğrayın.
3. Bulgur, kıyma, soğan, salça, karabiber, pul biber, kimyon, yenibahar, tuz, maydanoz ve zeytinyağını cam bir kâse içinde karıştırarak dolma içini hazırlayın.
4. Hazırladığınız içi haşlanmış patlıcan, kabak ve biberlerin içine doldurun

ve yayvan bir tencereye dizin. Üzerlerini örtecek miktarda sıcak su ekleyin. Suyunu çekene kadar kısık ateşte pişirin ve ince limon dilimleri ile servis edin.

Not:

- Dolmaları, yoğurtla birlikte servis edebilirsiniz.

EKŞİMİKLİ YAPRAK SARMASI

Dört mevsim yapılabilir.

Malzeme

1 su bardağı siyez bulguru (pilavlık bulgur da olabilir)
2 adet kuru soğan
250 gr taze ekşimik
1 çay bardağı zeytinyağı
250 gr salamura yaprak
Yarım demet taze nane
Yarım demet maydanoz
Yarım demet dereotu
1 yemek kaşığı çamfıstığı
2 yemek kaşığı kuşüzümü
Kristal kayatuzu, karabiber, yenibahar, tarçın (ağız tadına göre)

Hazırlama

1. Yaprakları, tuzu gidene kadar birkaç su yıkayın.
2. Soğanları soyun ve ince ince doğrayın. Naneyi, maydanozu ve dereotunu güzelce yıkayın ve ince ince doğrayıp soğanla karıştırın.
3. Daha sonra yıkanmış bulguru, ekşimiği, tuzu, karabiberi, yenibaharı, tarçını, çamfıstığını, kuşüzümünü ve yarım çay bardağı zeytinyağını, soğanlı yeşillikli karışımın üzerine koyup iyice karıştırın (hatta biraz yoğurun).
4. Yaprakların içine birer tatlı kaşığı kadar iç koyun, çok kalın olmamak üzere sarın ve yayvan bir tencereye sıra sıra yerleştirin. Üzerine bir tabak (ısıya dayanaklı beyaz bir tabak) kapatın. Dışına 1 su bardağı sıcak su koyun, kalan zeytinyağını sarmaların üzerine gezdirin. Pişerken suyunu tamamen çekmesine özen gösterin.
5. Sarmalar suyunu çekip pişince ateşten indirin. 10-15 dakika dinlendirin, sıcak veya soğuk olarak limon dilimleri ile servis edin.

Not:

- İç fazla gelirse biberlere doldurabilirsiniz.
- Bu tarifi salamura yaprak yerine pazı, körpe hodan yaprağı, ebegümeci veya taze asma yapraklarıyla da yapabilirsiniz.

ETLİ LAHANA SARMASI

Sonbahar ve kış mevsiminde yapılabilir.

Malzeme

1,5 kg sarmalık lahana
4 su bardağı siyez bulguru (pilavlık bulgur da olabilir)
500 gr kuzu kıyması
2 adet kuru soğan
1 yemek kaşığı domates salçası
1 tatlı kaşığı biber salçası
Yarım demet maydanoz
Yarım çay bardağı zeytinyağı
1,5 su bardağı taneli sumak
Kristal kayatuzu, karabiber, pul biber, kimyon (ağız tadına göre)

Hazırlama

1. Sumakların üzerine 3 su bardağı su ilave edin, 20-30 dakika kadar bekletin. Lahana yapraklarını sıcak suya batırın. Kısa bir süre sıcak su içinde tutun, suyunu süzdürmeye bırakın. Lahanaların fazla ezilmemesine dikkat edin.
2. Bu arada soğanları soyun, ince ince doğrayın. Maydanozları da yıkayıp, ince ince doğrayın. Kıymayı bir tepsiye koyun. Üzerine doğranmış soğan ve maydanoz, domates ve biber salçası, zeytinyağı, pul biber, karabiber, kimyon ve tuz ilave edin. Bulguru da yıkayıp süzün ve hazırladığınız karışıma ekleyin.
3. Suda bekleyen sumakları süzün. 1 su bardağı sumak suyunu tepsideki kıymalı, bulgurlu karışımın içine ilave edip iyice karıştırın.
4. Süzülmüş lahana yapraklarını hazırladığınız harç ile sarın ve yayvan bir tencereye yerleştirin. Sarmaları sarma işlemi bittikten sonra tencereyi kısık ateşe koyun, geriye kalan sumak suyunu üzerine dökün (sarmaların üstünü örtecek kadar su ilave edilmelidir, eğer sumak suyu az gelirse sıcak su ile takviye yapın).
5. Kaynadıktan sonra yarım saat kadar kısık ateşte tutun. Pişip pişmediğini kontrol ederek ateşten indirin, sıcak olarak servis edin.

Not:

- Bu tarifi pazı, körpe hodan yaprağı, ebegümeci veya taze ya da salamura asma yapraklarıyla da yapabilirsiniz.

MERCİMEKLİ SARMA

Tekirdağ Yöresi

İlkbahar mevsiminde yapılabilir.

Malzeme

500 gr taze asma yapragı
1 çay bardağı kırmızı mercimek
1 su bardağı ince bulgur
3 adet kuru soğan
1 yemek kaşığı domates salçası
2 su bardağı su
1 demet maydanoz
Yarım demet dereotu
Yarım çay bardağı sızma zeytinyağı
Kristal kayatuzu, karabiber, pul biber (ağız tadına göre)
1 tatlı kaşığı kuru nane
1 adet limon (dilimlenmiş)

Hazırlama

1. Soğanları soyun ve küçük küp şeklinde doğrayın, derin bir tavaya koyun.
2. Mercimeği yıkayın, doğranmış soğanların üzerine ilave edin. 2 su bardağı suyu ekleyip, kısık ateşte mercimekler suyu çekene kadar pişirin.
3. Daha sonra mercimeği ateşten alın, üzerine bulguru ilave edin ve kapağını örtüp, bulgurların yumuşayıp şişmesini sağlayın.
4. Bu arada maydanozları ve dereotunu yıkayıp ince ince doğrayın.
5. Bulgur şiştikten sonra, salçayı, tuzu, karabiberi, pul biberi ve zeytinyağını ilave edip iyice karıştırın. Karışıma kıyılmış maydanoz ve dereotunu da ekleyip, harmanlayın. Asma yapraklarını sıcak suya daldırıp hafifçe haşlayın ve delikli kepçe yardımıyla tenceren alıp bir süzgece koyun.
6. Daha sonra elinizde veya düz bir tabak içinde (yaprakların damarlı kısmı içe gelecek şekilde) sarma işlemine başlayın. Her bir asma yaprağının içine bir tatlı kaşığı kadar mercimekli iç koyup, sarma veya beşgen şeklinde sarın ve dibine bir sıra asma yaprağı döşediğiniz derin bir tencereye yerleştirin.

7. Yaprakları sarma işlemi bitince, sarmaların seviyesine gelecek kadar su ekleyin ve üzerine beyaz bir porselen tabağı ters çevirip kapatın. Tencerenin kapağını da örterek, kısık ateşte pişirin.
8. Sarmalar pişince, soğuyuncaya kadar tencerede dinlendirin. Daha sonra bir servis tabağına alın ve limon dilimleri ile servis yapın.

Not:

- Bu tarifteki içi hazırlarken kırmızı mercimek yerine 1 su bardağı bakla içi ve 100 gr pastırma ilave ederek, yine taze asma yaprağı ile Tokat yöresinin pastırmalı ve baklalı sarmasını yapabilirsiniz.

ÇİĞ KÖFTE

Güneydoğu Anadolu Yöresi

Dört mevsim yapılabilir.

Malzeme

500 gr dana kıyma (yağsız, sinirsiz etten 2-3 kez çekilmiş)
400 gr köftelik bulgur
1 yemek kaşığı biber salçası
1 yemek kaşığı domates salçası
Yarım çay bardağı pul biber
Kristal kayatuzu, karabiber, kimyon, kişniş (ağız tadına göre)
1 adet kuru soğan
4-5 dal yeşil soğan
4-5 dal maydanoz
1 çay bardağı sızma zeytinyağı
Marul yaprakları (yıkanmış)
1-2 adet limon (dilimlenmiş)

Hazırlama

1. Kuru soğanı soyun ve çok ince doğrayın.
2. Taze soğanları temizleyin, maydanozları yıkayın ve çok ince doğrayın.
3. Çiğ köftelik çekilmiş kıymayı, yoğuracağınız tepsiye koyun, üzerine doğradığınız soğanı, biber ve domates salçasını, pul biberi, tuzu, karabiberi, kimyon ve kişnişi koyun ve 5 dakika yoğurun.
4. Daha sonra yoğurduğunuz ete bulguru katıp, 25-30 dakika kadar iyice yoğurun.
5. Bulgurlar yumuşamaya başlayınca, elinizi temiz su ile ıslatarak yoğur-

maya devam edin. Doğranmış maydanoz ve taze soğanı ilave edin, 5 dakika daha yoğurun. En son zeytinyağını katarak 5 dakika daha yoğurun. Ceviz büyülüğünde parçalara ayırıp köfteleri yapın. Marul ve limon dilimleri ile servis edin.

Not:

- Köfteleri servis ederken, mevsimine göre yanında domates ve salatalık da servis edebilirsiniz.

İÇLİ KÖFTE

Elazığ Yöresi, Haşlama Usûlü

Dört mevsim yapılabilir.

Malzeme

1,5 su bardağı köftelik bulgur
250 gr kıyma (kuzu veya dana)
5 adet kuru soğan
1 su bardağı ceviz içi (havanda ince ezilmiş)
4 yemek kaşığı tereyağı
1 yemek kaşığı biber salçası
Yarım demet maydanoz
1 adet yumurta
Kristal kayatuzu, karabiber, kırmızıbiber (ağız tadına göre)

Hazırlama

1. Soğanları soyun ve çok ince doğrayın. Maydanozları da yıkayıp, çok ince doğrayın.
2. 2 yemek kaşığı tereyağını bir tavaya koyup kısık ateşte eritin. Üzerine doğranmış soğanları ve kıymayı ilave edip, yumuşayıncaya kadar pişirin (fazla kavrulmamasına dikkat edin).
3. Daha sonra soğanları ateşten indirip derin bir karıştırma kabına boşaltın. Üzerine dövülmüş ceviz içi, doğranmış maydanoz, kıyma, karabiber, kırmızıbiber ve tuz koyup karıştırın. Ardından buzdolabının buzluk veya derin dondurucu kısmına koyup 30 dakika kadar dinlendirin.
4. Bu arada bulguru, yarım su bardağı kadar su ile ıslatın. Üzerine birer tutam tuz ve kırmızıbiber serpin, iyi tutması için yumurtayı kırın ve bulguru yoğurmaya başlayın. Bulgurun iyi birleşmesi için yumuşayıncaya kadar ara sıra ve azar azar su ilave ederek iyice yoğurun.

5. Daha sonra hazırladığınız bulgur hamurunu bir yumurta büyüklüğünde veya daha küçük parçalara bölün. Avucunuzu ıslatın ve böldüğünüz parçaları avuç içinizde yoğurarak, içi boş olacak şekilde devamlı çevirerek inceltin (incelmesi makbul). Boş köfte haline gelince, içine hazırladığınız kıymalı içten koyup, ağzını kapatın.
6. Yemek vaktinden 20-30 dakika önce bir tencereye 8-10 bardak su koyun ve orta ısıdaki ateşte kaynatın.
7. Ayrı bir tavada 2 yemek kaşığı tereyağını eritin, içine biber salçasını ilave edin. Daha sonra tereyağlı salçayı, kaynayan suya ekleyin.
8. Su kaynamaya başlayınca, içli köfteleri içine atıp tencerenin kapağını kapatın ve köfteleri 20 dakika kadar kısık ateşte haşlayın ve köfteleri sıcak servis edin.

Not:

- *"İçli köftenin makbul olanı, ısırıldığında içindeki sağlıklı yağların (tereyağı, ceviz yağı, kıymanın yağı) çeneden akacak kıvamda ve miktarda olmasıdır. Kızartma yöntemiyle yapılmamalıdır." (Prof. Dr. C. Karatay)*
- Bu tarifi bizimle paylaşan Sayın Nevin Ertaş'a teşekkür ederiz.

KIRMIZI MERCİMEK KÖFTESİ

Dört mevsim yapılabilir.

Malzeme

1 su bardağı kırmızı mercimek
2 su bardağı ince köftelik bulgur
Kristal kayatuzu, pul biber, karabiber, kimyon (ağız tadına göre)
1 yemek kaşığı domates salçası
1 çay kaşığı biber salçası
1 çay bardağı sızma zeytinyağı
1 adet kuru soğan
Yarım demet taze soğan
Yarım demet taze nane
Yarım demet maydanoz
Marul yaprakları (yıkanmış)
1-2 adet limon (dilimlenmiş)

Hazırlama

1. Kırmızı mercimeği yıkayın, bir tencereye koyun, üzerine 2-2,5 bardak su

ilave edin, yumuşayıncaya kadar pişirin (yaklaşık 30-35 dakika).

2. Bu arada taze soğan, maydanoz ve naneyi yıkayıp ince ince doğrayın. Kuru soğanı da soyun ve çok ince doğrayın.
3. Mercimek piştikten sonra ateşten alın, içine domates ve biber salçasını katın, bulguru ilave ederek karıştırın ve bu karışımı 5-10 dakika dinlendirin. Daha sonra yoğurma işlemini yapacağınız uygun bir tepsiye boşaltın ve 5 dakika kadar yoğurun.
4. Yoğurduğunuz mercimekli-bulgurlu karışımın içine doğranmış kuru soğanı ekleyip, 5 dakika daha yoğurun. Tuz, pul biber, karabiber ve kimyonu koyun ve tekrar yoğurun.
5. Zeytinyağını kısık ateşte hafif ısıtın ve köftenin üzerine gezdirerek dökün. Doğranmış maydanoz, yeşil soğan ve nane ile birlikte son kez 2-3 dakika daha yoğurup küçük parçalara ayrın, elinizin parmak izleri çıkacak şekilde sıkmalar yapıp, marul yaprakları içinde, limon dilimleri ile servis edin.

Not:

- Bu tarifi arzu ederseniz kuru soğan koymadan da yapabilirsiniz.
- Aynı tarifi kırmızı mercimek yerine yeşil mercimek koyarak da uygulayabilirsiniz.

Küçük mutluluklar için

SAĞLIKLI KÜÇÜK KAÇAMAKLAR

Abur Cubura Son!

- Karatay Mutfağı'nın küçük kaçamakları da yine Karatay Diyeti ilkelerine uygun olarak seçildi ve geliştirildi. Tabii içerdikleri meyveler dolayısıyla bu bölümdeki bazı tariflerin glisemik indeksi biraz yüksek! Fakat hazır tatlı, pasta, çikolata, kek, börek gibi ürünlerle kıyasladığınızda, hem onlara göre düşük glisemik indeksliler hem de işlem görmedikleri için sağlıklılar.
- En önemli nokta ise, buradaki tariflerin porsiyon miktarının az, yani nefsimizi bastıracak kadar olması. İçlerinde rafine şeker ya da rafine tuz bulunmadığı için bir dilim kadarı yetiyor, yedikçe yeme duygusu uyandırmıyorlar!
- Bu bölümdeki tarifler de sağlıklı karbonhidrat içermektedir.

KURU YUFKA BÖREĞİ

Anneanne Usûlü

Dört mevsim yapılabilir.

Malzeme

2 adet kuru yufka
1 su bardağı ekşimik
1 yemek kaşığı kadar çörekotu
2 yemek kaşığı tereyağı
1 yemek kaşığı kırmızıbiber
2 su bardağı su

Hazırlama

1. Yayvan bir tavaya tereyağını koyun, kısık ateşte eritin ve içine kırmızıbiberi ilave edip hafif cızlatın. Ardından suyu koyun ve kaynatın. Yani tereyağlı ve kırmızıbiberli sıcak su hazırlayın.

2. Kuru yufkayı el büyüklüğünde parçalara ayırın, yağlı suya batırıp, 10-15 saniye tutun, çıkarın ve tepsinin dibini bu şekilde bir iki sıra yufkayla kaplayın (bir yufka alta yerleşecek şekilde).
3. Tepsideki yufkanın üzerine ekşimiği yayın, bir tatlı kaşığı kadar çörekotunu serpiştirin. Üzerine yine yağlı suya batırıp çıkardığınız yufkalardan bir iki sıra örtün. En üste kalan yağlı suyu gezdirin, kalan çörekotlarını da serpin ve tepsinin üstünü kapatın. 5 dakika kadar dinlendirin (suyunu çekmesi için) ve servis edin.

Not:

- *Bu tarifin ana özelliği, fırına girmeden, çok kolay bir şekilde yapılabilmesidir. Hatta yemeğe meraklı erkek okurlarımız, okullu gençlerimiz ya da yemek yapmaya vakti olmayan çalışan hanımlarımız bile kolaylıkla yapabilirler... Rahmetli anneannemden öğrendiğim bu böreğin orijinal adı ise 'kaz pazısı'. Anlamına gelince, anneannemler Rumeli'den göçüp gelmeden önce, tabiatın güzelliklerinin ortasında, her şeyin en doğalını yeme imkânına sahip oldukları zamanlarda inek, koyun, kaz, ördek, tavuk gibi hayvanlar yetiştirip, etini, sütünü, yumurtasını ve yağını değerlendirirlermiş. Kuru yufka da evlerinden eksik olmazmış. O zamanlar bu böreği de zaman zaman kaz yağı ve kaz etiyle yaparlarmış. Hikâyesini hem rahmetli annemden hem de anneannemden çok dinledim ama büyükşehir çocuğu olarak sadece ekşimiklisini yiyebilme şansı bulabildim. Kaz eti ve yağını bulabilenlere denemelerini tavsiye ederim. (N. Doğan)*

AKITMA

Dört mevsim yapılabilir.

Malzeme

1 su bardağı kadar ekşimik suyu (süt veya su da olabilir)
1/3 su bardağı un
1/4 çay kaşığı karbonat
Tereyağı
Kristal kayatuzu (ağız tadına göre)

Hazırlama

1. Küçük bir kâse içine un, karbonat ve tuzu koyun, üzerine ekşimik suyunu yavaş yavaş una yedirerek ilave edin (birden koymayın ki fazla sulu olmasın), karıştırın ve boza kıvamında sıvı bir hamur yapın.

2. Daha sonra yayvan bir tavayı kısık ateşte ısıtın, içine 1 çay kaşığı kadar tereyağı koyup, üzerine 2-3 yemek kaşığı kadar akıtma hamuru akıtın ve tahta kaşığın ters yüzüyle yaydırın (krep şeklinde).
3. Altı hafif kızarınca tersyüz edip, üst tarafını da aynı şekilde pişirin ve sıcak servis edin.

Not:

- Akıtmanın yanında yarım avuç içi kadar beyazpeynir veya ekşimik de servis edebilirsiniz.

OTLU TAVA BÖREĞİ

Dört mevsim yapılabilir.

Malzeme

1,5 adet yufka
Yarım çay bardağı sızma zeytinyağı
1 demet pancar yaprağı (turp yaprağı, pazı, ıspanak ya da semizotu da olabilir)
1 demet dereotu
200 gr kadar beyazpeynir
Karabiber (ağız tadına göre)

Hazırlama

1. Zeytinyağının yarısını yayvan bir tavaya koyun, üzerine yarım yufkadan biraz fazlasını büzüştürerek yerleştirin.
2. İç olarak seçtiğiniz otu ya da otların karışımını ve dereotunu ince doğrayıp peynir ve karabiberle karıştırın. Bu malzemenin yarısını yufkanın üzerine yayın, ardından sırasıyla yarım yufkadan biraz azını, kalan malzeme ve kalan yufkayı yerleştirin.
3. Kalan zeytinyağını üzerine ekleyip kısık ateşte pişirin.
4. Böreğin altı kızardıktan sonra bir spatula ya da kapak yardımıyla tersyüz edip üstünü de pişirin ve servis edin.

Not:

- Bu tarifi bizimle paylaşan Sayın Neval Polat Eden'e teşekkür ederiz.

PEYNİRLİ ISPANAKLI BÖREK

Dört mevsim yapılabilir.

Malzeme

2 adet yufka
500 gr ıspanak
200 gr kadar beyazpeynir
Kristal kayatuzu, karabiber, pul biber (ağız tadına göre)
1 çay bardağı kadar sızma zeytinyağı

Hazırlama

1. Ispanakları bol suda yıkayıp, süzdürün. İnce ince doğrayın ve derin bir kâseye koyun. Tuzunu, karabiberini, pul biberini ve yarım çay bardağı zeytinyağını ilave edip karıştırın.
2. Daha sonra ıspanakların içine ezilmiş beyazpeyniri koyup karıştırın.
3. Yufkayı tezgâha serip fırçayla biraz zeytinyağı sürün, bir ucundan bir karış içe doğru katlayın. Katladığınız yerin üzerine ıspanaklı harçtan koyup, diğer uçları da ortaya buluşturup sıkıca rulo yapın. 4-5 cm uzunluğunda, halkalar şeklinde dilimleyin ve yağlanmış fırın tepsisine dizin.
4. Önceden ısıtılmış 180 derecelik fırında 15-20 dakika kadar pişirin, sıcak olarak servis edin.

FIRINDA KABAK BÖREĞİ

Yaz ve sonbaharda yapılabilir.

Malzeme

5-6 adet kabak
5 adet yumurta
250 gr ezilmiş klasik beyazpeynir (diyet ya da light değil)
Yarım demet taze nane veya 1 yemek kaşığı kuru nane
Kristal kayatuzu, karabiber (ağız tadına göre)
emek kaşığı sızma zeytinyağı

arı rendeleyin.

umurtaları bir kâseye kırın ve iyice çırpın. Daha sonra içine, ezilmiş beyazpeyniri, naneyi, bir tutam tuz ve karabiberi, zeytinyağını, rendelenmiş kabakları ekleyip, hepsini birlikte harmanlayın.

3. Hazırladığınız karışımı cam fırın tepsisine dökün ve 180 derecede ısıtılmış fırında 5-10 dakika pişirin. Yoğurt ile servis edin.

Not:

- Bu yemek sıcak ya da soğuk yenebilir.
- Kabaklı karışıma kesinlikle un eklenmez ve kızartma yapılmaz.

LAHMACUN

Yaz ve sonbaharda yapılabilir

Malzeme

500 gr kuzu kıyma
500 gr kuru soğan
500 gr domates
1 demet maydanoz
Kristal kayatuzu, karabiber, pul biber (ağız tadına göre)
1 adet limon (dilimlenmiş)

Hazırlama

1. Soğanı soyun, maydanozu yıkayın, domatesi yıkayıp kabuklarını soyun ve hepsini ince ince doğrayın.
2. Doğradığınız soğan, maydanoz ve domatesi kıymaya karıştırın. Tuz, karabiber ve pul biberini ilave edip yoğurun.
3. Daha sonra, tanıyıp güvendiğiniz bir taş fırına veya lahmacuncuya gönderip, lahmacun yaptırın.
4. Fırından çıkınca sıcak olarak, limon dilimleri ile servis edin.

LAHANALI BÖREK

Sonbahar ve kış mevsiminde yapılabilir.

Malzeme

1 adet beyaz lahana (küçük boy)
1 adet yumurta
2 yemek kaşığı un
2 su bardağı süt
2 çay bardağı sızma zeytinyağı
Bir avuç içi kadar beyazpeynir
1 adet kuru soğan

500 gr kıyma
1 adet havuç

Hazırlama

1. Lahanayı yaprak yaprak ayırıp az suda haşlayın. Sonra bir bezle kurulayarak suyu alın.
2. Peyniri ezin. Süt, zeytinyağı, yumurta, peynir ve unu iyice karıştırıp, börek harcı hazırlayın.
3. Soğanı soyup ince ince doğrayın, havucu rendeleyin. Kıyma, soğan ve havucu bir tencereye koyun ve kısık ateşte birlikte pişirin.
4. Daha sonra cam bir fırın tepsisine, 1 kat lahana, üstüne börek harcı, 1 kat lahana, üstüne börek harcı ve ortasına kıymalı harç gelecek şekilde, lahana yapraklarını yufka gibi kullanarak böreği hazırlayın. Önceden180 derece ısıtılmış fırında 30-40 dakika (harç katılaşıncaya kadar) pişirin. Tepsiyi fırından alıp sıcak servis edin.

Not:

- Kıymalı harcın içine arzu edilirse zencefil ve karabiber de eklenebilir.
- Bu tarifi bizimle paylaşan Sayın Neval Polat Eden'e teşekkür ederiz.

HURMALI DONDURMA

Dört mevsim yapılabilir.

Malzeme

5 su bardağı süt
5 tatlı kaşığı saf salep (katkısız)
8-10 adet hurma

Hazırlama

1. Hurmaları yıkayın, dondurma yapımına başlamadan 2-3 saat önce bir kâsede üzerlerini örtecek miktarda ılık su ile ıslatın.
2. Mandıradan ya da marketten aldığınız çiftlik sütünü kaynatıp soğutun.
3. Salebi küçük bir kâseye koyun, soğuttuğunuz sütten bir miktar üzerine döküp, tahta bir kaşıkla karıştırarak salebi pütürsüz bir kıvama getirin ve karıştırarak tenceredeki süte katın. Ocağı orta ısıda açıp, devamlı karıştırarak pişirin (süt katı bir muhallebi kıvamı alıncaya kadar).
4. Süt iyice katılaşınca tencereyi ateşten alın ve 5-10 dakika kadar sürekli karıştırın.

5. Suda yumuşamış hurmaları çekirdeklerinden ayırıp küçük küp şeklinde doğrayın. Her kâseye iki adet hurma düşecek şekilde, hurmaları kâselerin içine koyun. Üzerine hazırladığınız dondurmayı dökün, soğutun, buzdolabında dinlendirin, servis etmeden 3-4 saat önce buzluğa koyup dondurun ve servis edin.

Not:

- Dondurmaya asıl tadı salep verdiği için, arzu ederseniz buzlukta bekletmeden hafif yumuşamış dondurma kıvamında da servis edebilirsiniz.
- Bu dondurmaya kesinlikle şeker konmaz!

SÜTLÜ İNCİR TATLISI

Dört mevsim yapılabilir.

Malzeme

İstenilen miktarda kuru incir
Her incir için 1 adet ceviz içi
Süt

Hazırlama

1. Cevizleri iri iri parçalayın. Sapını kestiğiniz incirleri kapaklı cam bir kaba dizin.
2. Üzerine kaynar süt dökülüp, incirler yumuşayıncaya kadar bekletin. Yumuşayan incirleri parmak yardımı ile sap kısmından oyun, içine cevizleri yerleştirin. Oda ısısında bir gece (süt katılaşıncaya dek) bekletin ve servis edin.

Not:

- Bu tarifi bizimle paylaşan Sayın Neval Polat Eden'e teşekkür ederiz.

CEVİZLİ KAYISI TATLISI

Dört mevsim yapılabilir.

Malzeme

İstenilen miktarda gün kurusu kayısı
Her kayısı için 1 adet ceviz içi (bütün şekilde kırılmış, ikiye ayrılmış)
Oda sıcaklığında su

Hazırlama

1. Kayısıları bir gece önceden yıkayın, cam bir kâsede üzerini örtecek miktarda su ile ıslatın ve buzdolabına kaldırın.
2. Ertesi sabah yumuşamış kayısıları sudan alın, yarık kısımlarını hafif açıp içine cevizlerin yarısını koyun ve bir servis tabağına yerleştirin.
3. Kalan yarım ceviz içlerini de havanda iyice dövüp, kayısıların üzerine serpin ve servis edin.

Not:

- Ceviz yerine antepfıstığı, fındık, badem veya yerfıstığı da (kayısının içini dolduracak miktarda) kullanabilirsiniz.

ŞEKERSİZ SOĞUK KOMPOSTO

Dört mevsim yapılabilir.

Malzeme

4-5 adet kuru kayısı
4-5 adet kuru mürdüm eriği
8-10 adet çekirdekli kuru üzüm
2-3 adet kuru incir
8-10 adet kuru yabanmersini
Yarım çay bardağı ceviz içi (bütün veya ikiye kırılmış)
Yarım çay bardağı badem içi

Hazırlama

1. Kuru meyveleri güzelce yıkayın ve bir tencereye koyun. Ceviz ve bademleri ilave edin. Üzerlerini örtecek miktarda su koyup buzdolabında bir gece bekletin. Ertesi gün sabah veya öğlen öğününde tüketin.

Not:

- Bu kompostoya şeker ya da tatlandırıcı eklenmeyecek ve kesinlikle kaynatılmayacak!

ELMALI İNCİRLİ KEK

Sonbahar ve kış mevsiminde yapılabilir.

Malzeme

2 adet yumurta

1,5 çay bardağı süt
1 çay bardağı ceviz içi (havanda irice ezilmiş)
4 adet elma
4 adet kuru incir
1 yemek kaşığı bütün ketentohumu
1 çay kaşığı tarçın
Yarım su bardağı un
1 çay kaşığı kabartma tozu

Hazırlama

1. Elmaları yıkayın, soyun, küçük küp şeklinde doğrayın. İncirleri de yıkayın ve nohut büyüklüğünde doğrayın.
2. Bir kâsede elma, tarçın, incir, ceviz ve ketentohumunu karıştırın. Diğer taraftan başka bir kâsede de yumurtaları çırpın, un, kabartma tozu ve süt ekleyerek karıştırın. Ardından elmalı malzemeyi hamura katın, karıştırın ve yağlanmış tepsiye dökün. Önceden 180 derece ısıtılmış fırında 20 dakika kadar pişirin, servis edin.

Not:

- Aynı uygulamayı elma yerine gün kurusu kayısı kullanarak da yapabilirsiniz.
- Bu tarifi bizimle paylaşan Sayın Neval Polat Eden'e teşekkür ederiz.

ŞEKERSİZ KABAK TATLISI

Sonbahar ve kış mevsiminde yapılabilir.

Malzeme

2 dilim balkabağı
1 adet elma
2 adet portakal
1 çay bardağı ceviz
1/2 çay bardağı kuru üzüm
1 çubuk tarçın
1 yemek kaşığı tereyağı

Hazırlama

1. Balkabaklarını soyun, çekirdekli kısımlarını çıkarın ve üçe bölün. Elmaları da sekize bölün. Portakalları soyup (arzu edilirse kabuklu olarak) dilimleyin.

2. Tüm malzemeleri kapaklı bir fırın kabına koyun, malzemelerin üzerine tereyağını, küçük küçük dağıtarak ilave edin. Önceden 180 derece ısıtılmış fırında pişirin (40-45 dakika kadar). Servis edin.

Not:

- Bu tarifi bizimle paylaşan Sayın Neval Polat Eden'e teşekkür ederiz.

Dinlendiren ve güzelleştiren
ÇAYLAR

Çay Hazırlarken Dikkat Edilecek Noktalar

- Bitki çaylarının kaynatılmadan, sadece sıcak veya ılık su ile demlenerek içilmesi daha sağlıklıdır.
- Bütün bitki çayları aşırı miktarda kullanıldığı zaman alerjiktir. Bu noktaya alerjik bünyeli kişilerin son derece dikkat etmesi gerekir, önemlidir!
- Bitkilerle çay hazırlarken, birbirleri ile etkileşimleri konusunda bilgi sahibi olmadan aynı anda fazla çeşitte bitkiyi karıştırmayın. Bitkilerin de yan etkileri olduğu unutmayın!
- Zehirli etkileri olduğu bilinen bitkilerden çay hazırlamayın!
- Bitkileri, tedavi desteği amaçlı kullanacağınız zaman mutlaka doktorunuza danışın, ilaçlarınızla etkileşimi olup olmadığı konusunda bilgi alın.
- Aktarlardan, içinde hangi bitkinin ne oranda olduğu belirtilmeyen karışım çayları almamaya özen gösterin. Hazır poşet çayları da mümkün olduğunca kullanmamaya çalışın!
- Bitkileri satın alırken, organik şartlarda yetişip yetişmediğini, kurutulurken egzoz gazına, böcek önleyici kimyasal ilaçlara veya hayvan pisliğine (özellikle kuş pisliği vb) maruz kalıp kalmadığını sorgulayın!
- Mümkünse yabani ortamda doğal olarak yetişmiş veya organik olarak yetiştirilmiş yaş bitkileri alıp evinizde kurutun.
- Örneğin ıhlamur, nane, zeytin yaprağı, zencefil (tazesini alabilirsiniz), adaçayı, kuşburnu, karabaşotu, kekik, biberiye, lavanta, oğulotu, papatya gibi bitkileri yeni çıktığı dönemde taze olarak toplayıp ya da alıp evde, gölge ve nemsiz bir ortamda üzerine beyaz bir tülbent örterek kolaylıkla kurutabilirsiniz (bahçeli bir eviniz ya da evinizde çiçek yetiştirmeye müsait terasınız varsa nane, oğulotu, biberiye, lavanta, kekik, adaçayı, zeytin, zencefil gibi bitkileri, yetişme şartlarına uyarak kendiniz de yetiştirebilirsiniz).
- Bitkilerin etken maddelerinin de belli bir etki ve dayanma süresi vardır.

Bu sebeple, toplanıp kurutulma zamanının üzerinden ortalama 1-1,5 yıl geçmiş bitkileri kullanmayın! Bitkilerle çay hazırlarken içme suyu kullanın, kesinlikle musluk suyu kullanmayın!

- Bitki çayını içeceğiniz zaman taze olarak demleyin, demledikten sonra çok uzun süre bekletmeyin!
- Demlediğiniz çay, soğuduktan sonra ateşe koyup ısıtmayın. Eğer çok uzun süre beklememişse oda sıcaklığındaki ısıda ya da yaz günleri soğuk olarak içebilirsiniz.
- Bitkiler alüminyum gibi metal malzemelerle reaksiyona girebilmektedir. Demlik olarak porselen veya cam demlikler tercih edilmelidir. Piyasada bulunan özel bitki demleme amaçlı, süzgeçli porselen bardakları veya cam demlikleri kullanabilirsiniz.
- Çayları karıştırırken de porselen, cam veya tahta kaşıkları tercih edin.
- Çay içerken tatlansın diye şeker kullanmayın! Çünkü şeker iyileşme gücünü azaltır, bağışıklık sistemine zarar verir.
- Aşağıda tarifini verdiğimiz çayları öğün aralarında içebilirsiniz. Ancak bir çay çeşidini günde 3 fincandan fazla içmemeye özen gösterin!

ZEYTİN YAPRAĞI, TARÇIN KABUĞU VE LİMON ÇAYI

Malzeme

10-15 adet zeytin yaprağı
1 adet tarçın kabuğu
¼ limon dilimi (ince dilimlenmiş)
2-3 su bardağı su

Hazırlama

1. Zeytin yapraklarını ve tarçın kabuğunu güzelce yıkayın, çaydanlığın demliğine (porselen demlik) koyun. Üzerine kaynar sıcaklıkta su ilave edip demleyin (normal çay demler gibi altında su bulunan çaydanlığı da kısık ateşte kaynamaya bırakın ki bitkiler demini döksün). 10-15 dakika demlendirin. Direkt olarak ateşte kaynatmamaya özen gösterin.
2. Bu arada limonu güzelce yıkayın, dörde bölün ve dörtte birini dilimleyin.
3. Zeytin yaprağı ve tarçın kabuğu 10 dakika kadar demlendikten sonra limon dilimlerini ilave edin, 5 dakika sonra servis edin.

Not:

- Bu çay sıcak ve soğuk içilebilir, mideyi rahatlatır ve ferahlık verir.

KİMYON, KARABAŞOTU VE TARÇIN KABUĞU ÇAYI

Malzeme

1 yemek kaşığı kadar tane kimyon
1 yemek kaşığı kadar karabaşotu
1 adet tarçın kabuğu
2-3 su bardağı su

Hazırlama

1. Karabaşotunu ve tarçın kabuğunu güzelce yıkayın, kimyonla birlikte hepsini çaydanlığın demliğine (porselen demlik) koyun.

- Üzerine kaynar sıcaklıkta su ilave edip demleyin (normal çay demler gibi altında su bulunan çaydanlığı da kısık ateşte kaynamaya bırakın ki bitkiler demini döksün). 10-15 dakika demlendirin (direkt olarak ateşte kaynatmamaya özen gösterin) ve servi edin.

Not:

- Bu çay, *Sabah* gazetesinde Esra Tüzün'ün hazırladığı '100 yaşı devirenler' yazı dizisinde, o dönemin Aydın Nazilli Kaymakamı'nın uzun yaşayan köylülerden öğrenip, devamlı içtiğini söylediği bir çay karışımıdır. Ayrıca dönemin Aydın Nazilli Kaymakamı olan Caner Yıldız'ın o bölgede hayatını sürdüren ve uzun yaşayan kişilerle ilgili verdiği bilgiler de Karatay Diyeti'nin ana prensiplerine benziyor: *"Hava karardıktan sonra hiç yemek yemiyorlar. Akşam yemekleri altı yedi gibi bitiyor ve daha sonra ağızlarına bir şey sürmüyorlar. Çok fazla ot yiyorlar, ısırgan otu, zeytin ve incir uzun yaşayanların sofrasından eksik olmamış. Buraya geldikten sonra aldığım tavsiyelerle çay yerine tarçın, karabaşotu ve kimyonu karıştırarak içmeye başladım. Günde üç fincana kadar içiyorum, onların formüllerini hayata uyguluyoruz."* [92]

ZENCEFİL ÇAYI

Malzeme

2-3 ince dilim taze zencefil (yoksa 1-2 kök kuru zencefil de olur)
¼ limon dilimi (ince dilimlenmiş)
2-3 su bardağı su

---

[92] http://www.sabah.com.tr/fotohaber/yasam/tas_devri_diyeti_ile_besleniyorlar/20182

Hazırlama

1. Taze zencefili 1 cm kalınlığında dilimleyin ve 2-3 dilim zencefili çaydanlığın demliğine koyun. Üzerine kaynar sıcaklıkta su ilave edip, demleyin (normal çay demler gibi altında su bulunan çaydanlığı da kısık ateşte kaynamaya bırakın ki demini döksün). 10-15 dakika demlendirin ve servis edin.
2. Bu arada limonu güzelce yıkayın, dörde bölün ve dörtte birini dilimleyin. Zencefil demlendikten sonra limon dilimleri ile servis edin.

Not:

- Aynı yöntemle kuşburnu gibi meyvelerin çayını da yapabilirsiniz.

KARANFİL VE TARÇIN KABUĞU ÇAYI

Malzeme

7-8 tane karanfil
1 adet tarçın kabuğu
2-3 su bardağı su

Hazırlama

1. Tarçın kabuğunu ve karanfili yıkayın, çaydanlığın demliğine (porselen demlik) koyun. Üzerine kaynar sıcaklıkta su ilave edip demleyin (normal çay demler gibi altında su bulunan çaydanlığı da kısık ateşte kaynamaya bırakın ki demini döksün). Direkt olarak ateşte kaynatmamaya özen gösterin. 10-15 dakika demlendirin ve servis edin.

YASEMİNLİ YEŞİL ÇAY

Malzeme

1 yemek kaşığı yaseminli yeşil çay
1 su bardağı sıcak su

Hazırlama

1. Yaseminli yeşil çayı süzgeçli bir çay fincanına koyun, üzerine sıcak suyu ilave edin ve 4-5 dakika demlendirip için.

Not:

- Yaseminli yeşil çayı piyasada teneke kutulu ambalajlarda kolaylıkla bulabilirsiniz. Kişi sayısına göre oranı artırıp, porselen veya cam demlikte demleyip (4-5) dakika içebilirsiniz.

- Adaçayı, oğulotu, kekik, biberiye gibi bitkileri de bu yöntemle demleyebilirsiniz.

IHLAMUR

Malzeme

1 yemek kaşığı ıhlamur
1 su bardağı sıcak su

Hazırlama

1. Ihlamuru yıkayıp süzgeçli bir çay fincanına koyun, üzerine sıcak suyu ilave edin ve 10-15 dakika demlendirip için.

Not:

- Kişi sayısına göre oranı artırıp, porselen veya cam demlikte demleyip içebilirsiniz (10-15 dakika).
- *Ihlamur çayı demlerken sadece çiçek kısımlarını kullanın, yapraklarını kullanmayın!*
- *Halk arasında yapılan en büyük yanlışlardan biri de ıhlamuru kaynatarak kırmızı bir renk elde etmeye çalışmaktır. Bu duruma gelmiş ıhlamur faydalı etkilerini kaybetmiş, zararlı hale dönüşmüştür. Bu sebeple ıhlamuru demlerken kaynatmamaya özen gösterin! Sıcak su ile demlediğinizde sakinleştirici etki gösterir ve rahat uyumanızı sağlar. Ihlamur yoğun musilaj ihtiva ettiği için aynı zamanda yumuşatıcı etkiye sahiptir. Bu etkisinden özellikle soğuk algınlığı durumlarında daha iyi faydalanabilmek için, oda sıcaklığında soğuk su ile akşamdan demleyip (6-7 saat suda beklettikten sonra) sabahleyin veya sabah demleyip akşamleyin içebilirsiniz. (N. Doğan)*

Altıncı Bölüm:

MEVSİMLERE GÖRE ÖRNEK MÖNÜLER

12 Ay İçin 12 Örnek Mönü

Karatay Diyeti'ni uygularken hangi mevsimde ne yiyebilirim diye düşünenlere yol göstermesi açısından, bu bölümde kitabımızda yer alan bazı tarifleri mevsimlerine göre örnek mönülerde bir araya getirdik ve tarif isimlerinin yanına sayfa numaralarını belirttik. Tabii tüm yemek tariflerinde hangi mevsimde yapılabileceği belirtildiği için siz de kendi zevkinize uygun mönüler oluşturabilirsiniz. Afiyet olsun...

OCAK

Kahvaltı (08.00-09.00):
- Karatay Kahvaltı Tabağı *(s.130)*

Öğle yemeği (13.00-14.00):
- Biberiyeli Kuzu *(s.215)*
- Limonlu Kereviz *(s.197)*
- Marul, Turp ve Havuç Salatası *(s.156)*
- Ayran *(s.107)*

Akşam yemeği (18.00-19.00) :
- Keşkek *(s.243)*
- Roka ve Tere Buluşması *(s.148)*

ŞUBAT

Kahvaltı (08.00-09.00):
- Karatay Kahvaltı Tabağı *(s.130)*

Öğle yemeği (13.00-14.00):
- Pastırmalı Kuru Fasulye *(s.241)*
- Kırmızılahana Salatası *(s.156)*

Akşam yemeği (18.00-19.00) :
- Ispanaklı Somon Izgara *(s.236)*
- Maydanoz Salatası *(s.157)*

MART

Kahvaltı (08.00-09.00):
- Karatay Kahvaltı Tabağı *(s.130)*

Öğle yemeği (13.00-14.00):
- Anneannemin Tarhana Çorbası *(s.168)*
- Kimyonlu Köfte *(s.216)*
- Cevizli Kereviz Salatası *(s.154)*

Akşam yemeği (18.00-19.00) :
- Ciğer ve Yürek Yahnisi *(s.219)*
- Yeşil Soğanlı Yoğurt Sosu *(s.162)*
- Brokoli Salatası *(s.154)*

NİSAN

Kahvaltı (08.00-09.00):
- Karatay Kahvaltı Tabağı *(s.130)*

Öğle yemeği (13.00-14.00):
- Fırında Bıldırcın *(s.218)*
- Cevizli Kısır *(s.153)*
- Yoğurtlu Semizotu Salatası *(s.146)*

Akşam yemeği (18.00-19.00) :
- Kırmızı Mercimek Çorbası *(s.174)*
- Kişniş Kaplı Balık *(s.237)*
- Taze Enginar Salatası *(s.145)*

MAYIS

Kahvaltı (08.00-09.00):
- Karatay Kahvaltı Tabağı *(s.130)*

Öğle yemeği (13.00-14.00):
- Mantarlı Bulgur Pilavı *(s.247)*

- Yeşil Mercimek Salatası *(s.160)*
- Cacık *(s.146)*

Akşam yemeği (18.00-19.00) :
- Topçata Çorbası *(s.172)*
- Zeytinyağlı Enginar *(s.188)*
- Ebegümeci Salatası *(s.145)*

HAZİRAN

Kahvaltı (08.00-09.00):
- Karatay Kahvaltı Tabağı *(s.130)*

Öğle yemeği (13.00-14.00):
- Arpacık Soğanlı Yahni *(s.208)*
- Zeytinyağlı Taze Fasulye *(s.192)*
- Çoban Salatası *(s.147)*
- Ayran *(s.107)*

Akşam yemeği (18.00-19.00) :
- Şişte Dil Balığı *(s.231)*
- Zeytin Piyazı *(s.158)*

TEMMUZ

Kahvaltı (08.00-09.00):
- Karatay Kahvaltı Tabağı *(s.130)*

Öğle yemeği (13.00-14.00):
- Fırında Etli Türlü *(s.193)*
- Yoğurtlu Çiğ Kabak Salatası *(s.152)*

Akşam yemeği (18.00-19.00) :
- Zeytinyağlı Barbunya *(s.245)*
- Sac Tava *(s.210)*
- Acılı Ezme *(s.149)*

AĞUSTOS

Kahvaltı (08.00-09.00):
- Karatay Kahvaltı Tabağı *(s.130)*

Öğle yemeği (13.00-14.00):
- Zeytinyağlı Biber Dolması *(s.249)*
- Ekşimikli Piyaz *(s.150)*

Akşam yemeği (18.00-19.00) :
- Fırında Kuzu Pirzola *(s.206)*
- Peynirli Yaz Türlüsü *(s.192)*
- Ayran *(s.107)*

EYLÜL

Kahvaltı (08.00-09.00):
- Karatay Kahvaltı Tabağı *(s.130)*

Öğle yemeği (13.00-14.00):
- Buğday Çorbası *(s.170)*
- Tereyağlı Kuzu Böbrek *(s.220)*
- Domates ve Biberli Patlıcan Salatası *(s.151)*

Akşam yemeği (18.00-19.00) :
- Buğu Kebabı *(s.212)*
- Sirkeli Biber *(s.150)*
- Cacık *(s.146)*

EKİM

Kahvaltı (08.00-09.00):
- Karatay Kahvaltı Tabağı *(s.130)*

Öğle yemeği (13.00-14.00):
- Çömlekte İncik Haşlama *(s.212)*
- Siyah Turp Salatası *(s.155)*
- Ayran *(s.107)*

Akşam yemeği (18.00-19.00) :
- Dana Nuar *(s.215)*
- Yoğurtlu Patlıcan Salatası *(s.151)*

KASIM

Kahvaltı (08.00-09.00):

- Karatay Kahvaltı Tabağı *(s.130)*

Öğle yemeği (13.00-14.00):

- Balık Çorbası *(s.177)*
- Zeytinyağlı Yerelması *(s.200)*
- Pırasalı Isırgan Salatası *(s.155)*

Akşam yemeği (18.00-19.00) :

- Fırında Palamut *(s.236)*
- Maydanoz Salatası *(s.157)*

ARALIK

Kahvaltı (08.00-09.00):

- Karatay Kahvaltı Tabağı *(s.130)*

Öğle yemeği (13.00-14.00):

- Balkabağında Köfte *(s.214)*
- Dövme Buğday Pilavı *(s.248)*
- Haydari *(s.159)*

Akşam yemeği (18.00-19.00) :

- Kıymalı Pırasa *(s.198)*
- Marul, Turp ve Havuç Salatası *(s.156)*

Not:

- Detaylı olarak 'haftalık mönü' örneği görmek isterseniz *Karatay Diyeti* kitabında bulabilirsiniz.

Ramazan Özel

Ramazanda da aylara göre verdiğimiz örnek mönüler iftar ve sahur saatlerine uyarlanarak yenebilir.

Sahurda yiyebileceklerimizin listesi

Sahurda yenecek yemek ya da yapılacak kahvaltı, normal zamanlarda sabah kahvaltısında olduğu gibi kuvvetli protein, aynı zamanda sağlıklı karbonhidrat ve yağ içermelidir. Şunlar sahurda yenebilir:

- Karatay Kahvaltı Tabağı *(s.130)* veya Yumurtalı Lezzetler *(s.131)* bölümünden bir tarif
- Çorbalar *(s.163)* bölümündeki tariflerden bir kâse çorba
- Dayanamayanlar ve aşırı acıkanlar için Sağlıklı Küçük Kaçamaklar *(s.259)* bölümünde yer alan şu tariflerden biri Kuru Yufka Böreği, Otlu Tava Böreği, Peynirli Ispanaklı Börek veya Fırında Kabak Böreği (bir el avucu kadar yenebilir)
- Ayrıca bol su içilmelidir!

İftar için örnek mönüler

Mönü-1:

- Çorbalar bölümünden mevsimine uygun sıcak bir çorba *(s.163)*
- 1 adet küçük lahmacun *(s.263)* veya Sağlıklı Küçük Kaçamaklar bölümünden bir börek çeşidi de 'bir dilim ölçüsünde' *(s.259)*
- Karatay Kahvaltı Tabağı *(s.130)* veya Yumurtalı Lezzetler bölümünden bir tarif *(s.131)*

Mönü-2:

- Et ve Sakatatlar bölümünden bir yemek *(s.201)*
- Baklagiller, Pilavlar, Dolmalar ve Köfteler bölümünden bir pilav (2-3 kaşık) veya sarma (2-3 adet) *(s.239)*
- Salatalar ve Mezeler bölümünden mevsimine uygun bir salata ve cacık *(s.143)*

Mönü-3:

- Baklagiller, Pilavlar, Dolmalar ve Köfteler bölümünden bir baklagil yemeği *(s.239)*
- Salatalar ve Mezeler bölümünden mevsimine uygun bir salata *(s.143)*

- Şekersiz Komposto *(s.266)* veya Sağlıklı Küçük Kaçamaklar bölümünden başka bir tatlı çeşidi de 'bir porsiyon' *(s.259)*

Not:

- Ramazan ayında oruç tutarken beslenme konusunda dikkat edilecekler hakkında daha geniş bilgileri *Karatay Diyeti'yle Yaşam Boyu Sağlık* kitabında bulabilirsiniz.

Prof. Canan Efendigil Karatay'ın ilk kitabı.

Türk insanı için 'en uygun', 'en iyi sonuç' veren Karatay Diyeti'nin temel prensiplerini; kilo vermenin ve kiloları geri almamanın püf noktalarını yani işin ABC'sini anlatıyor.

Prof. Karatay, bu diyetin eksiksiz uygulanması durumunda başarı şansının yüzde 100'e yakın olduğunu vurguluyor.

Prof. Karatay'ın ikinci kitabı birinci kitabın devamı niteliğinde. İkisi birbirini tamamlıyor.

Kilo verememe ya da kilo vermenin zaman alması konusu ve bunun çözümü anlatılıyor. Kilo vererek dejeneratif hastalıklardan nasıl korunduğumuz konusu daha da detaylandırılıyor. Karatay Diyeti uygulayanların merak ettiği tüm özel sorular tek tek yanıtlanıyor, yaş gruplarına özel öneriler de veriliyor.

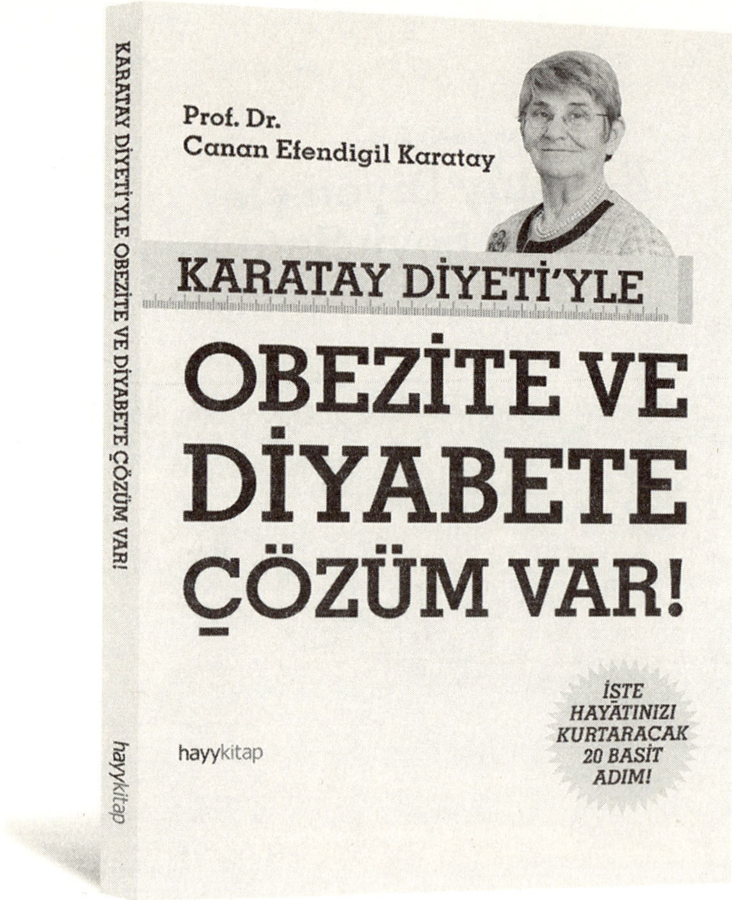
KARATAY DİYETİ'YLE OBEZİTE VE DİYABETE ÇÖZÜM VAR!
Prof. Dr.
Canan Efendigil Karatay
KARATAY DİYETİ'YLE
OBEZİTE VE
DİYABETE
ÇÖZÜM VAR!
hayykitap
İŞTE
HAYATINIZI
KURTARACAK
20 BASİT
ADIM!
hayykitap

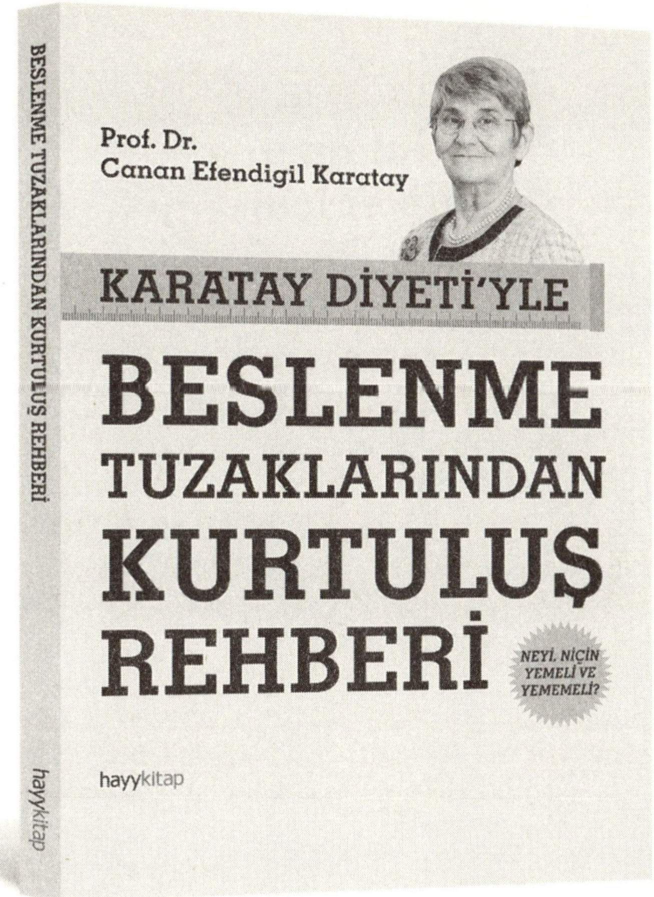

'Ezber bozan' profesörden Türk halkını uyandırma servisi!
Prof. Dr. Canan Karatay bu kitabında da farklı bir şey yapmıyor, 'çıplak' gerçeği söylüyor! Hangi yiyeceklerin vücudumuzda hangi etkiyi yaptığını anlatırken, küresel beslenme tuzaklarını deşifre ediyor ve bu tuzaklardan kurtulmanın ipuçlarını veriyor.
Ezber bozan Profesör Canan Karatay, özellikle hormonal dengesizliği ve metabolik bozukluğu olan hastalarından gelen yoğun taleple şimdi de 7'den 70'e herkesi ilgilendiren bu kitabı hazırladı.

'Ezber bozan' Prof. Karatay'dan gebelik öncesinde, gebelikte ve lohusalıkta yapmanız ve yapmamanız gerekenler!

Prof. Dr. Canan Karatay bu kez anne baba adayları, hamileler ve yeni doğum yapmış anneler için koruyucu hekimlik sanatını konuşturdu! Onun önerileri, hamilelere hasta gözüyle bakan, sürekli tetkik, ultrason, şeker yüklemesi vazeden ve doğal doğuma 'riskli' yaftası yapıştırıp sezaryene yönlendiren 'endüstriyel tıp'tan farklı elbette... Prof. Karatay'a göre hamilelik dünyanın en doğal, en güzel, en umutlu süreci... Bu sürece doğru hazırlanmak, yaşam biçimini 'sağlıklı' hale getirmek gerekiyor.